兰台律师事务所
Lantai Partners

兰台
知识产权评论

（第一辑）

兰台知识产权团队　著

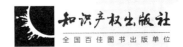

知识产权出版社

全国百佳图书出版单位

图书在版编目（CIP）数据

兰台知识产权评论.第一辑 / 兰台知识产权团队著.—北京：
知识产权出版社，2017.8

ISBN 978 - 7 - 5130 - 5035 - 7

Ⅰ.①兰… Ⅱ.①兰… Ⅲ.①知识产权—文集 Ⅳ.

①D913.04 - 53

中国版本图书馆 CIP 数据核字（2017）第 176132 号

责任编辑：刘 睿 刘 江　　　　　责任校对：潘凤越
封面设计：SUN 工作室　　　　　　责任出版：刘译文

兰台知识产权评论（第一辑）

兰台知识产权团队　著

出版发行：**知识产权出版社**有限责任公司	网　　址：http://www.ipph.cn
社　　址：北京市海淀区气象路50号院	邮　　编：100081
责编电话：010-82000860 转 8344	责编邮箱：liujiang@cnipr.com
发行电话：010-82000860 转 8101/8102	发行传真：010-82005070/82000893
印　　刷：保定市中画美凯印刷有限公司	经　　销：各大网上书店、新华书店及相关专业书店
开　　本：720 mm×1000 mm　1/16	印　　张：19
版　　次：2017 年 8 月第 1 版	印　　次：2017 年 8 月第 1 次印刷
字　　数：272千字	定　　价：50.00元
ISBN 978 - 7 - 5130 - 5035 - 7	

目　　录

著作权篇

专利篇

商标篇

不正当竞争及其他篇

著作权篇

"互联网+"时代电商平台的知识产权侵权责任

■ 陈明涛

【导读】

知识产权侵权问题一直是电商平台服务商的"阿喀琉斯之踵",困扰和制约着电子商务的健康、有序发展。对于电商平台服务商的责任问题,主要涉及知识产权间接侵权责任要件构成的法律适用,在此,仅择其要点分析之。

阿里巴巴在美国遭到多个奢侈品牌的诉讼,再次将电商侵权问题带入公众视野。

近年来,我国电子商务发展迅猛,日益成为提供公共产品、公共服务的新力量,成为经济发展新的原动力。日前,国务院发布了《国务院关于大力发展电子商务加快培育经济新动力的意见》,对在"互联网+"时代进一步促进电子商务的发展作出部署。国家知识产权局在2015年4月1日公布的《中华人民共和国专利法修改草案(征求意见稿)》也专门增加了电商平台专利侵权责任的相关规定。

然而,知识产权侵权问题一直是电商平台服务商的"阿喀琉斯之踵",困扰和制约着电子商务的健康、有序发展。对于电商平台服务商的责任问题,主要涉及知识产权间接侵权责任要件构成的法律适用,本文仅择其要点分析之。

一、电商平台的主体性质定位

在网络环境下，服务提供商通常分为内容服务提供商（ICP）与中介服务提供商（ISP）两大类。在著作权法中，《信息网络传播权保护条例》将网络中介服务提供商具体分为接入与连线服务提供商、系统缓存服务提供商、网络存储空间服务提供商、链接与搜索服务提供商。

电商平台的运营模式是提供网络交易平台，卖家在网上发布商品信息，买家通过浏览网站平台信息，直接与卖家联系交易事项。因此，有观点认为，电商平台服务商不属于《信息网络传播权保护条例》规定的四类中介服务提供商，而是一种新型的中介服务提供商。

这一观点得到普遍认可，也为司法判例所一致的适用。然而，笔者认为，电商平台服务提供商属于信息网络存储空间服务提供商。

一方面，从技术角度来看，网络交易平台服务提供完全符合信息网络存储空间服务提供商的技术特征。在当前商业模式中，电商平台将网络空间提供给交易方使用，用于发布交易所必需的各种信息，这一技术特征决定了服务提供商既是处于中介服务的地位，也是采用网络存储技术的方法，其目的是为网络交易的有效进行，搭建平台、提供支持、保障安全。

另一方面，电商平台服务适用信息网络存储空间服务提供商法律规定。比如，在Hendrickson v. ebay. Inc. 一案中，美国法院就认为，eBay公司作为网络交易平台服务提供商符合美国《新千禧年数字版权法》（DMCA）第512条C款关于网络存储空间服务提供商的避风港条款。由于《信息网络传播权保护条例》网络存储空间服务提供商的规定移植于美国DMCA第512条C款，也就有理由认为电商平台可以视为信息网络存储空间服务提供商。

二、电商平台的过错要件判定

主观过错要件是间接侵权责任的核心要件，这也体现在《侵权责任法》第36条关于网络服务商的责任判断中。就判断标准而言，我国传统侵权法的"合理的管理人标准"通常为司法实务所采用，即要求服务提供者以理性的、谨慎的管理者身份来对待用户所做出的各种行为及发布的各种信息。

面对网络交易平台服务提供商的主观要件判断，应遵循以下几个原则和标准。

（1）应正确理解"知道与有理由知道"的内涵。所谓"知道"，是指服务提供者对于侵权行为存在明确的、实际的认知状态；所谓"有理由知道"，是指通过相关的事实与标准可以推定服务提供者应当认识到侵权行为。从认知要件构成来讲，权利通知与合理的管理人标准可以构成上述的主观要件的判断。也就是说，当权利人发出符合法律要求的权利通知时，就可以判定服务提供者对于侵权行为具有主观认知状态。或者，即使不存在权利通知，服务提供者作为一个合理管理者，对于显而易见的侵权行为也应具备主观认知状态。

（2）应正确理解权利通知要件对主观要件判断的意义。首先，网络平台服务提供者应正确处理权利通知。当权利通知不符合要求时，不意味着其存在主观过错。其次，仅有删除行为也不意味着服务提供商可以完全免除责任。最后，如果服务提供商故意忽视权利通知或者通知后拒不采取删除行为，即意味着服务提供者存在主观过错。

（3）应采取主动的措施消除显而易见的侵权。现行法律并没有强制赋予网络服务提供商主动监控的义务，但实际上对显而易见侵权行为的主观认知，或者说"红旗标准"是法律对于故意无视行为的回应，其适用于无监控提议和正式通知删除程序的灰色地带。

（4）不应以不当的言行促进侵权目的。主观要件理论发展使得认知范围由侵权行为扩展到技术用途，即已经采用积极引诱的言语和行为促进技术的侵权用途，也可以构成主观过错。例如，MGM Studios. Inc. v. Grokster案最终确立了引诱侵权的规则，"以促进版权侵权使用为目的而提供设备，并且已经清楚（语言）的表明或者另外采取了确实的步骤促进侵权，应当就第三人导致的侵权行为承担责任，而不用考虑产品的合法用途"。

三、"互联网+"时代电商平台的专利侵权

专利侵权的一个基本原理就是，一个人没有实施完成整个专利，就不会构成侵权。也就是说，在专利侵权中，被控侵权人如要构成专利侵权，需要实施专利权利要求记载的所有步骤，或制造专利产品的全部组件，即所谓的全要件原则。就方法专利而言，会存在某种撰写方式，要求方法专利部分步骤由一方来实施，另一方实施方法专利其他步骤。

在移动互联技术条件下，电商平台专利要由服务器端和客户端共同完成专利的实施。在此情况下，如果存在多个实施方，其行为是否构成侵权，各方应承担何种程度的责任，就产生了疑问。这就涉及专利法中分离式侵权的法律适用。

2012年8月31日，美国联邦巡回法院就备受瞩目的Akamai案作出最终宣判，形成网络条件下分离式侵权制度结论性意见。

Akamai案涉及网络内容传送服务专利，根据权利要求，提供一种方法，在一系列外置服务器中放置内容提供商的内容，通过修改内容提供商主页，指导网络浏览者找寻服务器内容。被告莱姆莱特（Limelight）公司与原告阿卡迈（Akamai）公司竞争，通过放置内容在服务器上，提供有效率的传送服务，但是自身没有修改主页，而是指导内容服务商完成修改。

因此，在该案中，权利要求所记载的方法实际由两个实施者完成，即内容提供商和内容传送服务提供者（莱姆莱特公司）。但是，作为专利权人，面对多个主体实施全部方法专利步骤，其试图归咎于被告。

然而，美国联邦巡回法院在判决中主张，如果多个实施行为人之间缺少"代理关系"，即使各方为了避免侵权的特定目的，安排"分离"他们的侵权行为，对未能实施侵权所有必需步骤的任何一方，仍然不必为此承担责

任。由于莱姆莱特公司本身没有实施全部步骤，也无法将他人实施其余步骤行为归责给它，因此，法院认定莱姆莱特公司没有侵权。

Akamai案给出了重要启示，即仅仅密切合作关系不足以也不会构成侵权，甚至可以为第三方提供辅导服务。实际上，这一发展过程已经表明，权利人的保护范围被压缩到很小的空间，其根本目的在于，避免因方法专利侵权步骤过于分离，导致权利人保护范围不确定性，以及行为人侵权不确定性。

这也对电商平台的专利撰写提出了新要求，即应当尽量避免多主体的实施专利，防止故意侵权方的规避。

新兴互联网技术的出现和应用，如同打翻了知识产权法的"潘多拉的魔盒"，它的后果是旧的利益格局正在被打破，传统的知识产权法体系正在被重新构建。在"互联网+"时代，面对电商平台法律难题，我们还能不能冷静准确地进行法律适用呢？

"计算机字体侵权"到底动了谁的奶酪？

■ 陈明涛　白　伟

【导读】

对计算机字库单字产生保护争议的原因是没有忽视其作为演绎作品的属性。计算机单字作品与原始字稿的相比，不具有可区别性的特征，如果对计算机单字进行保护，将导致与已有作品保护发生冲突，也将导致不当的占有公共资源。

近年来，伴随着北大方正、造字工房等企业在全国范围内大规模的维权行动，"计算机字体侵权"这一词汇不断地出现在大众视野中。湖南卫视《我是歌手3》、电影《失恋33天》、宝洁公司等热门节目、电影及大型企业成为被诉对象，更使得司法实务界与法学理论界为"计算机字体侵权"这一论题吵得不可开交。在徐静蕾字体、井柏然字体等噱头引起社会话题的同时，越来越多的企业开始陷入这场字体维权风暴。

从司法实务来看，"计算机字体侵权"主要涉及计算机非字库单字、计算机字库软件、计算机字库单字三方面的保护问题。通常而言，设计独特的计算机非字库单字及计算机字库软件的版权保护已经基本形成共识。

与此相反，计算机字库单字作品是否受著作权保护存在较大争议，当前司法判决也莫衷一是。在著名的方正诉宝洁倩体"飘柔"侵权一案中，一审法院从公共利益出发，认为计算机字库单字更多地承载了作为语言符号的功能性，不应获得版权保护。而在汉仪公司"笑巴喜"等案件中，法院大多认为计算机字库单字作品受著作权保护。

产生上述分歧的根源在于没有对字库单字作品的独创性有更为深刻的认识，特别是忽视其作为演绎作品的属性。

作品具有独创性，是获得版权保护的前提条件。从早期的"额头出汗"标准，到"独立创作和最低限度创新性"标准，独创性标准的判断，处于不断的发展之中。具体到演绎作品，独创性标准不是从作者本身的创作行为角度出发，而是与已有作品相比较分析判断，又分为两个标准，即可区别性改变标准和实质性改变标准。

（1）可区别性改变标准。可区别性改变标准又叫超过微小变化标准。Alfred案审理法院认为，独创性要不同于实际复制，只要其具有可区别性的变化，就可以具有版权性。之后，辛德案对演绎作品可区分性改变标准进行了系统阐述。该案法院引用了Alfred案对独创性的认识，认为独创性标准是低门槛的，只需要作者贡献超过微小变化。并进一步指出，一个已有作品的演绎要获得版权法保护，新作品必须"包含实质的，不仅仅是微不足道的独创性"。

（2）实质性改变标准。实质性改变标准最早在Gracen案中确立。著名的波斯纳法官认为，案件焦点在于演绎作品与已有作品之间是否存在实质性区别。为此，他专门举了一个例子："假设A针对蒙娜丽莎的原作进行轻微的改作，取得作品著作权，而某B复制了蒙娜丽莎的原作。在此情况下，A诉B侵权。然而，A的演绎作品要求越低，则A的演绎、原作与B的复制品就越难彼此区分，很难认定B复制的是A还是原作，从而造成是否侵权之认定困难。"因此，他最终主张，演绎作品要有版权性，必须和已有作品存在实质性的区别，早期过于宽松的标准应当被抛弃。

然而，在Schrockp案中，审理法院拒绝采纳Gracen一案的实质性改变标准，认为演绎作品并没有比其他作品更高的独创性标准，对于演绎作品的独创性，不应当采用加重的标准，仅需要新作品相对公共领域或者已有作品充分表现出改变，从而使新作品更容易区别于已有作品即可。

从以上分析可以看出，演绎作品的独创性判断经历了一个深化认识的过程。可区别性改变标准对独创性的要求，是从演绎作品与已有作品比较角度考虑，没有将演绎作品与一般作品的独创性加以"区别"，而采取了一致的态度。实质性改变标准则从侵权认定角度强调演绎作品独创性有不同要求。然而，正如Schrockp案中所解读的，实质性改变标准从来没有明确主张演绎作品的独创性更严格于一般作品。实际上，两个标准所关注的视角不同，并没有太大的差别。进一步理解演绎作品的两个标准，涉及三个考量因素，即作品中功能性因素、载体改变、艺术技巧和复杂劳动的影响。

（1）功能性因素。所谓功能性原则，是指版权法不保护基于功能性因素决定的表达。比如，对实用艺术作品、建筑作品或者计算机作品，就要将作品中功能性因素和其他独创性因素有效分离。Mazer v. Stein一案确立了功能性因素与艺术因素相分离的标准。涉案版权作品是人体舞蹈造型的小雕像构成台灯的底座，虽然人体舞蹈造型的台灯底座的功能性特征不能作为版权保护，但从功能性因素（台灯）分离出来的艺术特征，也可以作为艺术品而独立存在。

（2）载体改变。所谓载体的改变，作品的载体本身不受著作权法保护，当载体形式发生改变，比如由平面美术作品转化为立体作品，作品表达与先前表达没有发生实质性变化，则不认为构成演绎作品。例如，在Lee v. A.R.T.一案中，原告安妮李（Annie Lee）在说明卡片出版了一些艺术作品，被告A.R.T.把卡片图画修整，在瓷砖上黏附这些卡片。审理法院认为，图片机械式的"转换"不涉及任何表达，被告简单地购买和安装了原告的已有原创作品，如果没有在新形式中改变或者产生新的原创因素，不构成演绎作品。

（3）艺术技巧和复杂劳动的影响。通常而言，艺术技术和复杂劳动本身不是构成独创性的理由，但个案中会有例外。比如有些作品虽然是对已有作品的复制，但这种复制需要高度的艺术技巧，并且对社会具有重大价值，有助于参考独创性判断。在Alva Studios，Inc. v. Winninger.一案中，原告复制了三维艺术作品，这些原始作品来自世界各地博物馆。原告认为被告复制了他的作品并且销售包含其作品的商品。而被告认为，其销售的商品来源于公共领域雕塑的公开展示。法院认为，虽然已有作品已经在公共领域展示，然而，在独创性证明方面，原告的作品包含和来自他的技艺和创作已有作品精确尺寸复制的创新性。在雕塑作品中，这种经典作品尺寸缩小需要高度的技术和创造性。

在我国司法实践中，对独创性的判断历来非常重视，也认为与已有作品相比仅有很少改变，不足以构成独创性。然而，计算机字库单字作品案件出现很大争论。从创作过程来看，计算机字库单字作品来源于已有作品原始字稿，通过数字化拟合，修字（由设计师对每个字形进行精细的设计，包括统一风格、调整笔画粗细，使其相互协调，使每个字都有美感）、质检、编程、测试一系列过程构成。应当说，原始字稿本身的独创性没有异议，但其作为已有作品，既可能处于公共领域，也可能处在保护期，比如徐静蕾创作的原始字稿。

结合之前对演绎作品独创性的分析，计算机字库单字作品与原始字稿相比：（1）从普通人观察来看，是否符合可区别性改变标准；（2）从侵权确认角度，原始字稿和计算机字库单字作品保护是否会产生冲突，即是否符合实质性区别标准；（3）产生的区别是否由功能性因素决定，或者只是载体改变、还是具有高度复杂的艺术技巧及劳动因素。

实际上，当我们用很大篇幅分析了演绎作品的独创性后，也就不难得出计算机字库单字作品不需要保护的理由：（1）计算机单字作品与原始字稿相比，不具有可区别性的特征。（2）如果对计算机单字进行保护，将导致与已有作品保护发生冲突，也将导致不当地占有公共资源。如原始字稿未过保护期，完全可以由字稿权利人主张；如已过保护期，将导致公共领域的字稿以"载体改变"形式获得保护，损害了公共利益。（3）字库单字独创性来自修字过程，然而，对原始字稿修字往往基于功能性要求，如技术参数要求、适用计算机输入整个风格要求，即使为了保持美感的需要，也不具有高度复杂的艺术技巧和劳动因素。

版权法的要旨在于平衡创作者的权利保护与社会公众使用自由间的关系，在于调整产业间文化创作、利用、运营的利益格局，让权利的归权利，让自由的归自由，让市场的归市场。

编曲能受到版权保护吗？

——对韩磊涉嫌编曲侵权事件的评析

■ 陈明涛　田君露　白　伟

【导读】

对于韩磊编曲门事件，涉及编曲能否成为演绎作品的判断标准，以及非法演绎作品的可版权性问题，同时凸显了当前司法实践的理论准备不足。本文认为，编曲能否获得保护，要考虑超过微小限量标准和实质性区别标准，未经原作许可的编曲，不应受到保护。

最近的编曲侵权事件，让歌王韩磊略显狼狈，也引发了普遍关注。

最初，有消息称韩磊在"《我是歌手》2015巅峰会"中演唱的两首歌曲，因借用北京卫视综艺节目《音乐大师课》的编曲版权，或将面临巨额赔偿。经求证，韩磊所演唱的两首歌曲，确实未经《音乐大师课》同意。但是，韩磊方否认侵权，一方面，韩磊经纪人认为编曲没有版权；另一方面，韩磊则认为其对两首歌进行了重新编排，与《音乐大师课》对两首歌的编曲完全不同。然而，前两日《音乐大师课》制作方作出正面回应，表示已与韩磊正式达成和解。

日前，《我是歌手》等音乐真人秀节目的盛行，使一直在幕后的编曲者被关注。像胡彦斌，被称为"改编小王子"，将编曲魅力演绎得淋漓尽致，让听众大呼过瘾。然而，随之发生的编曲侵权纠纷，使编曲者的法律定性成为疑问。

笔者认为，该事件涉及编曲能否成为演绎作品的判断标准，以及非法演绎作品的可版权性问题，同时凸显了当前司法实践的理论准备不足。

编曲能像原作品一样被保护吗？

一部作品，要获得著作权法保护，原创性是最为重要的条件。原创性判断标准，却成为司法实践中的"测不准定理"。直到1991年具有里程碑意义的Feist案，创立了所谓的"独立创作和最低限度创新性"标准。

在该案中，涉及的作品是用户姓名、地址和电话号码等资料编制成的电话目录，对其是否有原创性，美国联邦最高法院突破了早期"额头出汗"标准，认为作品不仅要由作者独立创作，而且意味着至少具有某种最低程度的创新性。当然，创新性要求的量相当低，即微小的量就可以满足。

同样，编曲要想获得版权，也必须具有原创性。然而，它的原创性又该如何判定呢？

这就不得不提及著名的Alfred Bell v. Catalda案，在该案中，原告拥有8个金属铜版画的版权，这些作品来自已经处于公共领域早期大师们的画作，被告生产了原告金属铜版画的平版印刷品，原告因此提起诉讼。

审理法院认为，对于此类演绎作品的原创性，要不同于实际复制，只要具有超过微小限量的变化，就可以具有版权性。因此，这一标准被称为"超过微小限量标准"。

其实，通常所讲的编曲，就是利用与原作不同的手法或表演手段，将一首音乐作品，或作品的一部分加以改写的创作过程。因此，像编曲这样改编原作产生的作品，也属于演绎作品的一种，同样适用于"超过微小限量标准"。

然而，超过微小限量标准的低门槛，容易导致侵权判定的难题。在Gracen v. Bradford Exchange 一案，著名的波斯纳法官就提出一个经典假设：

A针对蒙娜丽莎的原作进行轻微改动，取得作品著作权，而B复制了蒙娜丽莎的原作。在此情况下，A诉B侵权。A的演绎作品原创性要求越低，则A的演绎、原作与B的复制品就越难彼此区分，很难认定B复制的是A的演绎作品还是原作。

由此，便产生另外一种判定标准——"实质性改变标准"。演绎作品要有版权性，必须和已有作品存在实质性的区别，早期过于宽松的标准应当被抛弃。

其实，这两个标准并不矛盾。可区别性改变标准是与原作进行比对，虽然只作了个"双眼皮"的小手术，也要承认医生的劳动成果。实质性改变标准则是从侵权认定角度，不否认原创性认定的低门槛，但你不能一会儿是"孙行者"，一会儿是"行者孙"，那就是如来佛祖也鉴定不出来。

就"编曲门"事件来看，若以超过微小限量标准来判定，则要求编曲比原作有超过微小限量的变化，不仅仅是简单的复制；若以实质性改变标准来判定，则要求编曲与原作不能产生侵权认定困难。也就是说，韩磊到底是侵谁的权，不能让人无法分清。

可是，问题又来了，若编曲者未经原作者同意，还能主张韩磊侵权吗？未经原作者同意的编曲，有版权吗？

通常，我们将未经原著作权人许可而演绎的作品，和虽经许可但侵犯了原作品的其他著作权，如署名权、保护作品完整权的演绎作品，都称为非法演绎作品。

根据《著作权法》第12条规定，演绎作品行使著作权时不得侵犯原作品的著作权。但是，假如演绎作品侵权了，还有无著作权，法条就没有再讲。

当前，我国法院持肯定态度。比如，在汇智公司诉北京国际广播音像出版社一案中，法院就认为，原告汇智公司虽然未经相关著作权人许可，对歌词进行翻译，侵犯了原作者著作权，存在权利上的瑕疵，但仍是创作活动的产物，本身有一定的原创性。尽管相关歌曲的原作者有权起诉汇智公司侵权，汇智公司也可能因此对歌曲的原作者负民事赔偿责任，但有关的演绎作品仍属于受著作权保护的作品，只是有一个保护度的问题。

我国的司法态度，实际借鉴德国人的观点。如德国著名的M.雷炳德教授认为，演绎作品的产生并不依赖于原作品作者的准许，但发表和利用依赖于原作者许可。该观点区分了演绎作品的产生、行使，即权利的产生不受限于原作者，权利的行使受制于原作者。

美国司法实务曾提出过"遍及标准"，即未经许可的已有作品使用"遍及了整部演绎作品"，则不享有版权。但是，目前司法实务主流见解持完全否定态度。比如，在Gracen v. Bradford Exchange案中，美国第七联邦巡回法院认为，虽然格雷森（Gracen）小姐的绘画有充分的原创性，但是她的演绎作品未从电影那里获得授权，因此，她的绘画作品没有版权。

笔者认为，非法演绎作品的保护与否，应以尊重已有作品作者利益为前提，从已有作品作者与演绎作品作者利益平衡的角度考虑。

一方面，如果采肯定的态度，即演绎作品作者有消极权利，容易产生非法演绎动机，尤其当演绎作品与原作品区分度不高，造成侵权认定和授权获得障碍，损害已有作品作者利益。

另一方面，如采完全否认观点，也存在疑虑。有人认为，这意味着使用人可以合法地"白拿"他人的创作劳动成果，不符合法律关于正义、等价有偿、诚实信用的原则。然而，非法演绎创作的劳动成果，意味着作者将权利贡献给公共领域，反而降低了原作品被非法演绎的可能，促进已有作品与演绎作品交易流转，迫使作者以合理方式利用原作，不会过度损害版权法促进文化繁荣的目标。如果存在第三人侵权，造成演绎作者和原作者利益受损，由原作者维护权利即可。

因此，持完全否定的观点更为合理。

具体到"编曲门"事件，无论是韩磊对两首歌的编曲，还是《音乐大师课》对两首歌的编曲，都应当取得原作者的同意，否则即构成非法演绎作品。如果编曲者未经原作者同意，就不存在韩磊侵犯编曲权利问题。

看似小小的"编曲门"事件，却蕴含著作权理论的大学问，它也需要司法裁判者展现如艺术大师般的法条演绎与理解能力。看来，我们还远未准备好……

从演绎作品角度看琼于案二审判决：符合体制逻辑的判决

■ 陈明涛

【导读】

　　琼于案二审判决结果维持原判，这符合当前谨慎改判的司法现实。但本案的焦点仍是要判断《宫锁连城》是否"利用"了《梅花烙》，利用到何种程度才算"利用"？仅就判决涉及几点理论问题，谈一些粗浅看法。

　　2014年12月25日，北京市第三中级人民法院对琼瑶起诉于正等侵权案进行宣判。陈喆（笔名琼瑶）被认定是《梅花烙》剧本的作者及著作权人。判决要求，自判决生效之日起，立即停止电视剧《宫锁连城》的复制、发行和传播行为。被告余征（笔名于正）于本判决生效之日起10日内刊登致歉声明，向陈喆道歉，消除影响。余征及湖南经视文化传播有限公司等四家公司于判决生效10日内连带赔偿陈喆经济损失及诉讼合理开支共计500万元。陈喆的其他诉讼请求被驳回。

　　随后，于正方提起了上诉。日前，北京市高级人民法院下发终审判决，虽然认为原审法院在适用法律和事实认定上有误，但仍维持了原判决。

　　这一判决结果，也符合当前谨慎改判的司法实际。但本案的焦点仍是要判断《宫锁连城》是否"利用"了《梅花烙》，利用到何种程度才算"利用"？这就涉及三个方面问题：（1）思想表达二分原则，即利用《梅花烙》的是思想，还是表达；（2）实质性相似的判断方法，即利用部分是否与《梅花烙》构成实质性相似；（3）与合理使用的关系，即利用《梅花烙》是否构成合理使用。另外，该案还涉及构成侵权的演绎作品权利救济问题，以及民事程序中证人出庭问题。

对此，仅就演绎作品理论涉及的几点问题，谈一些粗浅看法。

一、思想与表达的区分：没有确定性标准

思想表达二分原则是版权法的核心原则，是指仅仅思想的表达，而不是思想本身具有版权性；问题是应如何区分思想与表达。汉德法官在尼克尔斯诉环球电影一案中有一段经典的陈述："对于任何文学产权来讲，权利不能严格限于文本，否则抄袭者可能通过非实质性的改变来逃避责任……问题关键点在于被告所拿走的是不是实质部分，当剽窃者拿走的不是文字性部分，而是整个作品的抽象，判决会更加麻烦。对于任何作品，尤其是戏剧作品来说，当越来越多的特定情形被抽出后，会产生越来越具有普遍性的模式……但是，在一系列抽象的过程中，会有这样一点，经过这个临界点，版权将不再保护。"

这就是所谓的抽象标准。然而，它并没有告诉我们思想与表达的具体界限，更多依赖法官的直觉。但是，普遍认为，汉德提供的解决方案是目前为止最合适的。

在琼于案中，一审法院对思想表达二分原则区分标准进行分析，指出："就情节本身而言仍然存在思想与表达的分界。区分思想与表达要看这些情节和情节整体仅属于概括的、一般性的叙事模式，还是具体到了一定程度足以产生感知特定作品来源的特有欣赏体验。如果具体到了这一程度，足以到达思想与表达的临界点之下，则可以作为表达。"

可见，一审法院试图建立"感知特定作品来源的特有欣赏体验"标准，以此区分思想与表达。然而，为何要采用这样的标准，则语焉不详。对此，二审法院认为："剧本和小说均属于文学作品，文学作品中思想与表达界限的划分较为复杂。文学作品的表达既不能仅仅局限为对白台词、修辞造句，也不能将文学作品中的主题、题材、普通人物关系认定为著作权法保护

的表达。文学作品的表达，不仅表现为文字性的表达，也包括文字所表述的故事内容，但人物设置及其相互的关系，以及由具体事件的发生、发展和先后顺序等构成的情节，只有具体到一定程度，即文学作品的情节选择、结构安排、情节推进设计反映出作者独特的选择、判断、取舍，才能成为著作权法保护的表达。确定文学作品保护的表达是不断抽象过滤的过程。"并进一步指出："原审法院将受众的感知和体验作为考量因素的观点并无不当，但是由于在事实查明部分并未对陈喆提供的关于网络调查的相关证据所证明的事实予以认证，而直接在本院认为部分予以分析采纳，确系不当。"

应当说，二审法院这样的认识是正确的！

二、实质性相似的判断，慎用整体主义

实质性相似的判断相当复杂，同样不存在统一的、明确的标准。分析实质性相似时，法院通常采用两种分析路径，即整体概念与感觉分析和部分分析方法。

整体概念与感觉分析法通常在一些简单作品中运用，像儿童图书、贺年卡、视觉艺术作品。版权法领域的著名学者尼默教授就认为，"整体概念与感觉分析法"可以应用到贺卡、游戏或卡通片之类的简单作品，如果过分适用，将会威胁到整个版权法的基石——从不受保护的思想分解出受保护的表达。思想本身不受任何保护，而把"感觉"这个模棱两可的概念引入司法认定中，就等于放弃了分析。国外的相关司法实务也进行了限制，一般会注意确定特定审美成分（被告从原告那里抄袭的原创成分），在两部作品整体比对中所起的作用。

部分分析方法，又分为很多个标准，比如抽象测试标准、模式测试标准、分解标准及抽象—过滤—对比标准。比如，抽象测试标准，本身就属于部分分析方法，这些分析方法，更多注重区分作品的思想和表达，特别强调表达部分的比较。然而，部分分析方法同样有其不可避免的缺陷，就是容易

忽略公共领域素材的编排、组合及顺序产生的原创性。像汇编作品，原创性往往来自公共领域，采用部分分析方法可以导致不构成侵权，反而过分限制了作者权利。

之所以会出现如此多的分析方法，实质原因是作品类型的多样化。例如，对于视觉艺术作品、儿童作品、音乐作品，简单元素就可以构成很强的创新性，整体概念与感觉方法比较适用；而对于小说等文字作品、计算机作品，成分复杂度高，更适用于部分分析方法。

具体到琼于案，一审法院认为：剧本《宫锁连城》相对于原告作品小说《梅花烙》、剧本《梅花烙》在整体上的情节排布及推演过程基本一致，仅在部分情节的排布上存在顺序差异，但此类顺序变化并不引起被告作品涉案情节间内在逻辑及情节推演的根本变化，被告作品在情节排布及推演上与原告作品高度近似，并结合具体情节的相似性选择及设置，构成被告作品与原告作品整体外观上的相似性，导致与原告作品相似的欣赏体验。

由此可见，一审法院采用了整体主义的比对方式。实际上，对于复杂的文字作品，适用整体概念与感觉比对法时，要采取非常谨慎的态度。因为即使是公共领域的素材，创编形成情节编排，到底是必要情景模式，还是独创性表达，仍然值得法院进一步审查。

二审法院对此予以纠正，并没有局限在整体的判断上，而是通过思想表达二分原则，将认为构成实质性相似的9个情节进行比对，再结合作品整体进行比较，认为构成改编，至少从认定思路上很难说有重大缺陷。

三、禁令救济：考虑演绎作品的特殊性

大法官勒瓦尔就认为，由于大部分侵权只是简单的盗版，禁令方式是适用的。对于演绎作品，为了丰富公共利益之目的，法院应该尽量不去使用强制命令的手段，而为处理这些问题，我们应该寻求合理的补偿机制来处理。

也就是说，在能够金钱救济的情况下，要少用禁令。然而，在琼于案中，审理法院最终采用禁令，认为著作权作为权利人所享有的一项独占排他性支配其作品的权利，是一种类似于物权的专有权利，当著作权遭受侵害时，即使行为人的过错较轻，权利人亦有权提出停止侵害的诉讼主张。权利人合法有据的处分原则应当得到尊重，只有当权利人行使处分权将过度损害社会公共利益和关联方合法权益时，才能加以适度限制，以保障法律适用稳定性与裁判结果妥当性的平衡。而基于本案中被告的过错及侵权程度、损害后果、社会影响，应判令停止电视剧《宫锁连城》的复制、发行及传播为宜。

对此，二审法院加入"竞争关系"这一考量因素，认为："如果权利人和侵权人之间具有竞争关系，则不宜对停止侵害请求权进行限制，否则不判令承担停止侵权责任，意味着给侵权人赋予了强制许可，这种违背权利人意愿的方式有可能极大损害权利人通过投资获得收益并取得竞争优势。"

应当说，二审法院的认定是看似有道理，但仍然值得商榷。一个类似的例子是关于录音制品翻录的法定许可，看似是对著作权人的限制，其本质是为了防止大唱片公司垄断，维护音乐人的利益。同样，对于编剧群体，如果将作品改编赋予类似的法定许可制度，反而有利于防止大制片商的垄断，维护编剧人整体利益。

另外，法院判决还涉及共同侵权的理解，在此不多赘述，只谈一点。推定了"制片人"是具有共同过错认定的重要因素，但制片人身份享有，不是一种简单投资关系，也不是署名权和获取报酬权，而是对作品的一种"实质控制能力"，否则只能定义为一个"委托作品关系"。二审法院虽然纠正一审法院的错误理解，但是对制片人身份还是过于简单化。

在当前的司法体制中，本案的判决结果符合"体制的特有逻辑"。二审法院显然也关注到了专业人士对一审的批评，力图在判决书作出解释，至少这样的司法态度是值得肯定的。

技术提供者如何走出侵权的雷区?

——一个知识产权人士对快播事件的思考

■ 陈明涛

【导读】

技术的发展使得人类可以突破时间、空间的限制以观看视频节目,但却也引起版权业的极度恐慌,在侵权责任归责机制下,技术提供者版权责任的确立出现新挑战。技术提供者如何才能够独善其身,现行的制度如何才能为技术提供者提供良性的发展机制都值得深思。

"人们总是希望我选择一边,当一个版权卫士或者反版权斗士,但我只是技术提供者",这是布莱姆-科恩在接受采访时所讲的话,他因为发明了BT技术而被誉为"BT之父",与"万维网之父"蒂姆-伯纳斯-李、谷歌创始人布林和佩奇等人并列十大最有影响力的互联网人物。

他的话表明了一个技术提供者的困惑与无奈,也引发了我们对快播事件的思考:在这个技术创新不断发展的时代,技术提供者如何才能够独善其身,现行的制度如何才能为技术提供者提供良性的发展机制。

让我们把时间的轴线先推到30年前,当时的索尼公司推出了一种新型的家用录像机,这种设备既可以用来录制电视节目,也可以让用户在以后的时间观看电视节目,这种功能可称为改变时间功能(time-shift)。这一技术引起版权业的巨大恐慌。1984年,美国环球影视公司代表版权人状告索尼公司，经历了两级法院不同的审理结果，案件最终上诉到美国联邦最高法院，最高法院的大法官们创设了著名的索尼规则，使索尼公司取得了最终的胜诉，该案也成为美国历史上最著名的版权判决之一。

近年来，美国视灵（Sling）公司也推出了一种新型设备，它可以让用户在世界上任何地方，通过电脑或者手持设备观看家里的电视节目，这种功能称为改变地点功能（space-shift）。美国的有线电视和卫星电视公司认为该技术侵犯了其对节目的广播权利。有线电视公司担心消费者不必缴纳有线电视费就可通过其他地点收看节目；内容提供商们也担心消费者可以轻易地绕开技术保护措施。对此，美国学界也展开了充分的讨论，主流观点认为该技术可以符合索尼规则的标准。

当前，当快播事件变成全民所关注的焦点，对它的讨论依然离不开技术提供者所应遵循何种法律边界问题。

其实，在现有侵权理论中，间接侵权责任制度、索尼规则和引诱侵权制度，为技术提供者责任建立了基本的理论架构。间接侵权责任是从权利侵犯的角度确立技术提供者的责任基础；索尼规则是从权利限制角度划定技术提供者的防御空间；而引诱侵权制度则进一步界清了技术提供者的责任边界。

间接侵权责任制度是第三方侵权责任的基本理论基础，确立了第三人因他人直接侵权行为而承担责任的具体规则，包括帮助侵权与替代责任制度。通常认为，帮助侵权来源于企业责任概念，法院将其定义为："一个人在知道一种行为构成版权侵权的情况下，诱导、促成或实质性地帮助他人进行侵权行为，应当为此承担责任。"其构成要件包括：（1）存在直接侵权行为；（2）被指控的间接责任人已经认识到直接侵权行为的存在；（3）诱导、促成或实质性地帮助了直接侵权人进行侵权行为。

在帮助侵权行为中，技术提供者存在两种认识：一种是明知，即显而易见侵权事实是存在认识的；另一种是应知，即权利人发生的具体行为权利通知存在认识。而在快播案中，需要认知的是，快播公司是否对具体侵权行为存在明确的认识。从该案来看，由于具体的淫秽内容并不存储，或者是以缓存的形式存储在快播公司的服务器中，也就很难证明快播公司具有主观过错。

在这里必须要强调对缓存性质的理解，当前很多网络技术服务提供者利用缓存来提升用户体验，这种存储于服务器的性质属于"临时性"而非"永久性"。因此，不应简单得出技术提供者对此负有审核义务。

替代责任制度早期来源于"房东—租客"与"所有人—表演者"两种情形。房东和所有人从租赁人及表演者的版权侵权行为中获得收益。其定义为某人有权利和有能力监督直接侵权行为，且从直接侵权行为中能获得直接的经济利益，就应为直接侵权人承担责任。构成要件为：（1）有权利和能力监管侵权行为的发生；（2）从侵权行为中获取直接的经济收益。

从快播的技术架构来看，快播公司并不符合替代责任的要件。

间接侵权制度是将视角专注于具体的侵权行为，从具体侵权行为角度难以追究技术提供者责任。然而，对于一项技术而言，往往既存在侵权的用途，也存在实质性非侵权用途时，技术提供者是否也应该承担责任呢？索尼规则就认为，一种技术产品只要符合"实质性非侵权使用"标准，就不构成帮助侵权，而不管这种技术是否被用于合法或有争议的目的。可以说，索尼规则史无前例地为技术制造者尝试确定在版权领域中的责任问题，也就为以后技术创新建立了风险机制，从而鼓励和促进了技术的创新。

在美国，索尼规则的创立具有重要的意义，对理论、司法和立法界影响深远，它成为指导之后二十多年法院审理新技术案件的重要原则。也就是说，技术提供者即使知道技术本身可以用于侵权，仍然不承担责任。

新一代P2P技术出现后，使得技术提供者版权责任的确定出现了新的挑战。因为在P2P的技术架构之下，既可以排除提供者对具体侵权行为的主观过错，也可以确定该技术存在非侵权的重要用途，那么，该如何决定技术提供者的版权责任呢？

美国联邦最高法院在2005年的Grokster一案中作出了回答，即"以促进版权侵权使用为目的而提供设备，并且以清楚的（语言）表明或者另外采取了确实的步骤促进侵权，应当就第三人导致的侵权行为承担责任，而不用考虑产品的合法用途"。而所谓"清楚的（语言）表明或者另外采取了确实的步骤"实际是表明技术提供者要存在主观故意去促进侵权。

引诱侵权制度将主观过错的关注点引入技术用途领域，实际是对索尼规则作出进一步的限制，即使存在合法的侵权用途，如果技术提供者用不恰当的言行（故意）去促进技术的侵权使用，依然构成侵权。

对于这三种理论制度的理解，可以打一个形象但不太恰当的比喻：老王造刀，小李来买刀，老王明知道小李要去杀人（因为小李告诉过他），或者老王可以推定小李要去杀人（因为小李有仇人，并且到处嚷嚷这天要杀人），那么老王就可能构成"帮助侵权"；如果老王就是小李的老板，完全可以控制小李的行为，并且能从杀人行为中获益，那么老王要承担"替代责任"；假如老王虽然关注不到具体杀人行为，但他专门制造只能用来杀人的"杀人刀"，这种情况不用说他也要承担责任；但假如老王制造的是菜刀，既可以用来做菜，也可能用来杀人，因为用来做菜构成"实质性非侵权用途"，就符合了"索尼规则"。虽然老王制造的是菜刀，但是他到处宣传自己菜刀"手感好，刀刃锋，用来杀人最合适"，这时老张主观意图是"故意"，就会构成"引诱侵权"。

实际上，不管是间接侵权责任中"主观认识"的判断，索尼规则"实质性非侵权用途"的解释，还是引诱侵权责任中"引诱言行"的构成，都没有形成非常具体标准与准则，这都需要法官结合具体的案情综合考量。

而在快播案件中，笔者发现，检察官应当遵循恰当的办案方向，将焦点问题集中在快播公司是否故意引诱普遍民众观看淫秽视频上，需要在侦查上得到确凿的证据，而不是简单宏观地推定结论，从而闹出庭审的被动局面，成为笑柄。

聚合信息类网络服务商侵权性质探讨

■ 陈明涛

【导读】

互联网技术的发展，以今日头条、酷讯网为代表的信息聚合类网络服务商开始出现。然而，对于此类服务商涉及的转码、深度链接、分工合作等问题法律性质的理解，不管是实务界，还是理论界并没有形成统一认识。

互联网技术的发展，以今日头条、酷讯网为代表的信息聚合类网络服务商开始出现。虽然他们的技术并不完全相同，但商业模式本质是采集第三方信息，完成信息内容分发。

然而，这样的商业模式也触动了版权业的神经，引发极大的版权争议。

就今日头条的商业模式来讲，存在"野蛮生长"的过程，依靠"机器爬虫"采集第三方信息，容易诱发媒体业的版权诉讼。比如，广州日报、楚天都市报等传统媒体就此提起版权诉讼。当然，这也促使今日头条与第三方传统媒体展开合作，防范法律风险。

而酷讯网的商业模式则有些差别，是与第三方签订合作协议，并通过信息内容展示向第三方收取合作费用。这样的商业模式，不会与合作第三方发生纠纷，却容易让第三方版权诉讼燃及自身。

在这里，核心的问题是，应如何评判这两类商业模式的法律风险，这就涉及转码、深度链接、分工合作等问题法律性质的理解。对于此类问题，不管是实务界，还是理论界尚未形成统一的认识。

一、关于转码

所谓转码，即抓取第三方的页面内容，将内容转换成XML存放于自己的服务器上，用户浏览时将XML内容通过APP渲染页面呈现给用户，从而适应手机端阅读的需要。

对于转码问题，在上海玄霆娱乐公司诉百度案中，法院就认为，采用转码方式实质是将作品放置在其服务器上，该行为属于复制和上载作品的行为，并通过网络进行传播，构成直接侵权。

笔者认为，对于转码问题，这样的认定过于"粗暴"。在技术发展的进程中，转码适用于从PC端到手机端的阅读需要。在满足用户体验的前提下，网络提供者会将转码后的作品置于自己的服务器中，但这样的行为如果满足临时性，而非永久性，其更多体现了一种传播的便利，而非初始的提供。

面对云计算和大数据技术的发展，在认定侵权过程中，必须要突破简单以服务器存储认定侵权的传统认识。

因此，这种转码行为更类似于"临时复制"，不应简单认定为直接侵权。

二、关于深度链接

聚合信息类网络服务提供商对链接一般采用嵌入式加框技术，使用户感知到所有的操作是由链接提供页面上完成的。虽然也可能会出现原文链接的地址，但从用户感知的角度，实质替代了被链接网站。

问题在于这样的链接方式，是否构成侵权行为，是版权侵权，还是不正当竞争行为，存在很大争议。

就被链接方与信息聚合服务提供方面而言，有观点认为构成不正当竞争行为。这一观点也体现在《北京市高级人民法院指导意见》第7条，其规定："提供搜索、链接服务的网络服务提供者所提供服务的形式使用户误认为系其提供作品、表演、录音录像制品,被链接网站经营者主张其构成侵权的,可以依据反不正当竞争法予以调整。"

然而,笔者认为,该行为更确切地是违反行业惯例的侵权行为。比如,今日头条采用的"机器爬虫"方式采集信息,这种方式遵循的是行业通用协议罗伯茨"Robots"协议,如果今日头条在未经许可的情况下强行抓取页面,而违反了行业惯例,以适用《侵权责任法》第6条第1款规定的过错责任更为合适。

假设被链接方对版权方有侵权,就信息聚合服务提供者与版权方的关系而言,则是一种间接侵权行为。比如,在周某诉酷讯网一案中,酷讯网以链接方式为第三方传播侵权图片。

虽然目前有观点认为,如果从用户感知角度构成实质性替代,则构成直接侵权,但是,笔者认为,技术架构决定法律规则是互联网法的基本规则,采用深度链接方式仍然是一种间接侵权。

例如,《最高人民法院信息网络传播权司法解释》第4条规定,有证据证明网络服务提供者与他人以分工合作等方式共同提供作品、表演、录音录像制品,构成共同侵权行为的,人民法院应当判令其承担连带责任。网络服务提供者能够证明其仅提供自动接入、自动传输、信息存储空间、搜索、链接、文件分享技术等网络服务,主张其不构成共同侵权行为的,人民法院应予支持。

三、关于"分工合作"

如上所述,《最高人民法院信息网络传播权司法解释》第4条规定,有证据证明网络服务提供者与他人以分工合作等方式共同提供作品、表演、录音录像制品,构成共同侵权行为的,人民法院应当判令其承担连带责任。

那么,信息聚合网络服务提供方通过合作协议传播第三方涉嫌侵权作品，是否构成与第三方以分工合作方式提供作品，从而构成共同侵权行为呢？

对此，在周某诉酷讯网一案中，二审法院就认为，酷讯公司通过与第三方合作协议方式提供作品，属于分工合作形式，构成直接侵权。

笔者认为，二审法院扩大了"分工合作"的内涵。在移动互联网时代，产业界的连接合作尤其频繁，即使是链接、网络存储，也算是一种特定意义上的"分工合作"。然而，这种分工合作，是第三方提供作品，网络服务提供者只是扩大了传播作用，所以，不能认为属于《最高人民法院信息网络传播权司法解释》第4条涵盖的"分工合作"。

所以，对于信息聚合类服务商，仍以间接侵权为宜，如果不当扩大"分工合作"的内涵，将导致大量新类型的网络服务商陷入侵权风险，使第4条变成"口袋"条款，这尤其要引起司法实务的密切关注。

互联网技术的不断发展，并没有逃出传统侵权基本理论框架，但是，行为的认定完全不同于传统认识，要不断理论创新，以适应新形势。否则，丧失的不仅是个案正义，而且是整个产业的发展。

快播天价罚款案违背技术中立原则了吗？

■ 陈明涛

【导读】

快播公司作为视频技术的提供者，为普通网络用户搜索这些网站的视频提供索引目录，并建立搜索链接。特别对某些热播的影视作品，快播在提供搜索链接服务时，理应知道这些视频信息存在版权侵权问题。对这种链接服务，不管当前司法实践中的"服务器原则"，还是其他原则，并不影响对快播的侵权定性。也就是说，快播公司应当构成帮助侵权责任。

快播刑事案件一波未平，2014年6月21日广东省高级法院二审开庭审理的天价罚款案又变成关注焦点。6月26日，深圳市市场监督管理局以快播公司侵权版权为由，责令停止侵权，并处以非法经营额3倍的罚款约2.6亿元人民币。

对此，快播公司认为，深圳市市场监督管理局对涉案事项无行政处罚职权、行政程序违法以及行政处罚的依据不足、行政处罚的数额不当，其作为网络服务提供商，属于中立性质，侵权网站、侵权视频与快播无关。

抛开该案所涉及程序问题不谈，快播公司作为一个技术提供者，其责任边界到底应当如何划定，行政部门的处罚是否违背了技术中立的原则，并可能导致技术提供者创新困难，产生不确定预期呢？

对此问题，有必要从著作权侵权基础理论角度进行探讨。实际上，现有著作权侵权理论中，间接侵权责任制度、索尼规则（技术中立规则）和引诱侵权制度，已为技术提供者的责任建立了基本理论架构，这构成我们思考快播案件的理论前提。

间接侵权责任制度是第三方侵权责任的理论基础，确立了第三人因他人直接侵权行为而承担责任的具体规则，包括帮助侵权与替代责任制度。

通常认为，帮助侵权来源于企业责任概念，可以定义为："一个人在知道一种行为构成版权侵权的情况下，诱导、促成或实质性地帮助他人进行侵权行为，应当为此承担责任。"其构成要件包括：（1）存在直接侵权行为；（2）被指控的间接责任人已经认识到直接侵权行为的存在；（3）诱导、促成或实质性地帮助了直接侵权人进行侵权行为。

在帮助侵权行为中，技术提供者存在两种认识：一种是明知，即显而易见侵权事实是存在认识的；另一种是应知，即对权利人发出的权利通知存在认识。

2001年，针对利用第一代P2P技术成立的音乐服务商耐普斯特（Napster）公司，美国第九联邦巡回法院作出构成帮助侵权判决。虽然Napster服务器只提供MP3文件名和网络链接，其本身并不复制MP3文件的内容，用户直接从其他用户的计算机上下载MP3文件，然而，耐普斯特公司在服务器中为用户提供音乐目录搜索服务，对具体侵权行为应当明确认知。

就快播公司技术架构和商业模式而言，主要以播放器方式为电影网站提供搜索链接，这些网站大多由个人站长经营，通常只需要一个带宽和容量足够大的服务器，把电影往里一放，就能凭流量费和广告费赚取收入。此类网站上的影视作品几乎不可能购买版权。

快播作为视频技术的提供者，为普通网络用户搜索这些网站的视频提供索引目录，并建立搜索链接。特别对某些热播的影视作品，快播在提供搜索链接服务时，理应知道这些视频信息存在版权侵权问题。对这种链接服务，不管当前司法实践中的"服务器原则"，还是其他原则，并不影响对快播的侵权定性。也就是说，快播公司应当构成帮助侵权责任。

替代责任制度早期来源于"房东—租客"与"所有人—表演者"两种情形，房东和所有人从租赁人及表演者的版权侵权行为中获得收益。其定义为某人有权利和有能力监督直接侵权行为，且从直接侵权行为中能获得直接的经济利益，就应当为直接侵权人承担责任。构成要件为：（1）有权利和能力监管侵权行为的发生；（2）从侵权行为中获取直接的经济收益。

从快播的技术架构来看，如果快播公司对其他小网站的视频传播不具备实质性控制能力，只是从中获取间接性广告受益，也就不符合替代责任的构成要件。

间接侵权制度是将视角专注于具体的侵权行为。然而，对于一项技术而言，往往既存在侵权的用途，也存在实质性非侵权用途时，那么，技术提供者是否也应该承担责任呢？

在1984年的环球电影诉索尼案中，美国联邦最高法院提出了所谓的"索尼规则"：一种技术产品只要符合"实质性非侵权使用"标准，就不构成帮助侵权，而不管这种技术被用于合法或有争议的目的。这也就是我们常说的技术中立原则。技术中立原则为技术制造者技术创新建立了风险机制，防止技术提供者因担心未来的侵权风险不敢创新，从而建立起稳定的预期。

然而，"技术中立"原则也不应当成为技术创新者逃避侵权的借口。特别是新一代P2P技术出现，使得技术提供者版权责任的确定出现了新的挑战。在美国，这种新型P2P技术软件有格罗克斯特（Grokster）公司提供的KaZaA软件以及Stream Cast公司的Morpheus软件。由于格罗克斯特公司和Stream Cast公司免费向用户提供上述两款软件，美高梅等数十家电影公司和唱片公司发现，通过这两款P2P软件被分享的文件有90%都是受到版权保护的作品，其中有70%是这些公司享有版权的作品。因此，它们起诉这两家公司，认为其在明知用户将使用这两款软件产品从事版权侵权活动的情况下，仍然向用户免费提供该软件产品，从而实质性地帮助用户的直接侵权行为，并从用户对软件的使用中获得巨额收入（软件会自动弹出广告），应承担侵权责任。

此类软件提供者也可以排除对具体侵权行为的主观过错，其对具体的信息传输可能完全不知情（这一点与快播的情形不同），也可以确定该技术存在实质性非侵权用途。比如，可以分享莎士比亚戏剧、免费软件、政府文件等处于公共领域或不受版权保护的作品或文件。那么，此类技术提供者是否需要承担版权责任呢？

美高梅案上诉到美国联邦最高法院，经审理发现，有诸多证据证明技术提供者存在非法目的。比如，公司的内部文件多次提及其参考过耐普斯特开发的软件（著名侵权软件），并且宣称除具有耐普斯特所具有的所有功能外，还能够传播更多类型的文件，如享有版权的电影以及软件程序。对此美国联邦最高法院认为："即以促进版权侵权使用为目的而提供设备，并且以清楚的（语言）表明或者另外采取了确实的步骤促进侵权，应当就第三人导致的侵权行为承担责任，而不用考虑产品的合法用途。"

引诱侵权制度将主观过错的关注点引入技术用途领域，实际是对技术中立原则作出进一步的限制，即使存在合法的非侵权用途，如果技术提供者用不恰当的言行（故意）去促进技术的侵权使用，依然构成侵权。

仔细研究可以发现，快播案不像单纯的Grokster案，而更接近Napster案，因为快播能够为网络用户搜索视频提供目录服务并设定链接，不是单纯没有中心服务器的架构。与此同时，从案情来看，快播员工在主题为"版权问题处理细节"的邮件中，提出对PC端电视剧不加处理，如果权利人投诉了则编辑去掉"其他来源"等，也表明快播公司对侵权存在诱导和鼓励的行为。因此，快播公司的行为符合引诱侵权的构成要件。

"人们总是希望我选择一边，当一个版权卫士或者反版权斗士，但我只是技术提供者"，这是布莱姆-科恩在接受采访时所讲的话，他因为发明了BT技术而被誉为"BT之父"。然而，布莱姆-科恩的无奈并不是快播公司所面临的情况，后者恰恰是选择侵犯版权一边。

扭巴的作者身份确认

——嘎尔西亚诉谷歌案及新浪诉凤凰案引发的思考

■ 陈明涛

【导读】

作者身份确认，看似简单、实则复杂，既抽象于个案之上，又融入个案之中，任何过分简单化的理解将导致著作权边界的不当扩张。嘎尔西亚诉谷歌案和新浪诉凤凰案，凸显了在具有独创性因素的前提下，应如何确认作者身份的问题。

著作权保护的是作者，但什么主体可以成为作者，并不总是那么容易确定，最近发生的二则案例，引发了更多思考。

嘎尔西亚诉谷歌案是2015年备受关注的案件。

在该案中，电影的制片者将影片《沙漠勇士》剪辑成一部宣传片，取名为《无辜的穆斯林教徒》，其中包含原告嘎尔西亚5秒钟表演。随后，这部宣传片被上传到被告谷歌公司经营的Youtube网站。然而，该片被认为亵渎了穆斯林创教先知穆罕默德，并成为发生中东地区骚乱的导火索。嘎尔西亚因此甚至受到死亡威胁。

对此，嘎尔西亚以版权作者身份要求谷歌公司删除该片。案件几经波折和争议，最终，美国第九联邦巡回法院以全院审方式明确，嘎尔西亚作为影片的表演者不能获得版权作者身份。

另一则案例是所谓的中国体育赛事转播著作权第一案。

在该案中，新浪互联公司从中超公司获得中超赛事网络直播的权利，发现凤凰网存在直播中超赛事的行为，因此，向法院提起著作权侵权诉讼。

法院认为，赛事录制镜头的选择、编排，形成可供观赏的新的画面，无疑是一种创作性劳动，且该创作性从不同的选择、不同的制作，会产生不同的画面效果，恰恰反映了其独创性。即赛事录制形成的画面，构成我国著作权法对作品独创性的要求，应当认定为作品。也就是说，新浪互联公司可以视为著作权法意义上的作者。

可以看出，这两则案例中的主体，不管是嘎尔西亚，还是新浪公司，都付出了独创性劳动。然而，在具有独创性因素的前提下，给予这些主体作者身份是否合适，应给作者身份划定何种边界？

笔者认为，一个民事主体要成为作者，通常应满足四个要件：（1）该主体应为生理意义上自然人；（2）该主体创作的作品要有独创性；（3）该主体要有创作的意图；（4）该主体对作品要有实质性贡献。

要件一：应为生理意义上的自然人

第一个要件应为生理意义上的自然人，涉及两个层面：一方面是自然人作品与机器人创作的比较；另一方面是自然人作品与法人创作作品的对比。

随着科学技术的发展，很多作品是通过机器来创作完成的。比如，一些作品的完成，往往借助于各种机器设备，如摄影作品必须通过照相机来完成，电影作品往往要借助计算机来制作动画特效，还出现了完全由电脑完成的电影作品。在某些新闻报道中，经过人类的训练，还出现过大象作画、猩猩拍照之类的作品。

然而，这并不意味着机器或者动物可以成为作者，不能将机器或者动物生成作品与自然人创作作品相混淆。即使机器在创作过程代替人类从事了大量的工作，动物在人类的训练下可以"创作"，但是，不管是机器还是动物，只是自然人创作的工具，不能代替人类成为作者本身，真正的作者仍然是能够操控机器和动物，并赋予作品思想和情感的人类。

而所谓"法人创作作品"本身是一个伪命题，法人只能够被"视为作者"，而不能成为作者。其原因在于作品的创作仍然是由自然人来完成的。作品创作是一个融入作者思想、观念、情感的过程，而法人和其他组织本身不具备任何自然人的情感或思想因素，因此不存在法人本身可以创作作品的问题。例如，一部电影作品的创作本身需要投入大量的人力与物力，电影作品本身的创作不可能是由制片人来创作完成，仍然需要导演、编剧、词曲作者、演员等参与者的通力合作，是上述人员集体智慧的结晶。"视法人为作者"意味着法人可以原始取得作品权利，本质上是一种权利归属，而不是作者身份确认。

要件二：作品要有独创性

第二要件是所创作的作品要有独创性，与作者身份是一个硬币两面：作品如果不具备原创性，创作者自然不能成为作者；而作者创作的作品要受到著作权保护，作品本身也应该具备独创性。在各国的立法实践中，独创性本身是一个极其复杂的概念，存在各种不同的判断标准。比如，"额头出汗"标准长期被认为是判断原创性的主要标准。在之后的发展过程中，美国联邦最高法院在著名的Feist v. Rural一案中提出了"独立创作"加"最低限度创作性"的标准。也就是说，对作者资格的要求，其认为作者不仅仅只是收集或者设置信息，而是要求更多勤勉劳动的付出。

然而，当前认识的误区是，将满足独创性作为作者成立的唯一要件，忽视其他要件的成立。

要件三：要有成为作者的创作意图

第三个要件是该主体应有创作的意图。在这里，需要强调的是，如果不存在共同创作的意图，即使对作品作出独创性的贡献，也不能成为合作作品，并且该意图不仅是将贡献融入整个作品，而且必须是成为作者的意图，更重要的是能够控制作品的创作。

比如，在Aalmuhammed v. Lee一案中，华纳兄弟公司与斯派克·李（Spike Lee）及其制作公司合作拍摄电影有MalcolmX。斯派克·李撰写了电影剧本、指导并合作出品这部影片。该片由丹泽尔·华盛顿（Denzel Washington）出演Malcolm X一角。因为安·穆罕默德（Aalmuhammed）对于MalcolmX和伊斯兰教十分了解，丹泽尔·华盛顿聘请他帮助角色的准备工作。原告全面分析了斯派克·李和丹泽尔的剧本并提供了全面的修改建议，并大量参与整个电影的拍摄工作。安·穆罕默德请求作为电影的合作作者在电影中署名，遭到拒绝后，向法院提出诉讼，要求确认其合作作者的身份。

在该案的审理过程中，法院认为过于扩张的解释将使合作作者身份扩大到一些"过分要求的贡献者"，例如编辑、助手、先前配偶、情人或者朋友都会因为提出独创性的意见而成为合作作者。对此，法院提出作者的三个标准：（1）一个作者通过实施控制措施完全主管作品；（2）可推定的作者可通过客观证据表示出成为合作作者的意图；（3）作品可以呈现出创作贡献，这种贡献是无法分割评估的。并且，法院认为在许多案例中，控制将变成最重要的因素。

同样，在所谓著作权第一案李淑贤诉李文达一案中，李文达实质为溥仪自传《我的前半生》一书执笔人，独创性劳动是不可避免的，最高人民法院之所以未认定其作者身份，也是基于不具有作者意图的原因。

结合嘎尔西亚诉谷歌案，以及新浪诉凤凰案，可以看到，不管是嘎尔西亚，还是新浪，虽然都是独创性劳动，但不具有成为作者的意图，因为这种意图要使自己的贡献成为作品不可分割的一部分，并具有控制能力。但是，嘎尔西亚只是一个呈现5秒钟的表演者，新浪也只是扮演一个传播者角色，不具备成为电影，或者所谓赛事画面作品（假设存在这样的作品）作者的条件。

要件四：对作品要有实质性贡献

关于作品创作的实质性贡献，宁默（Nimmer）教授认为，要成为作品中合作作者，只要在本质上对于整个作品的创新可以提供一些实质性的贡献，即使不能提供可区分的版权性材料，也不能阻碍其成为合作作者。并且，这些作者各自对于作品的贡献没有必要是相等——不管是数量还是质量上，但是每个作者的贡献必须要超过最小限量（deminimis）。上述观点即是宁默教授的"超过最小限量"标准。

戈德斯坦（Goldstein）教授却认为合作性的贡献不必然产生合作作品，一个贡献者也不必然成为合作作者，除非是这种贡献是一种独创性表达（original expression），以至于其自身可以成为版权法的客体。上述观点即是戈德斯坦教授的可版权性贡献标准。

嘎尔西亚诉谷歌案，正如法院所言，嘎尔西亚的表演没有办法满足实质性贡献，即满足版权性质的要求。而在新浪诉凤凰一案中，新浪的贡献足以构成一种独创性表达，同样具有探讨的空间。

更为重要的是，在大陆法系的语境下，嘎尔西亚作为表演者，新浪作为传播者，通常为邻接权人所保护（网络播放组织受保护问题在所不论）。表演者和传播者通常都有独创性劳动，比如表演者特别的演绎技巧、传播过程中创造性劳动等，但是，不能因为如此，就赋予作者身份。

这最终导致的后果就是"作者泛滥"，即任何有所谓独创性贡献的人都可以获得作者身份。

当然，相信很多人会进一步提出质疑，如果不能授予作者身份，面对死亡威胁的嘎尔西亚，面对商业利益受损害的新浪，该如何维护自身利益？其实，也很简单，让真正的版权人出场就可以了。

我们不能用一种看似正义的方式去实现另一种更大的不正义。

作者身份确认，看似简单、实则复杂，既抽象于个案之上，又融入个案之中，任何过分简单化的理解将导致著作权边界的不当扩张。美国第九联邦巡回法院以全院审、"自扇耳光"的方式表现出足够的审慎，那么，我们司法裁判者该如何对待呢？

网络广播组织不受著作权保护

——对新浪与凤凰网体育赛事转播著作权第一案的评论

■ 陈明涛

【导读】

　　新浪与凤凰网体育赛事转播案，涉及传统广播与网络广播、著作权与邻接权、著作权人与广播组织、节目内容与节目信号等概念的深刻理解。实际上，我国著作权法并不保护网络广播组织的权利。广播组织要对节目内容进行编排加工，是广播技术本身的要求，也不属于著作权。

　　所谓的体育赛事转播著作权第一案，终于有了审理结果。

　　2015年3月18日，因认为凤凰网直播中超赛事的行为构成著作权侵权及不正当竞争，新浪互联公司起诉凤凰网的运营商天盈九州公司。日前，北京市朝阳区法院作出一审判决，认定乐视公司、天盈九州公司以合作方式转播涉案赛事的行为，侵犯了新浪互联公司对新浪网就涉案赛事享有的转播权利，以及对涉案赛事画面作品享有的著作权。

　　该案既涉及广播组织权利的理解，也涉及"网络广播"这一极具争议性话题。但是，本案裁判者审理对此好像完全不加理会，独创了自己的审理思路，产生了值得商榷的判决结果。

一、网络广播组织不是著作权保护的广播组织

　　回顾著作权制度的发展史，广播组织伴随着广播技术的发展，呈现出

一种不断扩张的趋势。

1961年制定的《罗马公约》第3条第1款（6项）只将广播组织定义为无线广播组织，那是因为当初广播技术只限于无线广播。随着有线广播技术的出现，一些国家开始在著作权法中保护有线广播组织。1974年，《卫星公约》又将卫星广播组织纳入保护范围内。

然而，互联网技术的出现，网络广播组织是否构成权利主体引起巨大争议。

从表面上，网络广播与传统广播的表现形式并无二致，适用新技术的发展，理应受到保护。然而，网络广播不同于传统广播，其技术复杂程度不高。理论上，任何人只要拥有个人电脑，都可以成为广播组织，这就会导致广播组织泛滥化。另外，著作权法之所以保护广播组织，是传统广播组织负载了大量投资，理应受到合理回报。但是，网络广播不一定存在上述情形。

因此，在WIPO的《广播组织条约草案》制定过程中，网络广播组织作为一个争议议题被搁置。

就我国现行著作权法而言，广播组织被作为著作邻接权进行保护。《著作权法》第45条规定广播电台、电视台有权禁止未经其许可的下列行为：（1）将其播放的广播、电视转播；（2）将其播放的广播、电视录制在音像载体上以及复制音像载体。

由此可见，我国著作权法并不保护网络广播组织的权利。

在本案中，法院认为，依据中超公司与体奥动力签订的协议，中超公司将门户网站与电视转播权、电视产品权等分开授权。而根据中超公司向新浪互联公司出具授权书，应认为新浪互联公司对涉案赛事转播享有权利。

这实际是将新浪互联公司作为与广播电台、电视台相并列的主体，认为应受到邻接权保护，这显然是错误的。

二、广播组织对体育节目的编排加工不属于著作权

就广播组织而言，其保护的客体是节目的信号，而不是节目的内容本身，但这不妨碍对节目内容进行编排加工，因为这也是广播技术本身的要求。

比如，对体育赛事的报道中，广播组织必须要从大量的图像、摄像角度和特技效果（如特写、慢镜头和重放镜头）进行选择、编排、加工，使声音、解说、画面融为一体，从而在技术上达到广播节目的要求，满足受众的视听感受。

虽然一些英美法国家将这种广播信号控制作为版权看待，但是，大陆法国家仅作为邻接权保护，对节目内容的编排加工，不认为属于著作权利，只是对节目信号转播权、录制权和复制权进行具体规定。

在本案中，法院认为，赛事录制镜头的选择、编排，形成可供观赏的新画面，无疑是一种创作性劳动，且该创作性从不同的选择、不同的制作，会产生不同的画面效果，恰恰反映了其独创性。即赛事录制形成的画面，构成我国著作权法对作品独创性的要求，应当认定为作品。更创造性地认为，对于赛事画面作品转播保护，属于"应当由著作权人享有的其他权利"。

这实际是将广播组织权利当作著作权来看待，这样的造法冲动，像"一般条款逃逸"的结果，是难以让人接受的。

传统广播与网络广播、著作权与邻接权、著作权人与广播组织、节目内容与节目信号，这些概念、法条之间，既存在密切联系，也有着内在区分。如果司法裁判者不能站在法律的高山上，俯瞰法典文本和现实社会，产生的审判结果，要么就是机械适用，要么就是过度创新。

看来，面对互联网对著作权法的冲击，我们的理解程度并不像想象的那么高……

网络游戏直播平台的保护分析

——对耀宇诉斗鱼一案的评析

■ 陈明涛

【导读】

耀宇诉斗鱼案，既涉及网络游戏，又涉及节目直播，是一块难审的"硬骨头"，因此，我们有必要对网络游戏比赛画面的作品保护、网络游戏直播平台的邻接权保护，以及反不正当竞争法一般条款的适用问题做一番探讨。

近日，上海市浦东新区人民法院就上海耀宇文化传媒有限公司（以下简称"耀宇公司"）诉广州斗鱼网络科技有限公司（以下简称"斗鱼公司"）著作权侵权及不正当竞争纠纷一案（以下简称"耀宇诉斗鱼案"）作出一审判决。该案被称为网络游戏直播节目侵权第一案。

一直以来，网络游戏的知识产权保护就是热点、难点问题，新浪诉凤凰视频一案的出现，又让体育直播节目保护变得复杂起来。而该案既涉及网络游戏，又涉及节目直播，可以说是难上加难，是一块难审的"硬骨头"。

本文主要探讨案件所涉及的几个焦点问题。

一、网络游戏比赛画面作品是个伪命题

传统观点认为，文学、艺术和科学领域内具有独创性并能以某种有形形式复制的智力成果，可以成为著作权法意义上的作品。

基于上述认识，在新浪诉凤凰视频一案中，法院认为："赛事录制镜

头的选择、编排，形成可供观赏的新的画面，无疑是一种创作性劳动，且该创作性从不同的选择、不同的制作，会产生不同的画面效果，恰恰反映了其独创性。即赛事录制形成的画面，构成我国著作权法对作品独创性的要求，应当认定为作品。"

在本案中，法院却给出相反的观点："由于涉案赛事的比赛本身并无剧本之类的事先设计，比赛画面是由参加比赛的双方多位选手按照游戏规则、通过各自操作所形成的动态画面，系进行中的比赛情况的一种客观、直观的表现形式，比赛过程具有随机性和不可复制性，比赛结果具有不确定性，故比赛画面并不属于著作权法规定的作品……"

由此可见，法院并没有探讨游戏比赛画面独创性，而是认为不具有固定可复制性。

其实，随着计算机技术的发展，对于作品固定可复制性，法院的认定标准更加宽松。涉及计算机程序游戏作品画面的版权保护，国外法院均给予了肯定的答案。

例如，著名的SternElectronics，Inc. v. Kaufman案，法院在考虑固定性时，认为："视频游戏被永久性记载在被命名为物理内存的物质载体内。进一步讲，玩家的参与并不会导致视听作品不具有版权性，因为这些画面能被保留固定，并且，每次玩家成功将飞船保留到足够长，使一个游戏完整的声音和画面被展现，从而能够被看到和听到。"

需要进一步指出的是，国外这些著名案例，不管是美国的SternElectronics，Inc. v. Kaufman案，还是日本的K.K. Namco v. Suishin Kogyo K.K.案，都将视频游戏作为视听作品进行保护。这就导致游戏画面如电影作品一样，单个画面很难受著作权的保护，只不过放在整个作品中加以保护罢了。

其实，所谓网络游戏比赛画面保护，本身是一个伪命题。原告之所以寻求这样的保护，其本意在于，网络游戏比赛直播平台对于画面作品存在创造性劳动，冀望以此获得作者身份，得到版权法保护。

然而，在具有独创性因素的前提下，给予网络游戏直播平台作者身份并不合适。

作为一个民事主体要成为作者，不仅要使创作的作品有独创性，还要具有创作的意图，并对作品有实质性贡献。

就意图要件而言，不应做过于扩张的解释，否则将使作者身份扩大到一些"过分要求的贡献者"，如编辑、助手、先前配偶、情人或者朋友都会因为提出独创性的意见而成为作者。

对此，在Aalmuhammed v. Lee一案中，法院提出了成为作者的三个标准：（1）一个作者通过实施控制措施完全主管作品；（2）可推定作者通过客观证据表示出成为作者的意图；（3）作品可以呈现出创作贡献，这种贡献是无法分割评估的，并且法院认为在许多案例中，控制将变成最重要的因素。

结合上述标准，网络游戏直播平台虽然有独创性劳动，但不具有成为作者的意图，因为这种意图要使自己的贡献成为作品不可分割的一部分，并具有控制能力，其扮演的是一个传播者角色，而不是作者角色。

对作品有实质性贡献而言，在大陆法系的语境下，网络游戏直播平台作为传播者，通常为邻接权人所保护（假定存在这样的权利）。表演者和传播者通常都有独创性劳动，比如表演者特别的演绎技巧，传播过程中的创造性劳动等，但是，不能因为如此，就赋予作者身份。否则，最终导致的后果就是"作者泛滥"，即任何有所谓"独创性贡献"的人都可以获得作者身份。

二、网络游戏直播平台不受邻接权保护

在本案中，网络游戏直播平台本质属于网络广播组织。随着互联网技术的出现，网络节目广播组织是否构成权利主体引起了巨大争议。

从表面上，网络广播与传统广播的表现形式并无二致，适用新技术的

发展，理应受到保护。然而，网络广播不同于传统广播，其技术复杂程度不高。理论上，任何人只要拥有个人计算机，都可以成为广播组织，这就会导致广播组织泛滥化。另外，著作权法之所以保护广播组织，是传统广播组织负载了大量投资，理应受到合理回报。但是，网络广播不一定存在上述情形。因此，在WIPO的《广播组织条约草案》制定过程中，网络广播组织作为一个争议议题被搁置。

就我国现行著作权法而言，广播组织被作为著作邻接权进行保护。《著作权法》第45条规定："广播电台、电视台有权禁止未经其许可的下列行为：（一）将其播放的广播、电视转播；（二）将其播放的广播、电视录制在音像载体上以及复制音像载体。"

由此可见，我国著作权法并不保护网络广播组织的权利。同样，也不保护网络游戏直播平台的权利。

在本案中，原告认为被告所获得的视频转播权不是著作权法上的民事权利，显然是正确的。但是，法院并没有从邻接权的角度认定，而不将游戏比赛画面作为版权法保护的客体，有点对不上号。

三、网络游戏直播平台不受反不正当竞争法保护

问题是，在此类案件中，获得授权的视频直播组织利益显然受到损害，到底该如何保护？

该案中，法院另辟蹊径，动用了口袋条款——《反不正当竞争法》第2条。

不可否认，面对当前日益增多的互联网竞争案件，法院祭出反不正当竞争法一般条款实属无奈之举。在本案中，正如法院所言："体育比赛的组织方、主办方包括类似于体育比赛的电子竞技网络游戏比赛的开发商、运营商等对他人转播比赛行为进行相关授权许可，系国际国内较长时期以来的通常做法、商业惯例。原告投入较大财力、人力等成本举办了涉案赛事，可以

获得的对价之一是行使涉案赛事的独家视频转播权，因此，该转播权承载着一定的经济利益。"

这也是法院动用反不正当竞争法一般条款的原因和苦衷。

然而，如前所述，网络广播组织之所以不能受到著作权保护有着内在原因。在此前提下，通过反不正当竞争法一般条款加以保护，实质是挂着反不正当竞争法的羊头，卖了著作权法的狗肉，造成法律冲突，有违不正当竞争法立法目的。

可以说，反不正当竞争法一般条款一旦被滥用，犹如打开"潘多拉魔盒"，使司法审判陷入巨大的不确定性中。

其实，要保护视频直播组织利益也很简单，让版权人与视频直播组织签订合同时，授予其维权权利即可。

在知识产权司法保护不利的大环境下，每一次对维权人保护的"司法创新"，总会激发掌声一片。在欢呼的背后，更应夹杂点不太一致的声音，多一点冷静的思考。

微信公众号抄袭

——著作权法新的谜题?

■ 陈明涛

【导读】

复制和传播技术的进步总是在不断地给著作权法提出新的问题。微信公众号抄袭，作为网络著作权侵权这一老问题的新表现，涉及合理使用、法定许可、默示许可、网络服务商的责任等一系列问题，只要我们尊重市场规律，重视制度智慧，相信它不会成为难解的谜题。

复制和传播技术的进步总是在不断地给著作权法提出新的问题，现在火遍全国的"微信"又一次在考验着人们的智慧。

2015年5月5日，深圳南山法院正式受理一起涉及微信公众号的著作权侵权案件。"花边阅读"和"异见"起诉"酿名斋"和"文字撰稿人"抄袭其原创文章《谈恋爱好难，我都不想干了》《我执着，因为你值得》和《5座"种子"城市，谁将成为下一个直辖市？》。本案的特殊之处在于原、被告双方都有个共同的身份，就是"微信公众号"。这是在2015年2月1日新华社连发三文批微信平台抄袭后国内首起针对公众号抄袭的案例，因此，本案一出随即引发各方的关注。

可以说，微信公众号抄袭，作为网络著作权侵权老问题的新表现，涉及合理使用、法定许可、默示许可、网络服务商的责任等一系列问题。对此，有必要进行有效探讨。

一、未经许可转载构成侵权

著作权法的保护对象是作品，而作品的构成要件是具有独创性，并能以有形方式复制。只要满足这两点，又不属于著作权法明文规定不予保护的情形，则不论其内容的长短、质量的高低都应属于作品，都能够享有著作权，受法律保护。因此，虽然微信公众号转载的文章篇幅一般都比较短，但依然属于受著作权法保护的文字作品，擅自转载就可能构成侵权。

然而，微信公众号的转载行为是否构成合理使用或法定许可呢？根据我国现行著作权法的规定，微信公众号转载他人作品的行为不能落入法律明文列举的12种合理使用情形，而且，由于文章转载无疑会对原文造成替代效应，因此这种行为也难以符合"三步检验法"的要求。故而，微信公众号的转载行为不能构成合理使用。

对于法定许可问题，我国著作权法虽然规定了"报刊转载准法定许可"，最高人民法院的司法解释也曾经规定"报刊转载准法定许可"适用于互联网传播，但随后又删除了该规定。因此，微信公众号的转载行为也不适用法定许可制度。

基于上述分析，微信公众号未经授权转载他人文章的行为应当属于著作权侵权行为。具体地说，微信公众号的转载行为会侵犯著作权人的复制权和信息网络传播权等经济权利。如果没有标明作者及出处、改头换面冒称原创，甚至篡改原作的，还将同时构成对作者署名权、保护作品完整权等精神权利的侵犯。

二、转载和转发存在本质差异

微信公众号的转载行为和普通个人用户的朋友圈转发行为是不同的。利益平衡是著作权法的基本精神。随着技术的发展变化，著作权法需要不断地在作者与作品的使用人之间寻找新的平衡点。在网络环境下，尤其是移动互联网时代，信息的共享及快速传播和对创作激励的保护是著作权立法、司法者需要同时兼顾的。

个人微信用户的朋友圈转发行为一般不以营利为目的，对著作权人也一般也没有什么损害。而且，在微信环境下，由于"转发"功能的普遍使用，用户在将作品发布到微信平台的时候，就理应预见到作品有被他人转发的可能，因此，应当认为微信用户之间存在对于"转发"行为的默示许可。这也保证了微信平台的正常运作和信息的有效传播。

然而，微信公众号的转载行为则不同。第一，微信公众号的转载不属于微信的通常功能，对此文章作者不能当然地预见。而且，目前微信公众号的大规模抄袭已经出现了"工业化"的趋势，一些原创作者和原创公众号的文章在发布的第一时间，就被一个甚至多个抄袭号同时抄袭、扩散。一些品质好的原创公众号甚至被改头换面之后整体"克隆"。这些情形显然都不是作者可以预见和可能同意的。

第二，抄袭泛滥将扼杀原创的积极性。相比于坚持原创的作者和公众号，"集百家之所长"的抄袭号更容易在短时间内积累起大量粉丝。随着粉丝规模扩大，为公众号带来社会影响力同时，也正在以广告等形式转变成可观经济收入。如果这种"1人原创，99人抄袭"的情形不能得到有效遏制，势必降低作者原创的积极性，在微信平台上传播的优质原创内容也会越来越少。

基于以上两点，应当认为即使作者没有在文章中标明"禁止转载"，微信公众号的擅自转载行为也不能构成默示许可，而是侵犯著作权的行为。

三、遏制抄袭，腾讯应当肩负更大的责任

就法律责任而言，腾讯公司作为提供微信公众号服务的互联网企业，属于"为服务对象提供存储空间服务的网络服务提供者（ISP）"。根据我国相关法律的规定，这种网络服务提供者在依法及时采取"通知—删除"措施后一般不再承担侵权赔偿责任。

然而，这只是法律的一般规定。根据腾讯公司公布的2015年第一季度财报，微信和WeChat的合并活跃账户数已达到5.49亿。同时，网络广告业务的收入同比增长131%至27.24亿元人民币，其中微信公众账号上社交网络效果广告的贡献功不可没。可见，微信和微信公众号为腾讯公司带来了巨大的社会效益和经济利益。

在这种情况下，腾讯公司作为微信公众号的服务平台提供者，面对公众号抄袭，采取合理措施遏制抄袭，虽不是法定义务，但是是减少自身过错和责任的重要事由。

应当看到，腾讯目前已经推出了一些遏制侵权的措施，比如积极推出"原创保护"功能，并在近日发布了《关于抄袭行为处罚规则的公示》，微信公众平台将按照抄袭的次数对公众号进行处罚，如果公众号被连续5次确认抄袭，将被永久封号。

上述举措，对于约束和减少公众号的非法转载行为会起到一定的作用。然而，腾讯公司的可为空间依然很大。应当看到，微信公众号与一般网络侵权不同，平台统一由一家公司管理，这就给实施技术保护措施提供了便利。比如，作为微信公众号的服务平台，在"原创保护功能"的基础上，能否由腾讯公司统一研发禁止转发的技术措施，并将其提供给原创作者或公众号选用？而且，对于侵权，"有堵有疏"可能才更有效。腾讯公司完全可以尝试探索一些简单便捷的海量授权模式，在保护原创的同时，也使获得授权更方便。

当然，在微信公众号抄袭泛滥现象的背后，维权成本高、赔偿额度低，现有的著作权集体管理组织乱象频发，无法取得权利人的信任，而权利人自发的集体维权通路不畅等网络著作权保护的老问题作为"症结"和"病根"还依然存在，并最终制约着问题的解决。

然而，面对微信公众号抄袭，只要我们能够尊重市场规律，重视制度智慧，相信它不会成为难解的谜题。

为什么高水平的版权保护如此重要？

■ 陈明涛　白　伟

【导读】

　　历史的昨天和今天告诉我们，无论是国情论还是互联网的借口，都不是低水平版权保护的理由。优秀作品依赖于开放自由的环境，高水平的版权保护构建了优秀作品不断涌现的产业模式，让投资人拥有稳定的投资预期，形成良性的产业发展。

　　1842年年初，马上要过30岁生日的狄更斯，携带着妻子，兴奋地踏上美国国土。此时事业如日中天的他，不仅在英国本土，在美国也是最受欢迎的作家。

　　然而，结束四个多月的美国之旅后，当初的兴奋变成了失望、伤感和愤怒。

　　建国之初，相比欧洲文化的"高大上"，美国文化实在太过土气，文化产业极不发达。基于这种状况，为了让民众以便宜的方式获得外国文化产品，美国人自然不愿意保护外国人作品。这种看似"划算"的做法导致的后果却是盗版泛滥，国内文化产业萎缩。

　　为了在美国获得平等保护，外国作者进行了长期的"艰苦斗争"，狄更斯就是带着这一目的来到美国的。他四处游说，要求修改美国版权法，平等保护外国人，最终却无人理睬，沦为"最不受欢迎的人"。在1842年10

月出版的《美国札记》中，狄更斯破口痛骂美国是"盗版横行、随地吐痰"的流氓国家。具有讽刺意味的是，该书出版后仅两周，美国多个地区就已经出现了该书盗版。

历史总是以出奇相似的方式重复着轮回。

二十多年前，美国人来到中国，提出与狄更斯同样的要求，请求中国更好地保护美国作品，以改善微软、adobe等公司软件在中国遭到广泛盗版的现实状况。我们提出了"国家处于初级阶段、人民不应该为享受最新文化成果付出过多的代价、需要保护国内产业"的理由，与200年前的美国如出一辙。

其实，我们同样面临美国当年的窘境。当前，国内盗版侵权屡禁不止，甚至可以说是肆无忌惮，最终受害的是国内产业。出版行业持续低迷，音乐领域好作品凤毛麟角，各大节目翻来覆去"炒冷饭"、编老歌；电影领域，每年从美国进口的30余部电影总票房能够打败几百部国产电影；电视剧节目粗糙，抗日神剧不断上演"手撕鬼子""裤裆藏炸弹"的雷人情节。为了抵御美剧冲击，更是出现让人哭笑不得的各式封杀与限制。

当时的美国痛定思痛，转变理念，开始强力地保护版权作品。如今，美国核心版权产业常年占据GDP的6%以上，全部版权产业更是高达11%。好莱坞大片动辄上亿美元、甚至十几亿美元票房。如《速度与激情7》更是在短短一个月内卷走24亿元人民币。

有人说，如今的美国是依靠"好莱坞的大片""麦当劳的薯片""英特尔的芯片"称霸世界。这背后没有强有力的知识产权保护是不可能实现的。

然而，随着"互联网+"时代的到来，"免费"的概念成为互联网营销思维。近期更有微软打出盗版免费升级的口号，因此，有人就提出："版权保护激励不出优秀作品，在当今互联网时代下，作品就应该免费，作者自然能获得相应报酬和收益，不需要实行版权保护，何必再需要律师打知识产权官司呢？"

那么，在这个时代，版权保护真的过时了吗？

通常认为，激励论是版权保护正当性的重要理论。比如，我国《著作权法》第1条就规定："鼓励有益于社会主义精神文明、物质文明建设的作品的创作和传播，促进社会主义文化和科学事业的发展与繁荣，根据宪法制定本法。"因此，很多人认为，版权法只是为了激励优秀作品的创作。

其实，优秀作品依赖于开放自由的环境。版权法产生之前，人类社会就有优秀作品大量产生的时期，如欧洲古罗马、古希腊，中国的春秋战国时期。这些时期，无一例外具有开放包容的社会环境。我们难以想象，在一个"清风不识字"的文字狱时代，如何盛产出优秀作品。

虽然优秀作品不依赖于高标准的版权保护，但是文化产业的形成要求强有力的权利保护。因为只有高标准的版权保护，才能够保护投资人的投资预期，从而投资人愿意投入，敢于投入，促进文化创新。

可以说，高标准的版权保护，能够为文化和创新产业化提供土壤。市场主体从来都是唯利是图，只有让投资者看到可预期的稳定收益，文化产业才能走上创新、可持续发展的道路。没有高水平的版权保护，人们往往急功近利，整个社会只能产生各种东拼西凑的山寨文化。复旦大学校庆的抄袭门事件，无非是这一文化的缩影。在这样的文化氛围下，颠覆性、原始性创新无法形成，那种像卡梅隆一样毕十年于一役创作电影《阿凡达》的情形，在中国不可能出现。到头来，观众能够看到的只能是无数的"致青春"不断被搬上银幕，各种奇形怪状、生拉硬套的电视节目充斥银屏。

当然，优秀作品在任何时代都不常有。人类创造的文化作品，99%都是平庸的，甚至是垃圾作品。优秀作品的作者，通过获得名声，进一步获得相应物质利益。互联网的出现，只是将优秀作品的传播途径和传播效应放大了，让优秀作品作者获利途径变得多样化和便捷化。而传播条件的创新不会对二者的关系产生实质性影响。

当然，如果没有对这99%平庸作品的保护，也不可能出现那1%的优秀作品。通过高水平的版权保护，构建优良产业环境，激励更多作品产出，让优秀作品产生变得更为容易。

所以说，在互联网条件下，优秀作品当然可以免费，但是这种免费只能是版权高标准保护条件下，版权人的意思自治行为，而不能成为剥夺版权人权利的借口。

历史的昨天和今天告诉我们，无论是国情论还是互联网的借口，都不构成低水平版权保护的理由。如果我们不改变版权法已经过时的态度，不改变低水平版权保护的现状，不改变权利人维权艰难的困境，何谈优秀文化和文化产业繁荣，何谈创新驱动发展，最终的结果无非是，要不为了保护所谓民族作品不停封杀外国优秀作品，要不放任外国优秀作品涌入变成外国文化的殖民领地。

权力与市场的错位：修改中的著作权法集体管理制度之殇

■ 陈明涛

【导读】

目前，世界各国出现了大量的著作权集体管理组织，然而，集体管理制度在中国的移植却产生了水土不服的局面，出现了接踵而来的麻烦和争议。2005年的《著作权集体管理条例》，2012年的《著作权法修改草案》都对集体管理组织进行了相关规定，但却引起了文艺界强烈反应，认为集体管理的规定严重损害了他们的利益，其中种种矛盾请笔者为您揭开面纱。

1847年的一天，法国著名作曲家比才（歌剧《卡门》的作者）来到巴黎爱丽舍田园大街的一家音乐咖啡厅，点了一杯饮料，坐在咖啡厅里享受着休闲时光。此时的咖啡厅里演奏着舒缓的音乐。突然，比才惊奇地发现，正在演奏的音乐是自己的作品。他一下子变得异常生气，准备离开这家咖啡厅。这时，服务员来到他身边说："先生，您应当为场地和饮料支付账单了。"比才手臂一挥，当场拒绝服务员的要求，说道："你们演奏我的作品，应当先支付费用！"随后，双方发生激烈的争执，甚至诉上了法庭。最后，法院判决咖啡厅必须为演奏比才的音乐作品支付对价。

这一判决结果让当时的作曲者和词作者们看到了新的机会，也使他们认识到个人单独力量不利于维护和控制这些权利。于是，他们在1850年成立了世界上第一个集体管理机构——词作者、作曲者和音乐出版者协会

（SACEM）。实际上，最早的集体管理组织可追溯到1777年法国剧作家博马舍成立的戏剧作者作曲者协会（SACD）。然而，"比才的咖啡厅故事"流传甚广，因为它很好地阐释了集体管理制度的目的，即为了解决私人的著作权管理困难，摆脱大规模授权困境而进行的制度设计。

目前，世界各国出现了大量的著作权集体管理组织，像美国著名的词作家、作曲家和音乐出版商协会（ASCAP），英国的机械复制权保护协会（MCPS），德国的音乐表演权和机械复制权协会（GEMA），日本的词作家、作曲家和出版商协会（JASRAC）等。作品授权的类型也不断增多，从最初的戏剧作品、音乐作品扩展到文字作品、美术作品、电影作品以及其他邻接权领域。与此同时，各国也纷纷立法，或通过著作权法，或通过集体管理单行法，规制集体管理的组织活动和权利设定。尤其是随着数字技术的发展，这一古老的制度设计焕发出新的活力，成为协调创作者与使用者利益冲突的主要解决方案。

然而，集体管理制度在中国的移植产生了水土不服的局面，出现接踵而来的麻烦与争议。我国分别于1991年和2001年，在《著作权实施条例》与《著作权法》中对集体管理制度进行了简单规定。2005年，通过了《著作权集体管理条例》，系统规定了集体管理制度，随后又成立中国音乐著作权集体管理协会、中国音像著作权集体管理协会、中国文字著作权协会、中国摄影著作权协会、中国电影著作权协会5个集体管理组织。2012年，《著作权法修改草案》第5章第2节对集体管理进行了上位法的专门规定。自修改草案公布后，著作权集体管理制度引起巨大的争议，文艺界对此反应特别强烈，认为集体管理的规定将严重损害他们的利益。上述现象的出现，实际反映了修改草案不仅没有弥补原有的集体管理制度缺陷，反而进一步加剧了矛盾。其主要表现在以下方面。

首先，著作权集体管理组织公权力色彩过重。从国外集体管理组织发展来看，著作权集体管理组织是自发自生、从下而上、由小及大发展起来的。然而，我国的著作权集体管理组织不仅由国家版权局发起和许可，还需要跨越民政部审批的门槛，这就使得权利人想要自行发起设立变得几无可能。也就是说，我国的著作权集体管理组织是披着市场化的外皮，却是一具公权力的内核。本质上，著作权的集体管理是一种市场交易行为，集体管理组织也是一个公益化的自发性社团组织。而在现代社会中，公权力应当是一个组织者、协调者、沟通者、仲裁者，而不是利益剥夺者、资源分配者、权利管制者。如果公权力过度主导市场化的组织，干预市场化的交易行为，很容易以保护权利人为名，行权力寻租之实，形成如中国足协般的管理模式，产生"中国足球式"的后果效应。这种公权力主导的组织模式，既难以建立起纵向的权利负责机制，又难以形成横向的内部制约体系。而不受制约的权力，很容易导致权力运作的不透明，滋生暗箱行为，成为公权力掠享的"利益蛋糕"，从而极易诱发"郭美美现象"，造成权利人的过度反应，形成一种极度不信任感，造成"用脚投票"的局面出现。以中国音乐著作权集体管理协会为例，在2011年的版权使用费分配中，管理者分走了72.4%，而权利人仅获得27.6%，词曲演录再进行分配，各项权利人也仅有6.9%。面对这一问题，即使是管理成本真的过高，也难以让权利人难以信服，反而引起权力的信任危机。

其次，著作权授权使用费的协商机制的缺失。对比国外的著作权集体管理制度，使用费的收取是建立在平等、高效的协商机制之上，坚持司法的最终裁决原则。如《日本著作权与邻接权管理事务法》规定，对于使用费规则，从业者应尽力听取来自使用者或其团体的意见，事先将使用费规则报告于文化厅长官之后，应公开、公告所报告的使用费规则或其概要。如果协商没有达成一致意见，有关当事人可申请裁定，裁定由文化厅长官主持进行。《德国著作权集体管理组织法》也规定，集体管理组织有义务按照适当标准向任何使用人授予使用权，使用人不同意付酬标准的，先按标准支付，同时可到法院起诉，标准是否适当，最后由法院判决。而我国《著作权法修改草案》第59条规定，著作权集体管理组织的授权使用收费标准由国务院著作权行政管理部门公告实施，有异议的，由国务院著作权行政管理部门组织专门委员会裁定，裁定为最终结果，裁定期间收费标准不停止执行。这实际严重违反公权力的运作规律，让公权力插手私领域，既当裁判员又当运动员，并且违背司法最终裁决的原理。比如，在前些年的卡拉OK收费问题上，国家版权局和文化部竟曾同时出台两套完全不同的方案，共同介入收费标准的制定，结果是受到舆论的广泛质疑和批评。

最后，著作权延伸管理规定不合时宜。著作权延伸性集体管理制度主要是指依据法律规定，在特定领域允许著作权集体管理组织有权"延伸"管理非会员的作品，而无须经过著作权人的授权，但是著作权人有权拒绝集体管理组织对其作品的管理。其目的是应付数字环境下大规模作品授权的困难，比如"孤儿作品"的问题等。该制度起源于20世纪60年代的北欧国家，当时由丹麦、芬兰、挪威、瑞典和冰岛等国一起参与修订了著作权法，首次出现延伸性集体管理的规定，俄罗斯在数年前也实施了这一制度。目前，全世界实行延伸集体管理的国家只有8个（6个北欧国家和津巴布韦、俄罗斯），并且这些国家的集体管理发展得相对成熟。这次我国《著作权法修改草案》也引入延伸管理制度，第一稿第60条就规定："著作权集体管理组织取得权利人授权并能在全国范围代表权利人利益的，可以向国务院著作权行政管理部门申请代表全体权利人行使著作权或者相关权，权利人书面声明不得集体管理的除外。"该规定立即引起音乐界的强烈反对，认为这很可能造成权利人的"被代表"状况出现。对此，修改草案第二稿对延伸管理有所限制，权利人可以拒绝任何集体管理组织，并且仅限于电台、电视台和自助点歌，不包括影印性复制权。然而，在这种集体管理组织垄断化、公权化、授权协商机制欠缺的前提下，延伸管理的规定虽然初衷良好，但很容易种下龙种，收获跳蚤，显得非常不合时宜。

集体管理组织的创始者，法国著名戏剧作家博马舍曾写道："人们认为荣誉诱人是有道理的，但是人们忘记了，为了只享受一年的荣誉，大自然迫使我们用365次晚餐；如果战士、国务活动家毫不脸红地领取高贵的服务津贴，同时，恳求得到能为其带来更高津贴的级别，为什么阿波罗之子、缪斯的情人被迫不断同面包师算账而不注意同演员算账呢？"这段话不仅反映了作品的创造者希望取得社会公众尊重和认同的心理，也揭示了著作权集体管理的正当性和合理性。然而，一个公权力完全主导，难以反映创作者意志的集体管理组织，是很难真正维护著作权人真正利益的。正如《圣经》所言，"恺撒的物归恺撒，上帝的物归上帝"。那么，市场的也应真正地回归市场！因此，现行的著作权集体管理制度，必须坚持市场化的导向，防止公权力的不当进入，真正建立平等协商的机制，维护司法的最终裁决原则，实现管理机制由管理者向服务者的彻底转变。

续写真不需要许可吗？对《幸福炮耳朵》一案的评析

■ 陈明涛

【导读】

合作作品、委托作品、职务作品、演绎作品即便在概念上有明显的区分，但在法律关系上很容易混淆。委托创作关系与雇佣创作关系、委托创作关系与合作创作关系、非法演绎作品与合法作品的区分标准具体是什么，如何准确地定性作品的属性是解决版权权属纠纷案件的关键所在。

一起普通的著作权权利归属案，为什么惹得法院理论创新？

近日，成都市中级人民法院将一起著作权权属、侵权纠纷案确定为示范性案件。2006年，四川电视台经济频道组织拍摄了20集方言短剧《幸福炮耳朵》（第一季），20集中原告马某单独担任编剧的有5集，其余剧集由电视台指派的工作人员单独或与马某共同担任编剧。从2007年2月开始，上述频道又组织拍摄并播放了《幸福炮耳朵》（第二季），至马某起诉时已拍摄到301集，续集沿用了第一季中的故事背景、人物性格、人物关系等基本设定。第一季以后的故事由电视台独立拍摄完成，马某没有参与剧本的创作。后马某提起诉讼，认为自己是第一季唯一原创著作权人，诉请法院判令被告四川电视台经济频道立即停止播放，赔偿损失162.5万元。

法院认为，上述作品第一季的剧本是原告马某在接受电视台委托与该台工作人员共同创作完成的，具有委托作品与职务作品的双重属性。电视台作为原告的委托方及其他创作人员的工作单位，有权对该剧本加以使用。第一季以后的剧集系电视台独立拍摄完成，原告并没有参与剧本的创作，且续集沿用了以前的基本设定，人物形象虽经过艺术的夸张处理，但均没跳出原作所设定人物特征，能够与以前所具有的幽默基调相契合，并没达到偏离原作主题及价值取向的程度，呈现出具有独创性的表达方式，构成新的作品。因此，电视台沿用以前的基本设定创作新的剧本，不会侵害原告的合法权益，据此拍摄成电视剧并加以播放，也不构成对涉案作品著作权的侵害。故判决依法驳回原告的诉讼请求。

由此可见，法院核心观点是：（1）已有作品（第一季）具有委托作品和职务作品双重属性，电视台有权利用已有作品；（2）遵循已有作品基本设定进行演绎，不会损害原作者合法权利。

笔者认为，法院出现上述观点的根本原因在于，对合作作品、委托作品、职务作品、演绎作品性质未有效区别，造成裁判观点出现偏差。

一、混淆合作作品、委托作品、职务作品性质

在现实的司法实践中，雇佣创作关系、合作创作关系、委托创作关系很容易混淆，有必要具体加以分析。

1. 委托创作关系和雇佣创作关系

通常认为，委托创作关系和雇佣创作关系有着不同内涵，委托创作关系是指委托人向实际创作者支付报酬，实际创作者遵从委托人意志；而雇佣创作关系是指雇员为完成雇主的工作任务而产生的关系。看似概念明显区别，却极易被混淆。其原因在于，两者具有共同的作品属性——"为他人创作之作品"，即双方当事人在先约定，一方（自然人）按照另一方（自然人或机构）的要求进行创作，作品完成后归后者使用、支配。本质上讲，雇佣创作关系可以理解为委托创作的"特殊类型"，即雇主"委托"雇员进行创作。

那么，应采用何种标准区别两者呢？

1989年，在著名的Community for Creative Non-Violence（CCNV） v. Reid一案中，美国联邦最高法院提出了"代理标准"。该案的原告CCNV决意创作一个名为"Third World America"的雕塑作品。于是，该组织与雕塑家瑞德（Reid）达成口头协议由其创作该作品。当瑞德在自己的工作室创作这一作品时，CCNV的成员经常去检查他的工作进度，并且基于协议对雕塑的创作提供指导。对于作品的构造与形象，瑞德大都接受了这些建议与指导。最后，作品得以顺利创作完成，并运抵华盛顿参加游行展示，CCNV也支付给瑞德协议费用。其后，双方就版权归属产生争议。

美国联邦最高法院认为，过去的立法没有定义"雇员"的内涵，传统普通法中的"代理学说"可以定义的"雇主/雇员"关系。实际控制标准只是"代理标准"判断的因素之一，还要考虑多个因素。比如：（1）雇主有权利控制作品被完成的方式和手段；（2）技能要求；（3）手段和工具的来源；（4）作品的地点；（5）雇主与雇员关系持续的时间；（6）雇主是否有权利安排额外的工作给受雇人；（7）雇员可以选择决定其何时工作和时间长短的范围；（8）支付的手段；（9）被雇佣人在雇佣和付酬给助手方面是否有自由裁量权；（10）作品是否是属于雇佣主体正常模式的部分；（11）雇主是否具有商业性；（12）雇员利益规定；（13）被雇佣的税务处理。此外，没有哪一个因素是决定性的。

代理标准是一种多因素判断，充分考虑可能构成雇佣关系的各种情形，能够有效地划分委托创作关系和雇佣创作关系的内在边界，避免了由此产生的利益失衡。结合本案，原告马某与电视台应属于委托创作关系。从案件反映的事实来看，马某作为编剧，是一个独立签订者身份，很难符合代理标准考虑的要素。

2. 委托创作关系和合作创作关系

合作创作关系与委托创作关系具有不同的构成要件。通常认为，要满足合作创作关系，需具有共同创作的意图和共同创作的行为。然而，在委托创作关系中，由于委托人常对作品创作过程过度介入，导致委托人可能满足合作创作关系要件，造成两者难以判断。因此，有必要结合创作意图和创作行为两要件，对委托创作关系和合作创作关系进行对比分析。

（1）要考虑委托创作的意图与合作创作意图的关系。在委托创作过程中，委托人常常会提出相应的主张和建议，这些主张和建议是否意味着委托人构成合作作者意图，从而成为合作作者呢？在司法实践中，合作创作关系的意图要件是一个不断限制解释的过程。意图要件不仅要将其贡献合并到作品中，成为作品不可分割的一部分，还要和其他实际创作者共同分享作品，更要有控制作品创作的能力。甚至在创作作品时，以当时的情形，能够预见未来有人加入创作（包括续作），仍构成合作作品。在区别委托人是委托创作意图，还是合作创作意图时，要注意判断意图的起始点应是委托人提供可版权性材料时。在此时，如果委托人希望将该可版权性材料成为版权作品不可分割部分，具有与受托人共同成为作者的想法，并且对作品创作具有实际控制能力的意图，就意味着委托人构成合作作者意图要件。

在我国现行的司法实践中，委托人深度参与创作过程是常见的情形。委托人是有可能成为合作作者的，这首先要判断他是否满足合作创作的意图要件。而在本案中，委托人是否深度参与了创作，值得探讨。

（2）要考虑委托创作的行为和合作创作行为的关系。在委托创作过程中，委托人不仅向实际创作人提出建议和主张，还会提供工具、材料等物质技术条件。在此情况下，委托人有构成合作创作的行为要件。

要符合合作创作关系的行为要件，就必须从质和量两方面考量，即委托人既要作出可版权性的贡献，又要超出最小限量标准。按此标准，委托人向实际创作者提供的建议和主张、工具和材料，要满足可版权性标准，即首先这些贡献能成为版权法所能保护的客体；其次才要满足最小限量的贡献。我国《最高人民法院关于贯彻执行〈中华人民共和国民法通则〉若干问题的意见（试行）》第134条规定，二人以上按照约定共同创作作品的，不论各人的创作成果在作品中被采用多少，应当认定该项作品为共同创作。这实际强调合作创作贡献的最小限量标准。而《著作权法实施条例》第3条规定，著作权法所称创作，是指直接产生文学、艺术和科学作品的智力活动。为他人创作进行组织工作，提供咨询意见、物质条件，或者进行其他辅助工作，均不视为创作。这实际是构成合作创作行为要件质的规定。而在该案中，委托人是否满足可版权性的贡献，又要超出最小限量标准，值得司法裁判者考虑。

结合上述分析，可以得出两个观点：（1）一旦确立电视台的合作作者身份，则就不存在续作是否要许可同意的问题。根据《著作权法实施条例》第9条规定，合作作品是不可以分割使用的，其著作权由各合作作者共同享有，通过协商一致行使；不能协商一致，又无正当理由的，任何一方不得阻止他方行使除转让以外的其他权利，但是所得收益应当合理分配给所有合作作者。

（2）一旦确立原告与被告委托创作关系，则要结合合同文本对特定范围使用权利进行解释，没有必要进行所谓的理论创新。对此，《最高人民法院关于审理著作权民事纠纷案件适用法律若干问题的解释》第12条规定："按照著作权法第十七条规定委托作品著作权属于受托人的情形，委托人在约定的使用范围内享有使用作品的权利；双方没有约定使用作品范围的，委托人可以在委托创作的特定目的范围内免费使用该作品。"没有约定使用作品范围，法官发挥合同解释学的理论功底即可，何必做演绎作品的理论创新呢？

二、错误将"非法演绎作品"真正合法化

我国《著作权法》第12条规定："改编、翻译、注释、整理已有作品而产生的作品，其著作权由改编、翻译、注释、整理人享有，但行使著作权

时不得侵犯原作品的著作权。"演绎作品的权利归属考验司法裁判者的智慧，需要在已有作者利益、演绎作者利益、公共利益、产业发展之间寻求精妙的平衡，甚至在个案裁判中展现艺术大师般的技巧。既要尊重已有作者的权利，又要平衡已有作品作者与演绎作品作者的利益，还要兼顾产业发展。比如，对未经原作者许可同意的作品保护问题，即非法演绎作品的保护，就体现了这一点。

对非法演绎作品保护，各国著作权法对此规定并不一致。第一种是否定观点。《美国著作权法》第102条所规定之著作权客体，包含编辑著作及演绎著作。但对使用享有著作权之已有数据而创作之著作之保护，不及于该作品中非法使用此项数据之任何部分。现行《法国知识产权法典》L.122-3条亦有类似规定，即"未经作者或其权利所有人或权利继受人之同意，通过任何技术和手段的翻译、改编、改动、整理或复制均属非法"。另外，我国台湾地区的著作权法亦采同样之立场。

第二种是肯定观点。比如，《日本著作权法》于1970年修正时，虽然第27条规定著作权人专有对其作品进行演绎的权利，但通说认为在新著作权法之下，演绎者对作品的演绎即使未经作者许可也可以受著作权法保护。美国在Eden Toys，Inc. v. Florelee Undergarment Co.一案提出遍及理论（Pervades Standard），Paddington公司拥有该涉案系列儿童图书和其中虚构的帕丁顿熊形象的版权。审理本案的美国联邦第二巡回法院的法官认为，如果未获得Paddington公司的同意，原告创作基于该公司版权作品的演绎作品，将导致版权无效，因为未经许可的已有作品使用"遍及了整部演绎作品"。也就是说，未构成遍及时，受到保护。我国司法实践也持一种肯定的观点，在北京汇智时代科技发展有限公司与北京里仁开源软件科技有限公司著作权纠纷案中，北京市海淀区人民法院认为，非法演绎作品可以受到保护。

然而，不管是肯定说，还是否定说，只是讨论演绎作品本身受保护问题，都会认为演绎作品应获得原作者同意，否则构成侵权。而审理本案法院则认为，遵循已有作品基本设定进行演绎，不会侵害原作者合法权利，这一观点实际突破太大，很难站得住脚。

回到开头，一起普通的著作权权利归属案件，在既有的理论和规则框架内就可以解决，法院却以理论创新来裁判，有违依法治国之理念。

合理使用制度中转换性使用的理解与适用

——基于金庸诉江南《此间少年》著作权侵权案的评论

■ 白　伟

【导读】

作家江南将金庸数部武侠小说中的主角人物名称、主要人物关系及大致人物性格移植到当代大学校园，在虚构的汴京大学中，讲述了乔峰、郭靖、令狐冲等大侠们的校园故事，符合著作权合理使用中关于"转换性使用"的要求，不构成对金庸先生原作品的著作权侵权。

近日，著名武侠小说家金庸先生起诉作家江南同人小说作品《此间少年》著作权侵权的报道引爆了各大媒体。消息一经传出，即刻引起同人小说界的极大恐慌，由于金庸先生及其作品在华人世界享有极高的知名度和声誉，使得原本就存在争议的同人小说，前途更加扑朔迷离。

同人小说是一种利用现有的漫画、动画、小说、影视等作品中的人物角色、故事情节或背景设定等元素进行二次创作的文学创作形式。在《此间少年》案中，作家江南将金庸数部武侠小说中的主角人物名称、主要人物关系及大致人物性格等移植到当代大学校园，在虚构的汴京大学中，讲述了乔峰、郭靖、令狐冲等大侠们的校园故事。

目前该案还在审理中，该案的判决结果不但将决定同人小说这一文学创作形式的生死存亡，更是对中国著作权合理使用制度司法实践的一次重大梳理和重新解读，值得知识产权理论和实务界重点关注和深入研究。

笔者认为，《此间少年》对金庸小说角色名称及基本人物关系等的模仿，符合著作权合理使用中关于"转换性使用"的要求，不构成对金庸先生原作品的著作权侵权。

所谓合理使用，是指不需要经过作者许可同意，也不必向作者支付任何报酬的作品使用形式，是对著作权的一种限制制度。目前，在国内外理论和实务经验中，存在两种判断路径，即"三步测试法"和"四要素"标准。

我国《著作权法施行条例》第21条明确了合理使用的"三步测试法"，即：（1）法律规定的特定情形；（2）不得影响该作品的正常使用；（3）不得不合理地损害著作权人的合法利益。

《最高人民法院关于充分发挥知识产权审判职能作用推动社会主义文化大发展大繁荣和促进经济自主协调发展若干问题的意见》（以下简称"大发展大繁荣意见"）第8条，明确了"四要素"标准：（1）使用行为的性质和目的；（2）被使用作品的性质；（3）被使用部分的数量和质量；（4）使用对作品潜在市场或价值的影响。这实质是借鉴了《1976年美国著作权法》第107条的规定。

笔者认为，"三步测试法"和"四要素"标准本质上不存在实质差别，且"四要素"判断从多角度更全面地阐述了在后使用行为的合理性。如下，采用"四要素"标准对《此间少年》案构成合理使用进一步说明。

一、使用行为的性质和目的

使用行为的性质主要包括商业使用和非商业使用。通常认为，非商业使用构成合理使用的可能性更大，但是并非任何商业使用均不构成合理使用。例如，在"玫瑰案或Campell案"中，美国联邦最高法院认为，在不存在实质性取代原作，且造成原作市场损害的前提下，不能仅因为在后使用者存在商业性使用行为，而认定在后使用行为不合理。

根据我国《著作权法》第22条的规定，现行司法实践中通常将合理性使用的目的归为"学习""研究""评论"等三大类。然而，"转换性使用"也可以构成合理使用的目的之一。

所谓"转换性使用"，是指对原作品的使用并非为了再现原作品本身的艺术价值，而是通过增加新的表达形式、意义或传达的信息等，使原作品在被使用过程中具有新的功能或价值。美国的勒瓦尔法官将对合理使用判断标准的第一个要素"使用的目的与性质"的考察视为审理"合理使用案件的核心"，并主张"判断在后使用行为是否合法，取决于它是否以及在何种程度上具有转换性"。该观点在Campell案中被美国联邦最高法院采纳。在Campell案中，Campell等人组建的乐队将玫瑰公司拥有版权的歌曲《哦，漂亮女人》基于滑稽讽刺的目的，改编为一首叫"漂亮女人"的歌曲并发行，美国联邦最高法院最终认定Campell等人构成转换性使用，属于合理使用范畴，不构成侵权。

进一步来讲，转换性越强，与原作品差距越大，原作品对新作品思想表达的影响越小，构成合理使用的可能性越高。相反，若新作品的主要价值和内在核心主要依赖原作品，构成合理使用的可能性越低。

在《此间少年》案中，作者出于创作新作品的目的，将原作品角色名称转用到新作品中，通过完全不同于原作的故事，表达出新的思想和内涵。新作品的价值和功能的实现，也完全不依赖原作品，因此，从使用性质和目的角度而言，符合合理使用标准。

二、被使用作品的性质

在判断是否构成合理使用时，还需要考察被使用作品的性质。例如，历史、传记性作品，由于受到相关史实的局限，创作空间相对有限，基于有限表达的需要和言论自由的限制，在后使用者对此类作品的使用，构成合理使用的可能性也就会越高。反之，虚构性作品，由于使用的处于公有领域的资料和内容非常少，独创性较高，后来者独立创作的空间也就越大，因此在后使用者构成合理使用的可能性也就越低。此外，被使用作品的类型、内容等均会影响对是否构成合理使用的判断。

当然，由于被使用作品的性质是一种非常抽象的判断标准，公有领域内的资料和被使用作品独创部分之间的界限等亦常常难以准确分割。因此，被使用作品的性质，在符合其他要件的条件下应该予以弱化。

就《此间少年》案而言，金庸先生笔下的武侠世界来自其绮丽多彩的幻想世界，其独创性高度不言自明，小说人物在华人读者心目中，更是生动活现。但是，出于鼓励创新的著作权法立法目的，仍然不能轻易认定非合理使用，需要结合其他要素综合判断。

三、被使用部分的数量和质量

通常而言，新作品使用原作品的数量和质量体现了新作品对原作品的使用程度。使用原作品的数量越多，使用的越是原作品的独创性、实质性部分，构成对原作品的替代可能性越大，合理使用的可能性也就越小。换句话说，如大量引用原作和原作的精华部分，容易造成对原作的实质性替代，通常较难认定为合理使用。

当然，在构成转换性使用的情况下，被使用部分的数量和质量这一因素有时候可以被突破。在Campell案中被诉作品大量使用了原作品片段，更几乎全部使用了原曲主要旋律，但美国联邦最高法院仍然认定构成合理使用。原因在于，在模仿和讽刺性转换使用中，新作品创作的目的是批评原作品，只有实质性使用原作品内容的前提下，才可能让读者注意到二者间的联系，达到批评的目的。因此，使用的数量和质量对于合理使用的认定并非固定不变，基于模仿、讽刺等转用实际需要，有时候需要大量使用原作品片段，甚至完全使用原作品全部内容。也就是说，数量和质量要素归根结底需要考量的是"是否会造成对原作品的实质性替代"的问题。

在《此间少年》案中，尽管作者使用了金庸先生武侠小说中的大量角色名称及一定的人物性格、简单人物关系，但是《此间少年》借着这些人物的外壳，描述的是完全不同的故事，表达不同类型的情感，读者在阅读该小说时，能够明显感受到戏谑的成分。《此间少年》与金庸武侠作品之间完全不存在替代的可能性。从这一角度出发，亦符合合理使用构成要件。

四、使用对原作品潜在市场或价值的影响

市场价值考量相对于作品性质等要素，存在直观性和可操作性；而且保证著作权人合法权益是鼓励创新的根本动力，因此，新作品对原作品市场和经济价值的影响，是合理使用最重要的考量因素之一。如果新作品将实质性替代原作品，从而对原作品的潜在市场和经济价值产生实质性影响，新作品对原作品的使用，较难认定为合理使用。

笔者认为，新作品对原作品潜在市场和价值的影响，并不能以新作品是否获利为判断标准，而应以原作品是否因为新作品产生损失为标准。

当然，对原作品潜在市场和经济价值的影响，还需要符合一定的度，才能认定为非合理使用。如损害必须真实存在，而且达到一定程度。特别是在滑稽讽刺类转换性使用中，新作品对原作品的抨击和评论，可能会对原作品产生一定的负面影响，在此情况下，只要滑稽模仿作品未实质性替代原作品的市场地位，不可轻易认定构成对原作品潜在市场或价值的影响。

进一步来讲，合理使用与"改编"等侵权性使用行为根本区别即在于，合理使用不会对原作品的潜在市场和经济价值产生分流，新作品和原作品处于完全不相重合的两个平行市场。

在《此间少年》案中，新作品为校园写实小说，而金庸先生的原作品为武侠奇幻小说，两者无论从市场认知度、读者群体抑或出版市场等方面分析，均不存在相互取代或替换的情形；即使《此间少年》进行商业化利用，与金庸先生的武侠小说也不存在重叠市场；再者，《此间少年》的出版、发

行及其他商业化利用，亦不会对金庸先生的武侠原作品产生负面影响，不会贬损原武侠作品的市场价值。从这一因素分析，《此间少年》亦符合合理使用的构成要件。

综上所述，尽管目前我国并没有关于"转换性使用"属于合理使用的明确规定，但是结合上述分析，以及《著作权法》第22条、《最高人民法院关于充分发挥知识产权审判职能作用推动社会主义文化大发展大繁荣和促进经济自由协调发展若干问题的意见》的通知第8条的规定，引用"为介绍、评论某一作品或者说明某一问题，在作品中适当引用他人已经发表的作品"构成合理使用的规定，应该认定《此间少年》一书的创作构成对金庸小说角色名称及人物关系的合理使用。

合理使用制度作为平衡在先著作权人、在后创作者、社会公众利益的重要调节工具，应该被合理使用，以起到鼓励创新、百花齐放的目的。"转换性使用"这种文艺创作形式，符合合理使用的构成要件，中国的立法和司法实践中应该明确"转换性使用"的合理性，以便在维护在先著作权人合法权益的基础上，营造宽松、兼容并蓄的创作环境，促进文化和科学事业的发展与繁荣。

知识产权为什么判赔低？

——以"西游记配乐"侵权案为视角

■ 陈明涛

【导读】

面对知识产权判赔低的诘难，司法系统也是满肚子苦水。最常见的理由是抱怨律师不给力，无法提交判赔证据，导致法官判赔无据。还有一些法官认为，目前存在大量垃圾作品、专利和商标，怎么可能判过高赔偿？那真实的情况到底如何？在此，笔者希望从自己刚参与过的个案视角，尽量不带任何偏见，客观地探究知识产权案件赔偿低的真实原因。

"西游记配乐"侵权案的权利人是我国著名作曲家许镜清先生，他是《西游记》前25集的曲作者，涉案作品也正是耳熟能详的《西游记前奏曲》和《孙悟空交友》（里面含有"猪八戒背媳妇"片段）。

2015年，许镜清先生发现河南勇视影业有限公司（以下简称"河南勇视"）在其制作的《西游外传》和《西游外传2》两部影片中使用了涉案作品，并在爱奇艺网（以下简称"爱奇艺"）上播放。

笔者作为许镜清先生的代理律师起诉了河南勇视和爱奇艺，寻求维权赔偿。在诉讼过程中，我们向法院提交了一份《西游记前奏曲》的电影配乐使用许可合同，该合同的许可费为15万元。并且，主张以此作为判赔依据，请求法院按照许可费的倍数计算赔偿费用。

2016年，北京市海淀区法院针对两首作品判决了15万元的赔偿额度。

可以说，这是一起判决赔偿依据充分的案件，却看似高赔，实则低赔。一方面，与那些动辄只有几千元的音乐作品赔偿相比，该案绝对是"高额"赔偿；另一方面，与作为赔偿依据的涉案歌曲许可费相比，赔偿又实在过低。

笔者认为，该案以许可费作为判赔依据，理由是充分的。

比如，《北京市高级人民法院关于确定著作权侵权损害赔偿责任的指导意见》第29条规定，侵犯音乐作品著作权、音像制品权利人权利的，可以按照原告合理的许可使用费确定赔偿数额。根据国家版权局《对〈关于如何确定摄影等美术作品侵权赔偿额的请示〉答复的函》[国家版权局办字（1994）第64号]中指出，"在确定侵犯摄影和美术作品等著作权的赔偿额时，可以考虑按著作权人合理预期的2~5倍计算。如图书可按国家颁布的稿酬标准的2~5倍计算赔偿额"。

同样，比照专利法和商标法的规定，以许可费倍数计算赔偿额度早已成为一种通识。

然而，海淀区法院在判决中认为，本案与提交的许可合同约定作品使用背景、方式、范围并不完全相同，只能把许可费作为参考。

一方面，按照判决中两首15万元的赔偿金额，去除其中律师费和公证费，作者一首歌能获得赔偿实际不足5万元，这与15万元以上交易价格相差甚远，更不必说权利人维权所要付出的时间、精力和心理折磨。关键是，判决一旦生效，将没有人愿意寻求作者许可同意，先侵权再说，侵权成了划算的生意，严重干扰了市场交易行为，使版权法实质沦为"侵权纵容法"。

另一方面，全世界不存在完全一模一样的事实证据。本案许可合同证据中的作品与涉案作品一样，使用方式一致。唯一不同的是，涉案侵权电影未公映，而是在网上播放。我们只能猜测法院可能认为未公映影片不太赚钱，所以就要判赔低。但是，未公映的电影成本小，未必就不赚钱，公映的电影投入大，反而可能赔钱，以是否公映作为赔偿高低依据很难说得通。

由此可见，律师不给力，赔偿证据不充分，作品价值不高，这些传统理由在本案中并不成立。

其实，法院之所以这样判决，有其内在的必然逻辑与"苦衷"，也折射出背后复杂的体制性因素。

如果判决高额的赔偿，这一金额过分突兀，有可能导致法官面临不确定的压力。因为当前的司法极度不被信任，赔偿人容易对判决的合理、合法性产生怀疑，轻则上诉，重则上访、闹事。面对这一现状，我国的权力体系又没有给法官足够的独立性和有效的执业保障。法官本质是底层的公务人员，而不是国家的治理精英。他们的薪资不高，独立性差，任何来自上级的压力和考核，都可能让其难以承受，更何谈执业保障和职业尊荣。

因此，尽力采用法定赔偿，成了法官的避风港，成为值得推崇的"中庸哲学"。

问题是，面对权利人律师的给力证据和代理意见，又该如何有效"平衡"？其实很简单，只要在判决书中发扬春秋笔法，不予回应，一笔带过就可以。正如上述案件判决所体现的，法院认为提交的许可合同约定作品使用背景、方式、范围并不完全相同。关键是为什么约定作品的使用背景、方式、范围不完全相同，则不予回应。

在欧美等国家，这样的司法文书写作方式会被视为法官的耻辱，我们这里却被当作一种裁判智慧，而且不受任何制约。虽然最高人民法院一再强调裁判文书要一一回应律师代理意见，但没有制定任何制约制度，又会有哪个司法裁判者在乎呢？

说白了，判赔低这种"中庸之道"，看似充满"裁判者智慧"，本质是一种"和稀泥"，常常引起各方当事人不满和不信任，上诉自是必然。

但是，司法裁判者不会担心这样的上诉。改判率作为一种司法考核制度，是上级法院一定要考虑和平衡的，由于判决金额通常不涉及定性错误，在"能维持就维持，不能维持尽量维持判决"的司法大环境下，改判难已成为业界公认的潜规则，仅仅是判赔高低的错误怎么可能被纠正呢？

正如该案的上诉，笔者也不会抱过高的期望。

这样一种裁判环境，必然造成侵权严重泛滥，权利人叫苦不迭。因此，求助于商业化维权就成为最佳选择，却又造成诉讼泛滥，让法官工作量陡增。司法裁判者完全不考虑背后成因，反感商业维权，采取歧视性政策，进一步压低判赔额度，意图让商业化维权无利可图，反而造成恶性循环。

应当说，当前整个司法系统解决维权"成本高、周期长、赔偿难"的"雷声"很大，也出台了相关措施，不管是著作权法还是专利法的修改，进一步引入恶意侵权的惩罚性赔偿、举证妨碍等制度设计，可以说"雨点"也不小。

但是，如果不能有效解决掣肘知识产权案件判赔背后的体制性因素，这些制度设计只不过是纸上谈兵，一张空文罢了！

翻唱行为的侵权定性

——对《歌手》迪玛希翻唱侵权事件的评析

■ 刘俊清

【导读】

翻唱行为看似简单，实则复杂。涉及著作权侵权的诸多问题，像权利归属、合理使用判断、组织者责任、责任承担方式等，这都考验司法裁判者对著作权法的深层理解和司法智慧。

2017年春节期间，最受关注的莫过于迪玛希的《我是歌手》（以下简称《歌手》）翻唱侵权事件了。

2017年1月28日，迪玛希在《歌手》节目中演唱了俄罗斯著名男歌手维塔斯创作的成名曲《歌剧2》。此后，又在1月30日播出的湖南卫视全球华侨华人春节大联欢中再次演唱。

1月31日，维塔斯方面以布多夫金文化制作中心的名义向湖南广播影视集团有限公司发出公开律师函，认为未经权利人许可在《歌手》以及《"文化中国·四海同春"全球华侨华人春节大联欢》中播出《歌剧2》的行为侵害了其著作权，要求停止播放《歌剧2》的内容。

针对该事件，笔者拟就翻唱行为涉及的相关侵权问题发表如下看法。

一、翻唱行为中"权属内容"的侵权定性

翻唱侵权的前提是权属确定。《歌剧2》作为一部在俄罗斯创作的作

品，能否获得中国著作权法保护就存在疑问。

著作权领域的《保护文学艺术作品伯尔尼公约》致力于解决作品的国际保护，即只要外国作品所在国参加了该公约，就要在中国受到保护。在此事件中，中国和俄罗斯同为伯尔尼公约缔约国。因此，基于词曲作者维塔斯的授权，布多夫金文化制作中心能够获得中国著作权法的保护。

既然权利保护不存在问题，那么，翻唱行为究竟侵犯了哪些权利内容呢？

根据《著作权法》第10条规定，著作权包括表演权、广播权及信息网络传播权。所谓表演权，即公开表演作品，以及用各种手段公开播送作品的表演的权利。

在此事件中，迪玛希在《歌手》以及《"文化中国·四海同春"全球华侨华人春节大联欢》中的演唱行为，已经侵犯了表演权。

而广播权指以无线方式公开广播或者传播作品，以有线传播或者转播的方式向公众传播广播的作品，以及通过扩音器或者其他传送符号、声音、图像等类似工具向公众传播广播的作品的权利；信息网络传播权则是以有线或者无线方式向公众提供作品，使公众可以在其个人选定的时间和地点获得作品的权利。

因此，相关的播放平台湖南广播电视台侵犯了广播权，互联网媒体视频侵犯的是信息网络传播权。

二、翻唱行为中"演出组织者"的侵权定性

除了迪玛希之外，湖南广播电视台对于《歌剧2》的播放行为是否也构成侵权呢？

根据《著作权法》第37条的规定，"使用他人作品演出，表演者（演员、演出单位）应当取得著作权人许可，并支付报酬。演出组织者组织演出，由该组织者取得著作权人许可，并支付报酬"。

问题是，演出组织者要符合"组织"的行为定性才能承担责任，那么，应如何理解"组织行为"？

笔者认为，对"组织行为"的理解，需要符合著作权法中替代责任的构成要件：一方面，演出组织者应当具备直接控制演出的能力；另一方面，演出组织者能够从演出中获得直接经济收益。至于演出组织者是否知悉未经授权，则在所不问。

对上述的两个节目，湖南广播电视台对演出的内容具有直接的控制和选择的能力，同时从演出中获得了直接的经济收益，理应属于组织演出的行为。

因此，湖南广播电视台承担演出组织责任的结论是肯定的。然而，值得一提的是，律师函只针对湖南广播影视集团，未指向湖南广播电视台，由于两者分属于不同的法人，是否是权利授权导致的偏差，则存在一定疑问。

三、翻唱行为中"改编"的侵权定性

目前，类似《歌手》这样的综艺节目，通常会采用重新编曲的方式，从而展现歌手的演唱技能。如果迪玛希并非简单翻唱《歌剧2》，而是对词曲进行改编，那么，这种改编要达到何种程度才能够被认定为合理使用而非侵权呢？

笔者认为，判断词曲的改编构成合理使用的标准，应当依据不同的使用方式。

某些特定使用方式即使是少量使用，只要能产生感知特定作品来源的欣赏体验，依然构成侵权。比如，在电影作品中，通常只会使用乐曲的一小段，以达到烘托情节的功能，只要使观众产生特定来源的欣赏体验，仍应认定为侵权而非合理使用。

然而，词曲改编所进行的表演，听众的欣赏体验除了词曲本身，演唱者的演绎至为关键。不同演唱者往往能够给听众带来不同的欣赏体验，产生不同的情感共鸣，更容易留下记忆的往往是词曲演绎而非词曲本身。在此情

况下，改编后的词曲只是使用了原词曲少量片段，经过改编者的改编赋予了全新的表达和思想，可以认为构成合理使用中的"转换性使用"，从而不构成侵权。

四、翻唱行为中"停止侵权"的责任承担

一种通常的观点认为，对演绎作品的责任承担要区别于复制作品，停止侵权的责任承担方式要谨慎适用。因为著作权法的根本目的是促进文化的繁荣和创新，而非简单保护权利人的利益。

在著名的Compell一案中，美国大法官勒瓦尔就指出，"即使有些行为可能无法主张合理使用的情况，但其利用他人作品之情形仍然具有部分原创性与独立价值存在的话，为了丰富公共利益之目的，法院应该尽量不去使用强制命令的手段，而为处理这些问题，我们应该寻求合理的报偿机制"。

在类似《歌手》的节目中，表演者的表演多为对他人作品的演绎，在权利人能够得到合理赔偿的前提下，不应简单地停止侵权，从而不利于文化产业繁荣发展。当然，恶意侵权的行为可以另行考虑。

因此，对于迪玛希翻唱《歌剧2》的行为，笔者建议，不必然适用停止侵权的禁令，通过合理的报偿机制来处理，往往更符合著作权法的价值目的。

翻唱行为看似简单，实则复杂。涉及著作权侵权的诸多问题，像权利归属、合理使用判断、组织者责任、责任承担方式等，这都考验司法裁判者对著作权法的深层理解和司法智慧。

"我本将心向明月"

——对迪士尼《赛车总动员》侵权案的评论

■ 陈明涛　白　伟

【导读】

本案是一起常见的动漫作品侵权案。如果只看判决书的事实与观点，你找不出任何"毛病"。可以说，这是一份体现相当专业水准的"好判决"。然而，魔鬼总藏在细节之中……

2016年年底，上海浦东法院对美国迪士尼公司《赛车总动员》系列电影与国产电影《汽车人总动员》著作权侵权及不正当竞争纠纷一案作出判决，认定电影《汽车人总动员》侵犯《赛车总动员》系列电影主要角色动画形象著作权，其宣传海报构成对《赛车总动员》知名商品特有名称的不正当竞争，判决赔偿135万余元。

看起来，这怎么都是一份"解气"的判决。

对于那些被扣上"山寨"帽子的国产电影，普通民众忍了很久了，司法怎能袖手旁观？而且，浦东法院也正把它作为典型案例宣传。基于"众所周知的原因"，迪士尼在浦东新区投资巨大，法院也誓言为创意产业保驾护航。❶

---

❶　"迪士尼还有29天开园，浦东法院做了两件事提供专项司法保障"，载 http://www.shjcw.gov.cn/node2/pudong/node1369/node1370/u1ai1036921.html，最后访问日期：2017年3月25日。

而作为代理本案的律师，也想借此机会，分析下这份解气的"中国式"典型判决书，向读者呈现判决背后的"奥妙"。

可以说，本案是一起常见的动漫作品侵权案，既包括动漫作品形象的著作权侵权，也包括动漫作品名称的不正当竞争行为。如果只看判决书的事实与观点，你找不出任何"毛病"，是一份体现相当专业水准的"好判决"。

然而，魔鬼总藏在细节之中。以下，笔者通过判决书所涉及的权利内涵、侵权比对原理、混淆判断因素、侵权赔偿依据四个问题来呈现真实全面的案情。

一、"复制权"的内涵理解

本案中，原告主张《汽车人总动员》动画形象K1和K2侵犯了《赛车总动员》"闪电麦坤"和"法兰斯高"形象的复制权。

所谓复制权，是指以印刷、复印、拓印、录音、录像、翻录、翻拍等方式将作品制作一份或者多份的权利。

也就是说，涉案作品侵权对比应当属于无显著性差别，才算构成侵犯复制权。

对此，判决书认为，"闪电麦坤"和"法兰斯高"动画形象通过拟人化的眼部、嘴部以及特定色彩的组合，构成独创性表达，而被告恰恰在上述设计上复制了原告的独创性表达，两者构成实质性相似。

从表面上看，这段论述没有任何问题。但是，本案被告基点影视一直主张："两动漫作品在车灯形象、脸廓形状、外形以及外轮廓方面存在很大差异。比如，《汽车人总动员》海报的红色赛车的车灯是圆形的而且和前车盖的标志一样呈蓝色，而《赛车总动员》的红色赛车车灯是长方形并且和前车盖标志一样呈黄色。《汽车人总动员》海报主角红色赛车棱角分明，立体感更强，而《赛车总动员》的主角红色赛车比较平滑，立体感较弱。"

被告厦门蓝火焰公司也同样对电影作品中动漫作品举出大量的区别点。

对这些区别点，判决书没有作出任何回应。当然，笔者认为，即使存在这些区别点，如果抄袭了独创性部分，仍然可能构成侵权，就不应当简单归类为"复制权"侵权。这也是我们在庭审中一再强调的观点，不知道判决书是"有意，还是无意"地忽略掉了。

二、"实质性相似"的比对原理

对于动漫作品"实质性相似"的判断，需要考虑涉案作品的题材特点、创作空间以及公共领域的表达等因素。

（1）公共领域的表达。对侵权比对，判决书认为应去掉公共领域表达，这体现了专业水平。然而，判决书简单认定涉案作品"眼部、嘴部以及特定色彩的组合，构成独创性表达"，认为："两者都是将挡风玻璃处设计为眼部，并包括可上下移动的上眼睑，都将气格栅处设计为嘴部。此外，两者还采了近似的涂装色。"

然而，在汽车题材动漫作品中，1985年的《出品车找妈妈》、1998年的《巴布工程师》，就存在将前挡风玻璃处设计为眼部，将进气格栅处设计为嘴部的表达。

对于被告代理意见中提及这些作品的现有表达，一审法院判决书看不到任何内容，更不存在是否要从独创性表达中去除的论述。

（2）创作空间的大小。本案比对的两部作品，既是动画类作品，也是汽车类动画作品，更是同属于"赛车类动画电影题材"，这就导致作品创作空间非常小，大量表达元素属于著作权法领域的有限表达，所以更应当注意细节性表达元素的区别。

在此情况下，如果给予原告方过高的保护，极有可能造成社会公众利用此类题材再创作困难。

如前所述，判决书中对于被告一再提及的区别没有任何回应。

（3）拟人化表情设计的创作特点。本案动漫作品采用的是拟人化的创作方式，由于五官构成的物理因素，各器官位置空间相对固定，细节的区别变化，就容易导致实质性不相似。比如，常见的emoji表情设计中，一些细节性设计元素，会导致表情之间不构成实质性相似。图1均为各个公司独立创作emoji表情，都不构成实质性相似。

苹果（iOS 9.3）

谷歌（安卓 6.0.1）

微软（Windows 10）

三星（Galaxy S7）

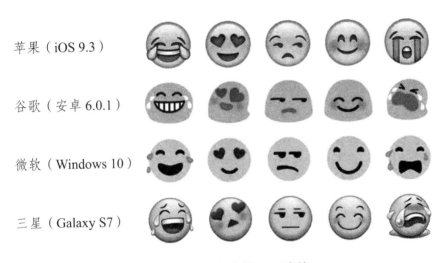

图1　各公司创作的emoji表情

三、"混淆"的判断因素

在进行不正当竞争认定时，混淆判断是重中之重，只有存在混淆或混淆可能性时，才可能构成侵权。

混淆可能性判断是一个考虑多重因素，综合判断的过程。尤其对动漫作品名称，既要考虑名称的固有显著性、知名度，还要考虑相关公众的认知能力，以及被控侵权人的使用意图等。

对此，判决书对动漫作品名称的显著性有精彩的表述。其认为："电影名称通常较短，不同制片者拍摄相同题材电影的情况较为常见，故应合理界定构成商品特有名称的电影名称的保护范围，否则会侵占公有领域的资源。"

因此，判决认为，《汽车人总动员》与《赛车总动员》不构成混淆。接着，话锋一转，认为在宣传海报中，"人"字被轮胎遮挡，遮挡之后该电影名称的视觉效果变成"汽车总动员"，容易产生误认。

这看起来有一定道理。然而，判决无视被告一再强调的一些事实，以偏概全，违背综合判断原则。比如，被告提交了大量的证据证明，一直宣传自己是第一部赛车类国产电影，对于相关公众通常认识而言，好莱坞电影与国产电影具有实质性区别，故被告具有故意混淆的主观意图不强。

还有，就相关公众的认识来看，要以一般交易观念和通常认识为标准，一部电影的宣传是由大量的宣传工作组成的，宣传海报仅是电影宣传极小的组成部分。作为相关公众，不管是通过电影院，还是通过网上购买电影票，显示的名称都不会是宣传海报展示的，而是明确文字标识的"汽车人总动员"名称。一审明显曲解了相关公众认知，仅看一点，不及其余。

四、"赔偿金额"的判定依据

对损害赔偿的计算方式，既要考虑其适用位阶的立法本意，还要考虑被控侵权作品所起作用的因素。

一方面，损害赔偿计算方式有适用的位阶，只有在违法所得、侵权利润无法确定的情况下，才能适用法定赔偿。即使采用法定赔偿，也应当在上限以内考虑。

在当前知识产权审判中，对于违法所得通常的计算方式是按侵权人营业利润计算。本案中，虽然被告主张其实质处于亏损状态，但是能够明确侵权违法所得上限，即根据被告提交的证据，其营业利润上限应当是35.58万元。

然而，一审法院完全忽视本案的侵权营业利润上限，"说不能确定"，转而适用法定赔偿，得出远远高于侵权利润的数额。

另一方面，赔偿金额应考虑涉案作品在侵权所得中所起的作用，而不是简单以票房收入和授权收入作为依据。

比如，重庆市高级人民法院关于印发《关于确定知识产权侵权损害赔偿数额若干问题的指导意见》的通知第7条规定："侵权人所获利润是因侵犯权利人的知识产权专有权利所获得的利润，对因其他因素形成的利润应当从侵权人整体获利中予以剔除。"

一部动漫电影，除了动画形象外，核心是剧情。本案中只涉及两个动画形象，对涉案电影起到的作用有一定限度，简单考虑票房收入是不合适的，而一审法院没有回应被告观点，实质把整体票房作为参考依据。

"我本将心向明月，奈何明月照沟渠"。虽然最高人民法院一再强调判决书要回应律师的代理观点，但是，司法文书中的"春秋笔法"仍是最大的"中国特色"。罗马城不是一天建立起来的，司法权威的真正树立，要靠一份份扎实、专业论证的判决书，而不是"有意、无意"地裁剪事实、观点，制造出"典型"判决。

创作自由vs.投资保护：对天下霸唱《摸金校尉》侵权案的评论

■ 田君露

【导读】

知识产权既是一种私权，又具有公共政策属性。从本质上讲，只有协调好创作自由和投资保护之间的利益平衡，才能真正促进文化繁荣及产业发展。本案发生在"IP"剧投资火热的大背景之下，如何平衡好各方利益，需要高超的司法技巧和智慧。

《鬼吹灯》系列作品纠纷，不仅让盗墓迷们一头雾水，也在知识产权界引起了纷争。

2007年1月18日，天下霸唱（本名张牧野）与上海玄霆娱乐信息科技有限公司（以下简称"玄霆公司"）签订著作权转让许可协议，将其创作的《鬼吹灯》系列作品著作权转让给该公司。同时，协议对天下霸唱使用其本名或笔名进行同题材作品的创作行为进行了限制。玄霆公司在受让《鬼吹灯》著作权后，借助起点中文网的影响力和玄霆公司的版权运营，使《鬼吹灯》成为极具知名度的文学作品。

2015年9月30日，根据《鬼吹灯I》中《精绝古城》改编的电影《九层妖塔》上映；2015年12月18日，根据《鬼吹灯II》改编的电影《鬼吹灯之寻龙诀》上映，两部作品均获得了热烈反响。

然而，天下霸唱再次使用该笔名创作小说《摸金校尉之九幽将军》（以下简称《摸金校尉》），并将该作品著作权授权给新华先锋传媒等公司。2015年12月1日，《摸金校尉》开始在全国各大书店和网络销售平台上市销售。2015年12月21日，玄霆公司以侵犯著作权和不正当竞争纠纷为由，将天下霸唱与新华先锋传媒等公司诉至法院，该案目前正在审理当中。

本案实质是一起极为复杂的民事案件，核心在于如何平衡创作自由与投资保护之间的利益，还涉及合同条款的解释、请求权顺位的选择、署名权转让性质，侵权认定等诸多问题，以下将就上述问题分别述之。

一、合同漏洞的填补

案件中，天下霸唱在与玄霆公司所签订的转让协议中约定，"在本协议有效期内及本协议履行完毕后，乙方不得使用其本名、笔名或其中任何一个以与本作品名相同或相似的创作作品或作为作品中主要章节的标题"。

从该条约定来看，对天下霸唱使用其本名及笔名创作进行了限制。但是，这种限制的程度如何，能否禁止再创作《鬼吹灯》同类题材作品，就成为最核心的争议焦点。

应当说，合同双方对此约定不明确，这就涉及对合同条款的漏洞填补及有效解释。

关于合同漏洞填补，《合同法》第61条就规定："合同生效后，当事人就质量、价款或者报酬、履行地点等内容没有约定或者约定不明确的，可以协议补充；不能达成补充协议的，按照合同有关条款或者交易习惯确定。"

这些相关条款，实质就是本案合同中对再创作权利的限制条款，这又涉及如何运用合同解释学进一步明确相关条款。就本案而言，站在合同解释学立场，可以结合合同中有关条款，以订立合同的目的为标准进行解释。

双方订立该条款的目的是防止天下霸唱再创作其他《鬼吹灯》题材作品，进而产生新的竞争主体，与其分食作品后续开发市场，造成消费者的混淆与误认，从而损害玄霆公司投资利益。

比如，在本案中，天下霸唱利用原作品人物形象再创作《摸金校尉》，就有可能造成消费者混淆，从而违背了合同约定。

需要进一步探讨的是，本案中的这一条款是否完全限制了天下霸唱的创作自由？事实并非如此。上述条款仅是为了防止天下霸唱类似产品造成文化市场的混淆。如果天下霸唱再创作行为未造成相关消费者的混淆与误认，则不受此限制。

二、请求权顺位的选择

本案既涉及天下霸唱的违约问题，又涉及是否构成侵权。根据请求权顺位的选择原理，应优先选择违约请求权，而不能选择侵权请求权，除非两者存在竞合情形。

所谓的竞合是指行为人实施的某一违法行为具有违约行为和侵权行为的双重特征，从而在法律上导致违约责任和侵权责任的共同产生。❶在合同领域，加害给付行为的出现，便产生了违约与侵权的竞合。

本案中，玄霆公司从天下霸唱手中购得《鬼吹灯》著作权，并斥巨资进行开发经营，正是为了防止相同或类似作品造成消费者混淆，分食其市场，特意在合同中对天下霸唱创作自由进行限制。对此，如果天下霸唱明知其应当遵守合同约定，却仍然再次创作，造成市场混淆，就属于违反禁止性义务的行为，构成加害给付。

因此，玄霆公司既可以选择起诉天下霸唱的违约行为，也可以起诉侵权行为。

从这个意义上讲，可以不必过于关注《摸金校尉》与《鬼吹灯》是否构成实质性相似。天下霸唱加害给付的行为，侵害了玄霆公司不正当竞争权利。即使同时侵害了著作权，不正当竞争权也要更加容易被认定。

---

❶ 王利明："论违约责任和侵权责任的竞合"，载《法学评论》1988年第4期。

三、署名权转让的本质

署名权作为作者的一种人身性权利，与作者的人格紧密关联，包括表明作者身份与在作品上署名两部分权利。

根据《著作权法》第9条第3款的规定，"著作权人可以全部或者部分转让本条第一款第（五）项至第（十七）项规定的权利，并依照约定或者本法有关规定获得报酬"，该条规定并未涉及署名权的转让。因此，通常的观点认为，署名权是不可转让的。

正是基于署名权的不可转让性，有观点就认为，天下霸唱与玄霆公司所签订的协议对署名权的限制是非法和无效的。

然而，署名权不可转让的立法本意在于，通过署名权来确认作者的创作事实，使社会大众通过署名权获知作者身份与作品来源；如果允许署名权进行转让，将会涌现一大批李代桃僵的现象，从而对读者产生欺骗性，不利于正常的文化传播和交流，甚至扰乱社会秩序，与民法和著作权法的基本原则相悖。❶

而本案并不涉及对署名权的转让，《鬼吹灯》系列作品依然署名天下霸唱，只是对其他作品署名权进行了限制。

著作权本质是市场竞争法，是通过保护作者权利的方式，保护投资者利益，促进文化产业繁荣。本案中，玄霆公司花费大量财力物力，对其已获版权的《鬼吹灯》作品进行开发，如果允许以天下霸唱的署名再次创作同类题材，可能导致消费者混淆，使投资利益遭受损害。

因此，笔者认为，从著作权法的立法宗旨出发，对天下霸唱署名权限制并无不可。

四、侵权行为的判定

本案中，如果能够明确天下霸唱违反合同约定，构成加害给付行为。

---

❶ 刘春田主编：《以案说法：知识产权法篇》，中国人民大学出版社2006年版，第40页。

那么，对新华先锋传媒等其他主体侵权行为的判定，应当以对该合同是否履行了必要审核义务为标准，即新华先锋传媒等其他主体，明知或应当知道天下霸唱的加害行为，就应该认为其没有尽到必要的审核义务。

所谓必要的审核义务，应当站在市场上善意经营者的角度，既让其尽到一个正常经营者注意义务，又防止经营风险出现。就本案而言，新华先锋传媒等公司在与天下霸唱签订著作权转让协议时，应当知道天下霸唱与玄霆公司之间存在协议，并有义务对该协议进行审核。如果天下霸唱再次创作的行为构成侵权，可以推定新华先锋传媒等公司未尽到必要的审核义务。

应当提及的是，新华先锋传媒等公司在获取《摸金校尉》著作权后，出版发行并销售该作品，并在宣传中大肆渲染该作品与《鬼吹灯》作品的关系，使消费者产生误认，则另外构成不正当竞争行为。

知识产权既是一种私权，也具有公共政策属性。从本质上讲，只有协调好创作自由和投资保护之间的利益平衡，才能真正促进文化繁荣及产业发展。本案发生在"IP"剧投资火热的大背景之下，如何平衡好各方利益，需要高超的司法技巧和智慧。

从《见字如面》到《朗读者》：朗读类有声作品之版权法解读

■ 张 博

【导读】

只有深刻理解版权法条的内在逻辑，才能解决朗读类有声作品的作品类型、权利类型、传播授权链条的复杂性问题。通过对版权法利益平衡精神的把控，应否定未经授权作品合法性保护。相对传统网络服务提供商而言，有声作品的传播平台监管责任并无实质差异。

一篇朗读、一段讲述，就能带领听众进入一个久违的历史片断，又或是几位老戏骨的深情朗诵，没有绚烂的舞台背景，也没有激烈的赛制，却用这种云淡风轻，如潺潺流水般的表达方式，让听者沉浸其中。

从《见字如面》到《朗读者》，朗读类作品给了听众更立体、更直观的视听感受。

随着快餐式阅读文化的日益盛行，人们越发习惯利用碎片时间获取信息，将一边开车，一边用耳朵"阅读"变得习以为常。新型有声读物在喜马拉雅等有声平台中层出不穷，这样新的艺术作品形式及节目不断推陈出新。

在这样的时代背景下，如何解决朗读类有声作品的版权困扰，就显得比较迫切。尤其是朗读类有声作品的作品类型、权利界定、授权链条极为复杂，由此产生的未经授权新作品的合法性问题、网络传播平台监管责任等，都有待梳理和界定。

一、作品、权利类型及授权链条

朗读类有声作品权利的来源是原作品——文字作品，原作品是否具有著作权是前提和关键。像徐志摩《再别康桥》这样的作品，著作权已经过期，就不必经过原作者授权。

如果原作品保有著作权，则要复杂得多。朗读类有声作品的传播主体是朗读者，是以朗读的表演方式传递给受众。这就涉及作品的表演权、表演者权的保护问题，即原作者享有表演权，表演者经过原作者授权后享有表演者权。

与此同时，基于传播之需要，朗读类有声作品又需要进一步固定，则产生新的作品类型。比如，像《见字如面》这样的综艺节目，属于视听类作品，满足"类电作品"的属性。而当某些文字作品以有声读物形式呈现，则又转变为录音制品。

不管是视听作品（类电作品），还是录音制品，若通过互联网络传播时，就涉及信息网络传播权；若通过电视媒体传播，则涉及广播权问题。

基于上述的作品形态、权利类型，产生出极其复杂的授权链条。

表演者对原作品的朗读，需要由原作者进行授权。表演者通过行使表演者权，又形成新的作品类型，即视听作品或录音制品，而两者也需要进一步经过表演者和原作者授权，同时又产生了视听作品和录音制品制作方的权利。

对于传播平台来讲，互联网播放平台需要综艺节目制作方及录音制作者授权。电视媒体平台基于录音制品的法定许可，不需要向录音制作者授权，但要支付报酬。

二、非经授权作品的保护

对朗读有声作品，如果未经原作者授权，形成新的作品形式，又会涉及新作品合法性保护问题。

对此，存在两种观点。一种是部分肯定说。如德国M.雷炳德教授认为，演绎作品的产生并不依赖原作品作者的准许，但发表和利用一直依赖原作者许可。❶该观点区分了新作品的产生、行使，即权利的产生不受限于原作者，权利的行使受制于原作者，实际承继了德国法概念法学的传统，对概念作精致、体系、逻辑性划分。

另一种为完全否定说。如《美国版权法》第103条规定："第102条所规定的版权客体，包含编辑著作及演绎著作，但对使用享有版权的已有数据而创作的著作权保护，不得扩大到该作品中非法使用此项资料的任何部分。"针对使用已有材料作品而产生版权保护，不应扩展到已有作品被使用的任何部分。

就美国司法实务层面，在Gracen案中，美国联邦第七巡回法院拒绝采用部分肯定说的遍及理论，认为如果新作品没有获得授权，就没有版权。❷这一经典判例也获得了后面判决支持，成为美国司法实务的主流见解。❸

我国的司法实践目前持部分肯定说。比如，在北京汇智时代科技发展有限公司（以下简称"汇智公司"）诉北京国际广播音像出版社一案，法院认为，原告汇智公司对歌词进行翻译虽然未经相关著作权人的许可，是建立在侵犯他人著作权的基础上的，存在权利上的瑕疵，但仍是创作活动的产物，本身有一定的原创性。❹

此外，钱锺书、人民出版社诉胥智芬、四川文艺出版社案；龚凯杰诉浙江泛亚电子商务有限公司、王蓓案也持类似的观点。

---

❶ [德] M.雷炳德著，张恩民译：《著作权法》，法律出版社2005年版，第162页。

❷ Gracen v. Bradford Exchange，698 F.2d 300，302-303（7th Cir. 1983）.

❸ GalleryHouse，Inc. v. Yi，582 F. Supp. 1294，1297（N.D. Ill. 1984）；Fred Riley Home Bldg. Corp. v. Cosgrove，864 F. Supp. 1034，1037（D. Kan. 1994）.

❹ 北京汇智时代科技发展有限公司诉北京国际广播音像出版社、北京里仁开源软件科技有限公司侵犯著作权纠纷案，（2007）海民初字第22050号民事判决书。

笔者认为，对未经授权产生的新作品，应以尊重已有作品作者利益为前提，从已有作品作者与后续作者利益平衡的角度考虑。

如采部分肯定说，即演绎作品作者有消极权利，容易产生非法演绎动机，尤其当演绎作品与原作品区分度不高，造成侵权认定和授权获得障碍，损害已有作品作者利益。

如果未经授权创作的劳动成果，意味着作者将权利贡献给公共领域，反而降低了原作品被非法演绎的可能，能促进已有作品与后续作品的交易流转，迫使后续作者、表演者以合理方式利用原作品，不会过度损害版权法促进文化繁荣的目标。

如果存在第三人侵权，造成后续作者、表演者及原作者利益受损，由原作者维护权利即可。❶

因此，采用完全否定说更为合理。

三、互联网传播平台的监管责任

目前，大量有声读物通过喜马拉雅等有声服务平台传播。对此，平台方应承担何种监管责任呢？

从技术和商业模式角度，有声读物是通过用户上传存储到喜马拉雅等类似网站的服务器，符合《信息网络传播权保护条例》（以下简称《条例》）关于信息存储空间服务商的定性，可以适用"避风港"原则。

比如，根据《条例》第22条之规定，网络服务提供者为服务对象提供信息存储空间，供服务对象通过信息网络向公众提供作品、表演、录音录像制品，并具备下列条件的，不承担赔偿责任：

（一）明确标示该信息存储空间是为服务对象所提供，并公开网络服务提供者的名称、联系人、网络地址；（二）未改变服务对象所提供的作品、表

---

❶ 陈明涛：《著作权主体身份确认与权利归属研究》，北京交通大学出版社2015年版，第118页。

演、录音录像制品；（三）不知道也没有合理的理由应当知道服务对象提供的作品、表演、录音录像制品侵权；（四）未从服务对象提供作品、表演、录音录像制品中直接获得经济利益；（五）在接到权利人的通知书后，根据本条例规定删除权利人认为侵权的作品、表演、录音录像制品。

对于规定中"不知道也没有合理的理由知道"要件理解，根据《最高人民法院关于审理侵害信息网络传播权民事纠纷案件适用法律若干问题》的规定，平台方明显感知相关作品、表演、录音录像制品为未经许可提供，仍未采取合理措施的情形，可以认为构成此要件。

而对于"直接获得经济利益"要件，则是指网络服务提供者针对特定作品、表演、录音录像制品投放广告获取收益，或者获取与其传播的作品、表演、录音录像制品存在其他特定联系的经济利益，应当认定为前款规定的直接获得经济利益。网络服务提供者因提供网络服务而收取一般性广告费、服务费则不属于直接获得经济收益。

由此可见，平台方对明显的侵权信息，应当负有采取合理措施的义务。同样，如果与特定作品提供方产生合作收益关系，无法适用"避风港"的规则。

综上所述，笔者认为，只有深刻理解版权法条的内在逻辑，才能解决朗读类有声作品的作品类型、权利类型、传播授权链条的复杂性问题。通过对版权法利益平衡精神的把控，应否定未经授权作品合法性保护。相对传统网络服务提供商而言，有声作品的传播平台监管责任并无实质差异。

可以说，只有厘清上述问题，才能平衡好原作者、表演者及传播者之间的利益，真正推动这一新兴作品形式产生的创新与繁荣。

网络图片侵权真的只是一赔了之吗？

■ 白　伟

【导读】

　　网络图片侵权案件涉及复杂的裁判要素，不是程式化作业，而是精细化的裁判。侵权判定也不是简单的是与非，赔偿更不是简单的高与低。唯有通过正确的裁判指引，才能使权利人和社会公众各得其所，合理利用科学文化成果，实现文化繁荣的著作权法目标。

　　图片侵权是一个老生常谈的问题。

　　从传统媒体时代到网络媒体时代，再到自媒体时代，为了解决单纯文字传播的死板、枯燥等缺陷，图片的穿插使用在所难免。特别在以微博、微信（朋友圈、公众号）等为代表的自媒体时代，为了适应移动端传播模式，对图片的使用更是不可或缺。

　　然而，当前网络图片侵权领域可谓乱象丛生。

　　2016年年底，以北知院USBkey案5 000万元赔偿为起点，司法政策反映出高赔偿趋势，力图扭转之前保护不力的窘境。

　　在这一趋势下，网络图片纠纷起诉赔偿额水涨船高。然而，在看似繁荣转机的背后，却是相关主体不胜其扰、社会公众不知所措，甚至有闻图色变之势，获得文化成果的社会成本急剧升高。

　　出现上述问题的根源，不在于图片侵权的赔偿过高，而是裁判方式的简单化、机械化、盲目化、一刀切。其实，图片侵权涉及诸多问题，像网络图片的可版权条件、合理使用等侵权阻却事由、网络图片权属来源、网络图片侵权赔偿额等，都需要更为精细化的裁判标准。

一、网络图片的可版权性适用

可版权性是图片能够获得著作权保护的基础。我国著作权法从正反两个方面对可版权性客体进行了限定：从正面而言，可版权性的作品要满足独创性标准，区分功能性和艺术性，思想与表达；从反面来看，著作权法排除了对行政、立法、司法机关正式文件，时事新闻，历法、通用数表、通用表格和公式三大部分内容的可版权性。

图片作为作品，可分为美术作品和摄影作品。在司法实践中，就美术作品而言，能够体现作者的审判表达，具有创作性，可版权性往往不存在问题。而摄影作品的独创性要求则很低，只要独立拍摄，且角度、取景、光线等要素存在一定取舍，便可成为作品，以至于随手拍就的照片，甚至没有审美价值的事实新闻图片，均可成为摄影作品，获得著作权保护。

当前，微博、微信等使用的图片主要是摄影作品，像新闻图片、影视剧截图、人物肖像等，还包括美术作品，比如动漫形象等。

就图片侵权案件而言，时事新闻中涉及图片的可版权性是司法和理论界争议的焦点。

在个别案例中，仅记录时事新闻的图片曾有过认定不侵权的记录。如北京市海淀区法院审理的"世界期刊大会配图案"、武汉市中院"范冰冰婚纱照案"、重庆市一中院"军事演习附图案"等，均认定该等图片是事实新闻的有机组成部分，属于利用图片的形式表现的事实新闻。

然而，由于摄影作品独创性要求极低，普通照片与时事新闻图片区分难度较大，大多数司法判决均认定时事新闻中穿插的图片构成时事新闻作品，可以独立于时事新闻文字部分单独获得著作权保护。

一方面，时事新闻图片本身承载的事实与图片重合，记录事实的图片，独创性往往不高，容易与事实本身合为一体，如果与时事新闻强行区分，予以版权保护，就增加社会公众的使用成本。

另一方面，新闻报道自由的价值位阶高于版权保护。对时事新闻报道的图片强化保护，导致社会公众获取信息障碍。

因此，当前对时事新闻图片不加区分，一律保护的司法政策，与著作权排除时事新闻可版权性，促进信息获取自由的立法目的相悖。

笔者认为，对时事新闻图片的可版权性，应该提出更高的标准，即满足较高独创性条件的时事新闻图片才予以版权保护，如具备较高的审美标准、特定历史时刻的珍贵记忆等。即使认定时事新闻图片构成可版权客体，在构成合理使用的判断标准上，也应予以适度放宽，且在侵权赔偿标准上，也应与普通作品区别对待。

二、网络图片的合理使用判断

所谓合理使用，是指不需要经过作者许可同意，也不必向作者支付任何报酬的作品使用形式，是对著作权的一种限制制度，也被称为在后创作者和社会公众使用版权作品的一道安全阀。

合理使用的判断，通常有"三步测试法"和"四要素"标准。笔者认为，"四要素"标准从使用行为的性质和目的，被使用作品的性质，被使用部分的数量和质量，使用对原作品潜在市场或价值的影响等因素进行判断，更具有实际操作性。

就微博、微信等自媒体传播途径下，使用行为的性质和目的、使用对原作品潜在市场或价值的影响两个因素应该作为重点考核标准。

通常认为，个人非商业使用构成合理使用的可能性更大。根据《著作权法》第22条的规定，司法实践通常将合理性使用的目的归为"学习""研究""评论"。可以说，合理使用的目的被严苛限制。比如，"为报道时事新闻，在报纸、期刊、广播电台、电视台等媒体中不可避免地再现或者引用已经发表的作品"。

这一立法设定是基于传统纸媒的传播环境，因为当时的制图设备、传播手段、传播需求等都受到极大限制，具有相应的合理性。

但是，在自媒体时代，传播手段、图片制作、获取等都极容易和快捷，一再坚持如此苛刻的条件，在强保护的前提下，可能导致移动互联进入一个无图时代，动辄得咎，不利于文化繁荣和传播。

因此，司法实践对个人用户基于非商业目的图片使用要宽松化。

在商业使用情况下，是否因为使用行为本身获利，并不是合理使用考虑的重点。因此，在微博、微信等网络图片使用的过程中，使用主体未通过涉案图片盈利，通常不能成为适格的侵权阻却事由。

然而，并非任何商业使用行为均被排除在合理使用范围之外。一方面，当使用行为构成转换性使用时，即使产生的新作品进入商业应用领域并获利，只要新作品不会实质性取代原作品，原著作权人就存在容忍义务。

例如，在《80后的独立宣言》电影海报侵权案中，上海普陀法院认为，葫芦娃、黑猫警长等动漫形象在被诉海报中转换性使用，构成合理使用。

另一方面，当一些商业主体使用的目的限于"评论"，且未对原作品的潜在市场和经济价值产生实质性影响时，也应该有所区别对待。比如，豆瓣对于相关电影信息的使用，亦应考虑构成合理使用。

三、网络图片的权属来源确定

在网络环境下，作者身份的确认对图片侵权判定具有决定性影响。一方面，作为非作者的著作权人，通常不能主张人身性权利；另一方面，网络图片署名情况异常混乱，真实著作权人较难确定，这也是导致此类案件权利人败诉的主要原因。

按照著作权法规定"如无相反证明，在作品上署名的公民、法人或者其他组织为作者"。传统模式下，认可度较高的署名方式为正式公开出版物；网络环境中，目前较为常见的网络署名方式为图片角标或图片水印、时间戳等。

然而，由于很多网络图片使用者亦会添加水印或角标等标识，导致网络图片权属来源难以初步推定。因此，图片水印并不能作为认定构成署名的直接证据，应该区别对待，还应要求权利人提供相关辅助证据。

在图片水印基础上，权利主张者还应该提供著作权登记证书，图片创作底稿以及其他创作证明，或者受让取得著作权的证明文件。例如，职务创作委派书，委托、合作创作合同中关于权属的约定以及相应的创作证据。

当前的网络图片侵权案件中，通常采用的是图片公司作为独立摄影师或其他机构的图片代理商模式。权利主张者除提供创作证据等证据材料外，还需提供从原始权利人处获得维权权利，且相关原始权利人放弃维权的声明。

值得一提的是，著作权侵权采取"接触+实质性近似"的判定标准，权利人至少还应该举证证明作品已经公开，或更进一步提供相关作品具有一定知名度的证据，从而方便推定在后实质性近似使用者，具有接触其在先作品的可能性。此时，若著作权登记证书记载的登记日期晚于涉案侵权行为日，则权利主张者还需要提供前述辅助证据加以证明其具有合法权属来源。

四、网络图片的侵权赔偿额评判

按照适用的先后位阶，网络图片侵权赔偿通常按照以下三种方式：（1）权利人的实际损失；（2）侵权人的违法所得；（3）法定赔偿。

在计算权利人实际损失时，可以依据相同情况下的许可使用费。侵权人的违法所得，则按照产品销售利润、营业利润、净利润的位阶来适用。比如，一般情况适用营业利润，恶意侵权时适用销售利润，情节轻微时适用净利润。

在网络图片侵权案中，权利人的实际损失和侵权所得通常难以计算，最常使用判赔方式为法定赔偿。

从2016年下半年开始，网络图片侵权的赔偿额一路上涨，从几百元一张上涨至数千元一张。

由于法院普遍采取一刀切的赔偿标准，不太区分使用主体、使用目的、侵权恶意、使用范围、使用程度等因素，一律判赔数千元一张。从表面上，强力保护了图片权利人利益，规范了市场环境，实则对遏制侵权作用甚微。

这是因为，数千元一张图的赔偿数额，对于商业主体在商业目的下的侵权使用，无关痛痒，与其获得的商业利益相比，微不足道，违法成本极低。看似高额的赔偿下，并不能达到威慑相关商业主体违法进行商业利用的目的，侵权行为不可能得到有效遏制。

相反，对于非商业用途的商业主体和普通社会公众而言，在高额赔偿的威慑下，只能战战兢兢，为避免陷入无休止的诉累，只能放弃对网络图片的使用，反而阻碍文化的有效传播。

因此，网络图片侵权赔偿额的确定，要综合判断作品知名度、作品独创性、使用目的、侵权人主观过错等因素。商业目的恶意侵权要重判，非商业利用的社会公众使用可以轻判或不判赔。

网络图片侵权案件涉及复杂的裁判要素，不是程式化作业，而是精细化的裁判。侵权判定也不是简单的是与非，赔偿额更不是简单的高与低。唯有通过正确的裁判指引，才能使权利人和社会公众各得其所，合理利用科学文化成果，实现文化繁荣的著作权法目标。

专利篇

惩罚性赔偿制度能解决专利侵权判赔低的窘况吗？

■ 陈明涛 张 峰 刘俊清

【导读】

专利侵权判赔数额低，是所有知识产权人的"心病"。2015年4月1日，《专利法修改草案（征求意见稿）》引入了惩罚性赔偿制度。然而，如果不能改观现有司法环境，不可能解决维权成本高、判赔低的问题，从而这一制度只是看上去很美罢了。

专利侵权判赔低，是所有知识产权人的"心病"。

据不完全统计，近年来我国专利侵权诉讼中，侵犯发明专利胜诉案件平均判赔金额只有20万元左右，侵犯实用新型、外观的判赔金额更是分别低至10万元、5万元。专利侵权诉讼中，还有相当比例的案件以调解结案，调解赔偿额更是低于判赔金额。

2015年4月1日，国家知识产权局公布《专利法修改草案（征求意见稿）》（以下简称《草案》），《草案》第65条第3款规定："对于故意侵犯专利权的行为，人民法院可以根据侵权行为的情节、规模、损害后果等因素，将根据前两款所确定的赔偿数额提高至二到三倍。"这就是所谓的惩罚性赔偿制度。

然而，在现有司法环境中，引入惩罚性赔偿制度也难以解决判赔低的问题。下面就捋一捋判赔低的真正原因。

一、证据保全难以获准

证据保全，是指法院在起诉前或在对证据进行调查前，依据申请人、当事人的请求，或依职权对可能灭失或今后难以取得的证据，予以调查收集和固定保存的行为。专利侵权诉讼中，权利人一般需要举证证明被告实施了侵犯其专利的行为，并给其造成损失。侵权行为的举证，如果涉及产品专利，可以对侵权产品进行购买公证。但是，如果涉及方法专利，使用方法的行为在被告处，权利人难以获得全面的侵权方使用方法的证据。此种情况下，需要向法院申请证据保全，请求法院查封、固定相关证据。

证据保全是权利人进行专利侵权诉讼的重要砝码。通常情况下，权利人难以获得侵权方关于侵权产品的进出口数据，或者销售数据。这些证据必须要在法院的帮助下才能够被固定、获取，而这些证据恰恰就是判定侵权方因侵权所获利益最直接、最充分的证据，是最终确定判赔数额的关键所在。

然而，法官通常并不会采取证据保全，因为如果采取证据保全，一方面会增加办案法官工作量，特别涉及需要异地调查取证的案件，法院更是慎之又慎，望而却步；另一方面是否采取证据保全也要基于原告提供初步证据或证据线索，法院在判断是否具备初步证据时，往往易于偏向消极取证，不予保全；另外，尽管证据保全通常是基于当事人申请并提供担保，但因为证据保全造成一方损失，法院多少会承担一些压力，在目前法官错案终身负责制前提下，一旦法官采取证据保全，就意味着要承担风险。

基于上述原因，证据保全难以解决取证难，也就使判赔数额难以被固定和计算。

二、举证妨碍不愿适用

举证妨碍是指不负举证责任的当事人，故意或过失以作为或不作为方式，使负有举证责任的当事人不可能提出证据，使待证事实无证据可资证明，形成待证事实存否不明的状态，故而在事实认定上，就负有举证责任当事人的事实主张，作出对该人有利的调整。

举证妨碍制度本应成为权利人最有力的维权武器。因为权利人通常难以提供具体损失的证据，对方因侵权所获利益的证据更是难以获得。如果适用举证妨碍，那么被告必须对此举证，否则要承担不利后果。适用举证妨碍，不仅可以减轻权利人的维权成本，也可以对侵权方造成一定压力，迫使其必须提供相关证据。

在司法实践中，法官不愿适用举证妨碍。如果适用举证妨碍，对法官的权力要求较高，在法官独立性较差，自由裁量权较大，又有众多"压力"因素下，举证妨碍会慎之又慎，避免自己因"激进"裁判产生责任风险。虽然《草案》在第61条第3款中增加了举证妨碍制度，但是举证妨碍也只是由法官决定"可以"适用，实践中其执行力自然大打折扣。

因此，侵权方在面对诉讼时，通常有恃无恐。即使能够证明侵权行为的存在，权利人通常也难以提供具体损失的证据，对方因侵权所获利益的证据更是难以获得。

三、法定赔偿更受青睐

相比举证妨碍的"激进"，法官更倾向于向法定赔偿的"逃逸"。在作出裁判时，法官并非考虑如何杜绝侵权行为再次发生，而是如何判决让自身"安全"，让双方挑不出毛病。基于此，虽然根据专利法的规定，只有在权利人的损失、侵权人获得的利益和专利许可使用费均难以确定的情况下，才可以适用法定赔偿。但是，司法实践中，在没有绝对明确数额证据情况下，在消极运用证据保全措施和举证妨碍制度的环境中，法定赔偿就成了法官规避自身风险的避风港。

在有证据支撑侵权的前提下，法官通常会作出侵权判决以安抚权利方，在赔偿数额方面又会低判赔以迎合侵权方。法官所追求的是让双方都能够尽量接受的折中方案。因此，法官自然更加愿意采用法定赔偿，既减少了工作量，又会使案件尽快终结，还不会成为争议点。

四、调解制度易被滥用

调解被滥用是造成专利侵权诉讼判赔低的一个重要原因。一方面，调解率事关法官业绩、晋升及待遇。在此情况下，法官必须要对一些案件进行调解。即使当事人调解意愿不高，在"能调尽量调，不能调也要调"的原则下，法官也会不断对当事人做工作，以使当事人接受现状、同意调解。赔偿数额低，自然容易让侵权方同意。在存在大量过低赔偿案件前提下，权利人的心理预期自然也会降低。

另一方面，即使一些法院已经废除调解率限制，但是调解具有更易执行、更快结案、工作量小等优点，在目前审调不分的情况下，法官也会利用自己的强势地位，大量采用调解方式结案。一些当事人在法官的强势下不得不"委曲求全"接受调解方案。

五、维稳因素重点考量

在当前政府力求稳定的大背景下，维稳也成为法官不得不考虑的重要因素。如果法官作出了较高赔偿数额的判决，那么，被告方有可能通过各种渠道给法官造成压力，甚至有可能直接去法院滋事。目前，很多专利侵权的主体都是小型个体企业，甚至个人。如果法院作出高额赔偿的判决，影响其生计，难免会有不理智的情况发生。

在这种情形下，不但判决难以执行，还会给当地政府造成恶劣影响，影响政府政绩。法官当然也不愿意自找麻烦，这也是法官更加倾向折中原则的重要原因，即判决侵权以做权利人工作，又判罚很低以做侵权方工作。

知识产权的问题解决，常常在知识产权制度之外。虽然《草案》引入了惩罚性赔偿制度，但如果不能改观现有司法环境，不可能解决维权成本高、判赔低的问题，从而这一制度只是看上去很美罢了。

论方法和材料特征在实用新型专利中的适用

■ 陈明涛　田君露

【导读】

在当前的专利代理实践中，一些代理人并没有很好地理解实用新型专利中方法与材料等非形状、构造技术特征，由此导致错误的代理思路，在此浅谈一些看法，供同行批评。

《专利法实施细则》第2条规定，专利法所称实用新型，是指对产品的形状、构造或者其结合所提出的适于实用的新的技术方案。实用新型专利的保护客体必须是能够带来某种有益效果的形状、构造或其结合的新的技术方案。

可见，实用新型专利的保护客体只包括产品的形状、构造或其结合，而不包括方法或材料特征，即实用新型专利既不保护方法或材料特征的改进，也不保护由新方法或新材料制造的产品。

然而，在当前的司法实践中，由于实用新型专利的形式审查性，撰写人水平不高，技术方案本身属性等因素，导致很多实用新型混入方法或材料等非形状、构造技术特征。在此情况下，应如何理解此类非形状、构造技术特征，特别是在专利确权、保护阶段如何考虑，就值得我们探讨。

一、审查阶段不考虑方法或材料特征本身的改进

我国对实用新型专利申请实行初步审查制度，在初步审查中不考虑方法特征和材料特征。对此，《审查指南》分别进行了限制。其第一部分第

二章第6.1条规定："一项发明创造可能既包括对产品形状、构造的改进，也包括对生产该产品的专用方法、工艺或构成该产品的材料本身等方面的改进。但是实用新型专利仅保护针对产品形状、构造提出的改进技术方案。应当注意的是：（1）权利要求中可以使用已知方法的名称限定产品的形状、构造，但不得包含方法的步骤、工艺条件等。例如，以焊接、铆接等已知方法名称限定各部件连接关系的，不属于对方法本身提出的改进。（2）如果权利要求中既包含形状、构造特征，又包含对方法本身提出的改进，例如含有对产品制造方法、使用方法或计算机程序进行限定的技术特征，则不属于实用新型专利保护的客体。例如，一种木质牙签，主体形状为圆柱形，端部为圆锥形，其特征在于：木质牙签加工成形后，浸泡于医用杀菌剂中5～20分钟，然后取出晾干。由于该权利要求包含对方法本身提出的改进，因而不属于实用新型专利保护的客体。"

对于材料特征，《审查指南》第6.2.2条规定，（1）权利要求中可以包含已知材料的名称，即可以将现有技术中的已知材料应用于具有形状、构造的产品上，例如复合木地板、塑料杯、记忆合金制成的心脏导管支架等，不属于对材料本身提出的改进。（2）如果权利要求中既包含形状、构造特征，又包含对材料本身提出的改进，则不属于实用新型专利保护的客体。例如，一种菱形药片，其特征在于，该药片是由20%的A组分、40%的B组分及40%的C组分构成的。由于该权利要求包含对材料本身提出的改进，因而不属于实用新型专利保护的客体。

《审查指南》之所以做这样的制度安排，是由实用新型专利内在性质决定的，旨在对较小的技术发明创造给予短期、简单、便宜的保护，减轻专利审核负担。因此，易于从外观直观观察就变得尤其重要，而那些材料、方法特征则耗费大量的审核时间，放在发明专利审查更为合适。

在这里，需要指出的是，审查指南并不是一概排除非形状、构造特征，而是将其限定为"已知方法"和"已知材料"，并排除了方法及材料本身的改进，但是对于方法及材料特征引起形状、构造或者其结合的改进则予以保护。

二、无效程序中不考虑方法与材料特征

在实用新型专利授权后的无效宣告程序中，需对该专利创造性进行审查，同样要将方法与材料特征排除在外。如果在评价实用新型专利创造性时考虑方法或材料特征，那么便会产生这样的现象：在评价实用新型创造性过程中，既要审查形状或构造特征，又要评价方法或材料特征，这样便增加了区别技术特征的数量，使实用新型更容易获得创造性，从某种意义上激励了申请人添加方法与材料特征，这显然是不合理的。

实际上，在相关审查案件中，法院对此也进行了认可。如在原告金龙公司诉被告专利复审委员会、第三人王某实用新型专利无效行政纠纷案中，北京市第一中级人民法院经审理认为，"实用新型只保护对产品的形状、构造或者其结合所提出的技术方案。如果一项技术方案中的非形状、构造技术特征导致该产品的形状、构造或者其结合产生变化，则只应当考虑该技术特征所导致的产品形状、构造或者其结合的变化，而不应考虑该非形状、构造技术特征本身"。本案中，"锁闩和锁盒均为金属材料，在潮湿环境下接触后容易生锈"这一问题，本案专利提出的技术方案是"在支架内嵌入塑料衬套，有一根锁闩穿过支架和衬套"。在上述技术方案中，"塑料"显然不属于形状、构造技术特征，而只有"在支架内嵌入衬套，有一根锁闩穿过支架和衬套"才是形状、构造方面的技术特征。而不对"衬套"的材料属性作出明确的限定，则本案专利的发明目的就不能实现。由此，与现有技术相比不具有创造性。

由此可见，在专利无效程序中，应当将方法与材料特征排除在外。

三、保护范围应把方法与材料特征考虑在内

既然专利审查与无效程序中方法与材料特征不予考虑，在专利侵权纠

纷中，如果考虑方法与材料特征，是否会产生对专利权人不公平的结果呢？实际上，法律不同情权利人的错误撰写。正如专利侵权中，多余指定原则的取消、捐献原则的建立，就是要求专利权人对自己的保护范围负有审慎义务，防止私权利不当地扩张，使公众使用技术产生不确定的预期。

北京市高级人民法院关于印发《北京市高级人民法院专利侵权判定指南》的通知，第20条规定，实用新型专利权利要求中包含非形状、非构造技术特征的，该技术特征用于限定专利权的保护范围，并按照该技术特征的字面含义进行解释。非形状、非构造技术特征，是指实用新型专利权利要求中记载的不属于产品的形状、构造或者其结合等的技术特征，如用途、制造工艺、使用方法、材料成分（组分、配比）等。

如在"药浸柳枝接骨外固定架"实用新型专利侵权一案中，权利要求为："一种药浸柳枝接骨外固定架，其特征在于用药浸草柳枝经纬方向编织成一调固定架，在固定架的两侧至少置有一封搭扣。"而被控侵权产品是未经药浸处理的。审理该案的法院认为，涉案实用新型专利是由"药浸"处理的柳枝条编织成的接骨外固定架，"药浸"是非形状、构造或者其结合方面的技术特征，该技术特征不曾引起涉案实用新型专利在形状、构造或者其结合方面发生变化。但"药浸"仍是涉案实用新型专利的一种必要技术特征，并与其他技术特征一起共同构成涉案实用新型专利技术方案，共同限定专利权的保护范围。

在专利审查阶段与无效程序中不考虑方法或材料特征，而在专利侵权纠纷中予以考虑，是对专利撰写提出了较高要求。当前，我国专利代理水平整体不高，一些代理人并没有很好地理解实用新型专利中方法与材料等非形状、构造技术特征，由此导致错误的代理思路。某些代理人甚至故意以实用新型绕过实质审查，表面取得授权，以获取当事人代理费为唯一目的。这样的代理思路或许能产生短期利益，但是从长远来看，在后续的程序中可能产生一系列的问题与麻烦，理应引起业内的反思。

指控苹果Siri侵权的专利真的无效吗？

——对小i机器人专利无效案的评析

■ 陈明涛　白　伟

【导读】

针对智臻公司的侵权指控，苹果公司向专利复审委员会提出无效申请。二审判决推翻了之前结果，以说明公开不充分为主要理由，认为小i机器人专利无效。然而，这一案件却凸显了法院对于《专利法》第26条第3款缺乏体系化理解的问题。

苹果Siri语音系统可能停用的命运，因北京市高级人民法院的判决而反转。

2012年6月，智臻公司以苹果公司Siri语音系统侵犯其一种聊天机器人系统（小i机器人）专利权为由提起专利侵权诉讼。2012年11月，苹果公司向专利复审委员会提出无效申请。2013年9月3日，专利复审委员会作出第21307号无效宣告请求审查决定，维持该专利权全部有效。随后，北京市第一中级人民法院维持了复审决定。

日前，北京市高级人民法院最终以小i机器人专利说明书公开不充分为由，撤销原无效决定和一审判决。

本案涉及专利无效领域中几乎所有实质性缺陷的判断问题，从"说明书公开不充分""权利要求书得不到支持""权利要求不清楚""缺乏必要技术特征""不具备新颖性、创造性"的判定到"禁止反悔原则"的适用，无一不是专利无效领域的重点难点问题。

虽然如此，法院论证及普遍关注核心在于，如何理解《专利法》第26条第3款中说明书公开不充分。然而，由于缺乏体系化视角，本案对说明书公开不充分的适用看似正确，却实质错误。

一、公开充分应以技术方案"三性"判断为前提

根据《专利法》第26条第3款的规定，说明书应当对发明或者实用新型作出清楚、完整的说明，以所属技术领域的技术人员能够实现为准；必要时，应当有附图。导读应当简要说明发明或者实用新型的技术要点。

这就是所谓的说明书公开充分条款。该条款立法本意在于，法律规定申请人通过清楚、完整方式公开具有实用性、新颖性和创造性的可专利性客体，作为交换，国家机关赋予申请人一定时间的垄断性权利，即通常说的"公开换保护"。

也就是说，充分公开的内容必须是具有"三性"的可专利的方法、产品或者其组合。如果不是可专利的客体，不具备"三性"，也就无所谓公开充分问题。反之，则不成立，即使有的技术方案具备"三性"，也不一定满足公开充分条件。

进一步来讲，之所以要以"可专利性""三性"为公开充分基础，是因为只有通过前面判断过程，才能够通过确定最接近的现有技术，来正确界定技术问题、明确技术手段，从而判断是否充分公开，而不能仅从说明书记载内容来判断。

然而，在本案中，法院认为，新颖性、创造性评价与说明书是否公开充分、权利要求是否清楚以及是否得到说明书支持等问题存在密切联系，在已论证公开充分的情况下，不必再对新颖性、创造性进行评价。

这一论证思路是导致本案法律适用错误的根本原因。

二、公开充分应以所要解决的技术问题为核心

从某种意义上讲，一项发明或实用新型，是通过技术手段，以解决某一技术问题为目的，在最接近现有技术基础上进行改进。因此，说明书要充分公开，就必须把握所要解决的技术问题。

其一，技术问题基于现有技术，可以重新确定，不必然以说明书记载为准。通常而言，说明书会记载所要解决的技术问题。然而，技术问题确定不应简单以说明书为准，而应根据现有技术重新确定。比如，当通过检索现有技术发现所要解决的技术问题不为说明书准确记载，则应以重新确定的技术问题判断说明书是否公开充分，这其实也体现在创造性判断中。

在这一案件中，法院认为，根据本专利说明书的记载，可以得出实现游戏功能是本专利技术方案所要实现的功能。但是，法院没有在充分检索现有技术基础上得出结论，是不够妥当的。

其二，只需要一个技术问题满足实现创造性要件即可。对于一件发明或实用新型而言，说明书可能记载了多个技术问题，但只要解决其中一个技术问题，满足创造性要件就可以。如果存在其他技术特征，也具有创造性，解决了其他技术问题，但无法满足公开充分要件，则不能简单认为说明书公开不充分。

在此情况下，一件发明或者实用新型，为解决某一个技术问题，已经具备创造性，相应技术方案已经充分，理应授予专利权，完全不必在意为解决其他技术问题的技术手段是否公开充分。

在本案中，法院却认为，游戏功能是授权本专利创造性的原因，因此就必须公开充分，理解过于狭隘，除非游戏功能是本技术方案唯一的发明目的。

其三，技术问题确定不适用禁止反悔原则。所谓禁止反悔原则，是指专利侵权诉讼中的一种法律规则，其含义是，专利权人如果在专利审批过程中，为了满足法定授权要求而对权利要求的范围进行了限缩，则在主张专利权时，不得将通过该限缩而放弃的内容纳入专利权的保护范围。因此，禁止

反悔原则是对保护范围的限制问题，而不构成对解决技术问题限制。

本案中，法院认为，根据专利审查文档记载，智臻公司认为，因为游戏服务器的存在使得权利要求1相对于对比文件1具有实质性特点，从而导致具有创造性，以其明确技术问题是游戏功能，太过于草率。

三、公开充分应以现有技术检索为依据

如前所述，公开充分要以本领域技术人员能够实现为准。而本领域技术人员是法律上假设的人，根据专利审查指南的定义，假定他知晓申请日或者优先权日之前发明所属技术领域所有的普通技术知识，能够获知该领域中所有的现有技术，并且具有该日期之前常规实验手段能力，但他不具有创造能力。

基于此，在进行说明书公开充分的判断之前，必须先界定现有技术、对申请日之前的现有技术进行检索。一方面，确定最接近的现有技术，明确技术问题，判断技术手段是否公开充分；另一方面，不再以未记载的现有技术作为判断要件。只要有现有技术，说明书就不必记载，也不必以是否存在指引为前提。因为根据本领域的技术人员的定义，其可以根据所要解决的技术问题，具有寻找获知现有技术的能力，不存在必须说明书指引问题。

遗憾的是，本案审理未在现有技术检索的前提下进行评述，而认为公开充分必须以说明书存在足够的现有技术指引为前提，实质是向说明书撰写提出极高要求。

看起来人人都懂的法条，却往往长着一张"普罗米修斯的脸"。如果不能建立体系化的思维，不能从立法本意去理解，不能看到法条之间的内在联系和区别，只能"看山是山，看水是水"，难以"看山不是山，看水不是水"，更无法达到"看山还是山，看水还是水"法律运用的高超境界。这使得法律适用结论，只能看似合理、正确，实则偏颇、错误。

据悉，"小i机器人"已经准备向最高人民法院申请再审，这将考验最高司法机关的智慧……

GUI外观专利与普通产品外观专利在侵权判定中存在哪些区别?

■ 刘俊清

【导读】

自我国开始授予图形用户界面（GUI）外观专利权以来，其申请量出现了井喷式发展。虽然目前国内还没有已公开的GUI侵权诉讼判决或裁定，但是随着申请量的不断增加，维权意识的增强和行业竞争的日趋白热化，竞争将更加激烈。可以预见，将来必然会产生大量的关于GUI外观专利的诉讼。我国外观专利的侵权研究已经比较成熟，但是GUI自有其特性。本文将从GUI外观专利的保护范围进行论述，以期对GUI外观专利的侵权特点和侵权判定标准进行前瞻性的分析，希望对今后的侵权判定、行政执法以及司法实践起一定的借鉴作用。

一、GUI外观设计专利硬件客体弱化

根据我国现行法律的规定，外观专利只能以产品作为保护客体。《专利法》第2条第4款规定："外观设计，是指对产品的形状、图案或者其结合以及色彩与形状、图案的结合所做出的富有美感并适用于工业应用的新设计。"然而，申请人申请GUI外观专利的目的主要是保护图形用户界面。把图形用户界面与具体的硬件相结合，虽然可以满足外观专利授权的条件从而获得专利权，但是使其保护范围相较以GUI本身为客体的外观专利大大缩

小。因为在判断以硬件为客体的GUI外观专利侵权时，必需硬件部分和图形用户界面同时满足相同或相近似才能被认定为侵权，而以图形用户界面为客体的GUI外观专利则只需要考虑图形用户界面部分是否相同或者相近似。

2015年4月1日发布的《专利法修改草案（征求意见稿）》将该款修改为："外观设计，是指对产品的整体或者局部的形状、图案或者其结合以及色彩与形状、图案的结合所做出的富有美感并适用于工业应用的新设计。"可以预见，将来GUI外观专利将不再被限制依附于具体的硬件，而是可以单独成为外观专利所保护的客体。值得注意的是，即使是在现行《专利法》下，依然有一些以图形用户界面作为保护客体的外观专利获得了授权。如申请号201530024551.7，名称为屏幕图形用户界面，该外观专利所公开的部分视图如图1。

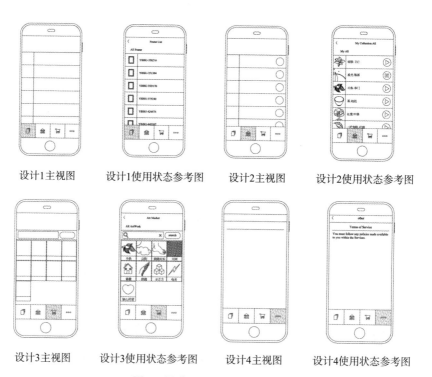

设计1主视图　　　设计1使用状态参考图　　　设计2主视图　　　设计2使用状态参考图

设计3主视图　　　设计3使用状态参考图　　　设计4主视图　　　设计4使用状态参考图

图1　屏幕图形用户界面视图

其简要说明如下：

1. 本外观设计产品的名称：屏幕图形用户界面。

2. 本外观设计产品的用途：本外观设计产品是一种为搭载屏幕，并在屏幕上显示购买艺术商品或欣赏艺术品信息的电子装置，如手机等。

……

该外观专利保护的客体为图形用户界面。手机只是作为负载图形用户界面的载体。该外观专利中给出了4个设计的主视图及其使用状态参考图，并且在简要说明中指出，设计2～4分别为点击设计1下方所示图像后所分别呈现的图形用户界面。据此可见，该专利所要保护的客体为图形用户界面，其保护范围为包含该专利所示图形用户界面的所有"电子装置，如手机等"，并不局限于手机。在目前专利法框架下，图形用户界面外观专利还必须要依附于具体的产品，很难完全摆脱产品只保护图形用户界面。为了在诉讼中更加有力地保护GUI专利的关键设计，获得更大的保护范围，在申请中应当从名称、用途上尽量弱化硬件要素。

由此可见，在申请GUI外观专利时，以图形用户界面作为客体要比以具体设备作为客体所要求保护的范围更大，也更加符合保护图形用户界面的初衷。美国的专利制度是允许只将图形用户界面本身作为外观专利的保护客体，此类专利中可以用虚线部分表示载体或硬件部分，虚线所表示的载体或硬件部分并不在权利要求的范围之内。如图2苹果公司所申请的手机用户界面专利，即以虚线作为边界，表示权利要求的范围并不包含硬件部分。

图2　苹果公司申请的手机用户界面专利

虽然我国目前的绝大多数GUI外观专利都是以图形用户界面和硬件部分相结合作为保护的客体，但是在专利侵权判断中，两者并不应当被同等对待。这是因为，真正体现申请人创造价值的是GUI外观专利的图形用户界面部分，也是申请人最想要保护的部分。而对于他人而言，将图形用户界面移植到其他设备显然是很容易做到的。比如将苹果手机的图形用户界面移植到iPad，将iOS系统图形用户界面移植到Android系统。虽然在GUI部分可能构成相同或者相近似，但是在硬件部分显然不构成相同或者相近似。按照现有的判断标准，此种情况不应被认定为侵害GUI外观设计专利权，如果这样，外观专利制度对GUI的保护将形同虚设。

笔者认为，即使是在现有的法律制度下，对GUI外观专利的侵权判断也应该尽量弱化硬件部分。《最高人民法院关于审理侵犯专利权纠纷案件应用法律若干问题的解释》第11条第2款规定：

下列情形，通常对外观设计的整体视觉效果更具有影响：

1. 产品正常使用时容易被直接观察到的部位相对于其他部位；

2. 授权外观设计区别于现有设计的设计特征相对于授权外观设计的其他设计特征。

基于此，在GUI外观专利中，需注意以下几点：

（1）在以具体设备作为保护客体的GUI外观专利中，图形用户界面相对于设备的其他面应该被认定为"产品正常使用时容易被直接观察到的部位"。

（2）图形用户界面的主界面（通常是第一帧）应该被认定为"产品正常使用时容易被直接观察到的部位"，因此，GUI的主界面在判定专利侵权过程中的作用最重要。

（3）GUI主要图形按钮相对于其他图形设计也应该被着重考虑。

（4）GUI外观设计通常都是平面设计，相比于其他工业产品设计，没有立体产品形状的对比因素，因此图案的平面形状和色彩的重要性得以凸显，成为判断侵权的关注点。

由此可见，即使是在以具体设备作为保护客体的GUI外观设计专利中，判断是否相同或相近似时，图形用户界面依然应该作为最重要的部分被重点考虑，硬件部分应当被弱化，尤其是属于现有设计的硬件部分，在GUI外观设计专利的侵权判断中不应成为判定不相同或者不相近似的原因。

虽然目前由于我国法律修改的滞后性，GUI外观设计专利仍然需要以产品作为载体，但是随着专利法对外观设计定义的修改和专利审查指南的进一步完善，去除掉硬件载体的GUI外观设计专利更有利于保护申请人和设计者的权益。

二、GUI外观设计专利不应被现有分类所限

在外观专利侵权判定中，首先要确定被控侵权产品与外观专利所要保护的产品是否属于相同或者相近似的产品种类。通常而言，只有在被控侵权产品与外观专利所要保护的产品属于相同或者相近似的产品种类时，才有必要进行下一步的比对判断。

确定产品的种类可以参考产品的名称，我国适用国际通用的1968年由《洛迦诺协定》建立的洛迦诺分类（LOC），该分类表可以作为产品初步分类的基础依据，同时综合考虑消费者的判断标准和公认的商业习惯。在司法实践中，确定产品相同或相类似通常以产品的用途和功能为标准，以用途为主，功能作为参考，用途相同，功能也相同，即为相同产品；用途相同但具体功能有所不同，即为相近似产品，功能相同，但用途不同，一般不认为是相同或近似产品。

《最高人民法院关于审理侵犯专利权纠纷案件应用法律若干问题的解释》第9条规定："人民法院应当根据外观设计产品的用途，认定产品种类是否相同或者相近。确定产品的用途，可以参考外观设计的简要说明、国际外观设计分类表、产品的功能以及产品销售、实际使用的情况等因素。"

在判断GUI外观专利侵权中，涉及保护具体设备的GUI外观专利时，同样需要考虑产品与外观专利中所要求保护的设备所属类别是否相同或者相近似。可能被认定为相同或者相近似的类别包括：手机、电脑、平板电脑、智能手表等，可能涉及洛迦诺分类的第14类电子和电子设备以及第16类摄影、电影摄影和光学设备等。如果被诉侵权产品与GUI外观专利所要保护的产品属于同一小类或者同一大类，则应当认定为被诉侵权产品与GUI外观专利所要保护的产品属于相同或者相近似的产品类别。

以目前的立法趋势分析，保护局部外观设计将成为必然。对于GUI外观专利将可以以图形用户界面本身作为保护客体。以图形用户界面本身作为保护客体的GUI外观专利，如果硬件产品的分类不同，基于GUI外观专利本意是保护图形用户界面设计，也不应影响侵权判断。因此，这就要求保护图形用户界面的GUI专利，在判断侵权时应当弱化硬件产品分类的影响。随着立法的发展，以图形用户界面本身作为保护客体的GUI外观专利将不再受到其所依附产品的分类限制，图形用户界面本身应该构成一个单独的分类。在判断具有图形用户界面的产品是否侵害以图形用户界面本身作为保护客体的GUI外观专利权时，无论具有图形用户界面的产品属于何种分类，都不应影响对其是否侵权的判断。

三、变化状态GUI外观设计专利的侵权判断

涉及变化状态外观专利侵权判断，需要比对外观专利所包含的每一个状态。一般而言，只有被诉侵权设计与变化状态图所示的各种使用状态的外观设计均相同或者相近似，才能够认定被诉侵权设计落入专利权的保护范围。但该部分使用状态的外观设计对于全部使用状态的外观设计整体视觉效果未产生显著影响的除外。

GUI外观专利中的多级界面专利和动态设计专利属于变化状态产品外观专利。然而，在动态设计专利侵权判定中，并不能够完全套用变化状态产品外观专利的侵权判定原则。以检索到的以下专利为例。

申请号：201430144231.0，名称：带图形用户界面的手机，该外观专利所公开的部分视图如图3所示。

主视图　　　　　　界面变化状态图1　　　　界面变化状态图2

图3　带图形用户界面的手机视图

其简要说明如下：

1. 本外观设计产品的名称：带图形用户界面的手机；

2. 本外观设计产品的用途：用于运行程序及通信；

3. 本外观设计产品的设计要点：在于屏幕中的图形用户界面的内容，界面变化状态图1；

4. 界面用途：主视图显示的界面为桌面的显示界面；主视图的界面水平滑动后依次呈现界面变化状态图1～图2；

5. 最能表明本外观设计设计要点的图片或照片：界面变化状态图1。

此专利所要保护的为具有向左翻转切换界面的变化状态用户界面的手机。该专利所要保护的图形界面为一个变化的过程，而不是具体如界面变化状态图1和界面变化状态图2的两个具体的变化状态。因此，在侵权判定中，如果被诉产品的图形用户界面在变化过程中并不具备如本专利中界面变化状态图1所示的类似正方体翻转45°的状态界面，而是通过例如翻转10°、20°、30°、40°、50°、60°、70°、80°、90°九帧画面完成一次翻转的变化过程。其与所述专利进行对比时并不包含界面变化状态图1所示的界面，但是其与专利所要保护的向左翻转切换界面的变化状态相同，因此，应被认定为与专利所要保护的图形界面为相同或者相似。此处，与产品变化状态外观专利侵权判定方法不同。

变化状态的产品外观专利，其各个变化状态的图片或者照片可以完整地展示外观专利所要保护的产品，因此要求被诉侵权设计与变化状态图所示的各种使用状态的外观设计均相同或者近似，才能够认定被诉侵权设计落入专利权的保护范围。然而，具有变化状态的GUI外观设计专利，其变化状态通常由多帧组成。在外观专利中不可能将每一帧都表现出来。因此，只能通过表现其中几帧再结合简要说明来对GUI外观专利的变化状态进行展示和说明。

综合以上，在具有变化状态的GUI外观侵权判断中，应当以专利所展现的整个变化状态作为对比对象，而不应仅对比GUI外观专利中的图片或者照片。

四、结　语

在申请GUI外观专利时应当尽量以图形用户界面本身作为保护客体，以获得较大的专利保护范围。即使是以具体设备作为保护客体的GUI外观专利，在判断侵权时图形用户界面依然应该作为最重要的部分被重点考虑。现有的洛迦诺分类是针对具体产品所进行的分类，并未涵盖GUI，GUI本身并不属于现有任何一个洛迦诺分类，因此，在判断GUI外观专利时，应有其特殊的考量，或者将GUI外观专利纳入一个单独的分类，或者不考虑现有分类的限制。在判断变化状态GUI外观专利时，需要结合专利中的照片和简要说明来确定其保护范围，因此申请中简要说明对动态过程的描述同样重要。

目前，虽然我国已将GUI纳入外观专利保护的范围，但是因为其本身的特殊性，使得原有的外观专利保护体系并不能全面地适应保护GUI的要求。随着专利法的修改以及GUI外观专利规模的增大，GUI保护的法律体系必将不断进步和完善。

如何理解专利法中的"缺少必要技术特征"？

■ 陈明涛

【导读】

当前的很多专利无效案件中，复审委和法院通常以"提高专利撰写质量"为名，滥用《专利法实施细则》第20条第2款，即缺少必要技术特征的条款，使得本不应被无效的专利无效。针对这一情况，笔者提出如下浅见，供同行批评。

一、应当慎用《专利法实施细则》第20条第2款作为专利无效的理由

根据《专利法实施细则》第20条第2款规定：独立权利要求应当从整体上反映发明或者实用新型的技术方案，记载解决技术问题的必要技术特征。该条的根本目的是要解决独立权利要求的技术方案的完整性问题。

如果一项权利要求中缺少解决技术问题的"必要技术特征"，有可能带来两种不同的法律后果：一是缺少该技术特征的技术方案，而在说明书记载了这些技术特征，将导致该独立权利要求没有以说明书为依据，产生说明书不支持的问题，从而违反《专利法》第26条第4款；二是缺少"必要技术特征"的方案虽然有可能实施，但其说明书中并未公开其具体实施方式，本领域普通技术人员从说明书中也不能直接地、毫无疑义地联想到该实施方式，从而产生《专利法》第26条第3款的问题。

由此可见，缺少必要技术特征完全可以被《专利法》第26条第4款和第

26条第3款所取代。

基于此，该款在2010年修改《专利法》时，不少人建议删除。并且国际公约（如PCT）及其他国家的专利法，根本没有类似的规定。其保留的意义，仅仅鉴于我国专利制度不成熟，希望解决独立权利要求技术方案撰写的完整性问题。因此，在使用该条作为无效理由时应当慎重和限制。

（1）我国的专利包含大量通过PCT途径进入中国的案件，这些案件的撰写习惯是根据国外的专利法要求撰写的，在进入中国阶段时，因为要遵循按照国际公开文本一对一进行翻译，所以形式上无法照顾到中国专利法的特殊要求，如果对这些案件依然死板地用这一条款来套，必然会产生不公平的结果。

（2）相同内容的专利在国外均得到了授权，也说明了该专利在各国的实质审查中，均得到可专利性的肯定（列表、补充），因此，在无效程序中尤其应当慎重，看其技术方案是否真的缺乏完整性。

二、从形式上看，独立权利要求撰写不必要撰写"全部"技术特征

根据新《专利法实施细则》第21条，独立权利要求应当包括以下内容：（1）与解决技术问题相关的现有技术特征；（2）与解决技术问题相关的区别技术特征。某些现有技术的特征也是实现技术方案所必需的，即对于技术方案的实现是必要的，但是这些现有技术的特征与新专利对现有技术的贡献并不密切相关，它们可由本领域技术人员根据需要来实现，因此无须记载在独立权利要求中。也就是说，独立权利要求是解决技术问题的技术方案，需要记载解决技术问题的全部必要技术特征，并且仅需记载与解决技术问题相关的技术特征，不解决本专利的技术问题的技术特征，已经在现有技术中记载的，没有必要放在独立权利要求中记载。

独立权利要求分为前序部分和特征部分，前序部分只需要记载与最接近现有技术共同的技术特征即可，没有必要详尽到这一步记载现有技术的所有技术特征。试想，一个有关机械的装置，如果苛求详尽，就从如何找矿、炼钢开始描述才算是详尽。这些都是现有技术，已经在现有技术中记载的，没有必要放在权利要求中记载。新专利只需负责把其要解决的技术问题的技术特征描述出来即可。

三、应该对比说明书中的现有技术，才能正确得出本专利独立权利要求所要解决的技术问题，才能正确判断本发明是否缺少必要技术特征，不必过分依赖重新检索

在撰写专利申请时，技术问题通常是根据作出发明或实用新型所参考的最接近现有技术来确定的，而所参考最接近的现有技术和所确定的技术问题一般应当写在发明或实用新型说明书的背景部分。在审查实践过程中审查员通常以说明书背景技术中明确记载的技术问题为准或根据说明书背景技术中记载的现有技术缺陷来确定要解决的技术问题。确定了技术问题，也就能确定某个技术特征是否是解决该技术问题的必要技术特征。

由此可见，判断是否缺少必要技术特征，记载解决技术问题的必要技术特征，必须和现有技术进行对比，尤其是最接近的现有技术进行判断。但是，不能简单以提出的技术问题已为现有技术所公开，需重新检索的现有技术，来认定缺少必要技术特征。

如果认为缺少必要技术特征，就有必要对比现有技术，从而确定技术问题。那是否需要重新检索，确定最接近的现有技术，重新确定技术问题呢？重新检索将产生如下两种情况：一是重新检索的现有技术取代说明书中的背景技术，成为最接近现有技术，从而重新决定技术问题，将导致区别技术特征部分减少，产生前序部分和特征部分重新划界，却仍然无法影响独立权利要求的完整性。二是重新检索现有技术，确定技术问题，发现该技术问题已为重新检索到的现有技术所公开，将导致专利的新颖性或创造性丧失，并不产生独立权利要求不完整的问题。

因此，在判断是否缺少必要技术特征时，独立权利要求是否完整，只需要根据说明书中的背景技术来确定，而不必重新检索现有技术。

突破与创新：评GUI外观设计专利第一案

■ 陈明涛

【导读】

从360诉江民案的关注度就可以看出GUI（图形用户界面）案件带来的争议。

2016年4月22日，奇虎360公司因认为自己开发设计的电脑安全优化图形用户界面（GUI）外观设计专利权遭到侵犯，将北京江民新科技有限公司诉至北京知识产权法院。

360公司诉称，江民公司于2015年年底新推出的产品"江民优化专家"，使用了与其相似度极高的图形用户界面（GUI），侵犯360公司ZL201430324280.2号、ZL201430329167.3号和ZL201430324283.6号3项外观设计专利，给其造成严重经济损失。为此，原告请求法院判令被告立即停止侵权行为、消除影响并要求赔偿原告1 500万元。

由于360公司在开庭前撤销了针对江民公司侵犯其ZL201430324280.2号专利权提起的诉讼，北京知识产权法院合并审理了针对ZL201430329167.3号和ZL201430324283.6号两件图形用户界面外观设计专利的侵权案。针对这两件图形用户界面外观设计专利，360公司共索赔1 000万元。

该案被认为是中国GUI外观设计专利第一案，也凸显了当前司法实践对于GUI外观设计专利的保护困难。

一、重新理解"工业产品为载体"的内涵

所谓图形用户界面（Graphical User Interface，GUI）是指采用图形方式显示的计算机操作用户界面。常见的手机图形用户界面如图1所示。

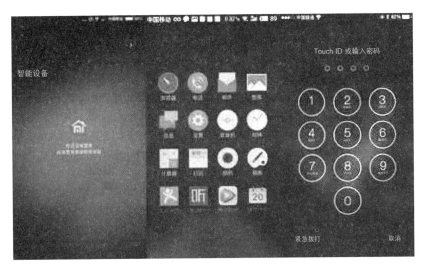

图1　手机图形用户界面

图形用户界面由于与工业电子设备结合在一起，能完成特定的功能，又具有设计美感，能够达到吸引普通消费者的目的，因此，具有外观设计专利的特性。

然而，根据《专利法》第2条第4款规定："外观设计，是指对产品的形状、图案或者其结合以及色彩与形状、图案的结合所做出的富有美感并适用于工业应用的新设计。"

针对该条的理解，外观设计必须以工业产品为载体，工业载体具有不可分离性。因此，对于图形用户界面不能支持单独申请专利。

这也体现在早期相关现行法中。比如，根据2010年《专利审查指南》第一部分第三章第7.4节第一段第（11）项："产品通电后显示的图案。例

如，电子表表盘显示的图案、手机显示屏上显示的图案、软件界面等。"这就明确排除了GUI外观设计专利保护的客体。

因此，在司法实践中，为了摆脱《专利审查指南》的限制，很多申请人以设备为保护客体，变相保护GUI。此类专利命名形式通常为"带图形用户界面的××"，如"带图形用户界面的手机""带图形用户界面的电脑""带图形用户界面的平板电脑""带图形用户界面的手表"等。

以申请号201430247281.1的外观专利为例，名称为带图形用户界面的手机，该外观专利所公开的视图如图2所示。

主视图　　　　　　后视图　　　　　　左视图　　　　　　右视图

俯视图　　　　　　仰视图　　　　　　变化状态图

图2　申请号201430247281.1外观专利视图

其简要说明如下：

1. 外观设计产品的名称：带图形用户界面的手机。

2. 本外观设计产品的用途：用作手机。

3. 本外观设计的设计要点：在于屏幕中的图形用户界面内容。

然而，此类申请问题在于，设备载体与图形用户界面都被纳入保护范围。

对此，2014年《专利审查指南》作出了相应的修正，一方面，删除原指南中"产品的图案应当是固定的、可见的，而不应是时有时无的或者需要在特定的条件下才能看见的"条款；另一方面，将第一部分第三章第7.4节第一段第（11）项修改为：（11）游戏界面以及与人机交互无关或者与实现产品功能无关的产品显示装置所显示的图案，例如，电子屏幕壁纸、开关机画面、网站网页的图文排版。

这实质是将GUI纳入外观设计专利之中。

该修改也反映到当前专利申请实务中，逐渐弱化硬件部分，强调保护图形用户界面本身。通常这样的专利命名采用："××图形用户界面"或者"用于××的图形用户界面"等形式，如"屏幕图形用户界面""手机图形用户界面"。其硬件部分也基本采用虚线勾画，从而刻意突出图形用户界面本身。

以申请号201530024551.7专利为例，其名称为屏幕图形用户界面，该外观专利所公开的部分视图如图3所示。

其简要说明如下：

1. 本外观设计产品的名称：屏幕图形用户界面。

2. 本外观设计产品的用途：本外观设计产品是一种为搭载屏幕，并在屏幕上显示购买艺术商品或欣赏艺术品信息的电子装置，如手机等。

……

该外观专利保护的客体为图形用户界面，就明显弱化了所依附的硬件部分。与此同时，2015年4月1日发布的《专利法修改草案（征求意见稿）》将外观设计的定义修改为："外观设计，是指对产品的整体或者局部的形状、图案或者其结合以及色彩与形状、图案的结合所做出的富有美感并适用于工业应用的新设计。"这也实质上承认了局部外观设计专利的合理性。

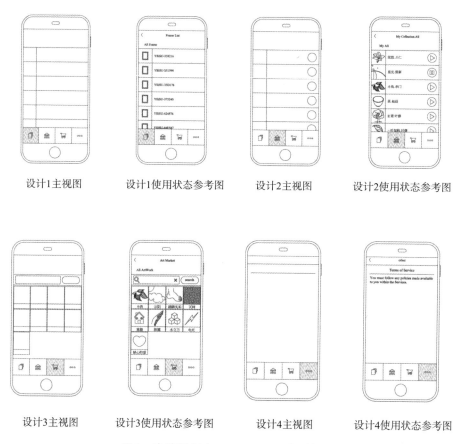

设计1主视图　　设计1使用状态参考图　　设计2主视图　　设计2使用状态参考图

设计3主视图　　设计3使用状态参考图　　设计4主视图　　设计4使用状态参考图

图3　申请号201530024551.7专利视图

因此，对此360诉江民公司一案，理应弱化硬件部分，突出强调图形用户界面的保护。

二、创新解释GUI案件的侵权比对

根据《最高人民法院关于审理侵犯专利权纠纷案件应用法律若干问题的解释（二）》第17条规定："人民法院认定外观设计是否相同或者近似，应当从一般消费者的角度全面观察设计特征，综合判断整体视觉效果。被诉

侵权设计未包含授权外观设计区别于现有设计的全部设计特征的，人民法院可以推定被诉侵权设计与授权外观设计不近似；被诉侵权设计包含授权外观设计区别于现有设计的全部设计特征的，人民法院可以推定该设计特征对整体视觉效果更具有影响。但是，当事人提出反证推翻上述推定的除外。"

这就是通常说的，外观设计专利"整体比较、重点观察、综合判断"的方法。

具体到GUI图形用户外观专利，最为重要是，GUI依附的电子设备是否要纳入侵权比对之中？

如上所述，早期的现行法强调GUI工业载体的重要性，于是就要把电子设备纳入侵权对比中。然而，随着整个立法趋势的发展，对GUI的硬件部分已经开始弱化，不应再过分强调。

问题是，在立法并没有明确规定的情况下，司法审判应如何有效解决？

根据最高人民法院《关于审理侵犯专利权纠纷案件应用法律若干问题的解释》第11条第1款规定："人民法院认定外观设计是否相同或者近似时，应当根据授权外观设计、被诉侵权设计的设计特征，以外观设计的整体视觉效果进行综合判断；对于主要由技术功能决定的设计特征以及对整体视觉效果不产生影响的产品的材料、内部结构等特征，应当不予考虑。"

也就是说，如果属于惯常设计或由技术功能唯一决定的设计的，不应在侵权对比中考虑。

因此，GUI侵权案件中，法官对于图形用户界面所依附的电子设备可以依据该条进行解释，视其为技术功能唯一决定的设计，不影响侵权对比。

中国作为大陆法系国家，并没有判例法传统，法官不能够创制先例。然而，在具体案件审理过程中，法官可以运用法律解释学的方法，在现行法的范围，通过对条文的解读，弥补现行法之不足。GUI外观设计专利第一案也正考验着中国法官的司法智慧。

专利无效中对于网络证据应当适用怎样的证明标准？

■ 刘俊清

【导读】

在以网络证据作为主要证据的专利无效案件中，无效宣告请求人需要举证证明到何种程度才能够证明涉案的专利属于现有技术或现有设计呢？笔者认为，在坚持原则性证明标准的基础上，根据待证事实的类型和特点，应当适用不同的证明标准。在专利无效的审理中，对于网络证据不应适用于民诉中等同的高度盖然性原则，而应适用排除合理怀疑原则。

目前，专利无效案件中使用网络证据的比例越来越大，尤其是在外观设计专利的无效案件中，网络证据是最常见的一种证据形式。网络证据的存在形式多样，如QQ聊天记录、微信文章、淘宝交易记录、博客、微博等，都可以成为网络证据。与传统证据类型相比，这类证据在表现形式、保存方式以及安全性等方面均有较大的不同。基于网络证据的特殊性，在审查网络证据时，裁判者一般会采取更为审慎的态度。

一、不同的证明标准

英美法系国家，在普通民事案件中采用优势证据原则，只要能够证明存在的可能性大于不存在的可能性，不需要达到明显超过的程度，即构成证据优势。而对于某些特殊的民事案件以及刑事案件，则采用排除合理怀疑的证明标准。这种证明标准的确立与英美法系所采用的陪审团制度密不可分。

缺少陪审团制度，优势证据原则也无从建立。

大陆法系国家中，通常采取内心确认的证明标准。内心确认原则相对于优势证据原则要求证明程度具有更高的盖然性。然而，这并非说明在大陆法系国家中，举证人的义务必然高于英美法系。与优势证据原则必须要依托陪审团制度建立一样，内心确认原则的建立则是因为纠问制下审判者具有更高的主动性。法官在案件审理中具有一定的主导地位，在一方提出的证据具有优势的情况下，法官可能会依据自己的职权进行进一步的询问、调查，从而依据调查的结果以及审理的全过程，建立内心确信，作出决定。这种内心确认最终表现为证据具有高度概然性。

无论是优势证据原则还是内心确认原则，其实质都是使法律事实尽可能地向客观事实靠近，因此并不存在本质的不同。

2015年《关于适用〈中华人民共和国民事诉讼法〉的解释》第108条第1款规定："对负有举证证明责任的当事人提供的证据，人民法院经审查并结合相关事实，确信待证事实的存在具有高度可能性的，应当认定该事实存在。"

基于此条的规定，很多法律人认为我国民事诉讼中适用高度盖然性的证明标准，仅就特殊情况适用排除合理怀疑原则。

二、排除合理怀疑原则的适用

在以网络证据作为主要证据的专利无效案件中，无效宣告请求人需要举证证明到何种程度才能够证明涉案的专利，属于现有技术或现有设计呢？

笔者认为，在坚持原则性证明标准的基础上，根据待证事实的类型和特点，应当适用不同的证明标准。在专利无效的审理中，对于网络证据不应适用于民诉中等同的高度盖然性原则，而应适用排除合理怀疑原则。原因有以下几点。

一是专利权的财产属性。专利权作为一种无形财产实现现实的商业价值，必须具备两个因素：（1）具有使用价值；（2）具有一定的稳定性。权利人对其享有的专利权所获收益的预期，是专利制度存在的基础。因此，专利法规定，在专利被宣告无效后，已经履行完毕的许可或转让合同、已经执行的侵权赔偿判决是不可回转的。这是对整个交易规则及专利制度的保护。专利无效过程中，无效请求人与权利人之间的关系，并不等同于民事诉讼中双方平等对抗的关系。专利权的状态首先是依然有效的，其次这种有效性正在受到挑战，这并不等同于处于一个或有或无的待定状态。基于此，在无效宣告程序中，复审委的角色并非是居于无效宣告请求人与权利人之间的居中裁判者，而是站在专利有效的立场，判断无效宣告请求人的理由是否足以说服复审委作出无效宣告的决定。因此，对于无效宣告请求人的证明标准应当比普通民事诉讼中更高。

二是网络证据的特殊性。相对于普通证据，网络信息的存储和传播，通常需要必要的技术支持，在存储、传输和使用的过程当中容易遭受迫害，例如篡改、删除、被清洗等，此外还存在浏览权限的问题。因此，裁判者在对待网络证据时一般采取比较审慎的态度，导致网络证据被采信的概率较低。

笔者认为，在专利无效中，网络证据与普通证据的区别主要在于，网络证据被修改后可以做到不留痕迹。

任何证据都存在被篡改的可能，但是网络证据被篡改后，做到表现上毫无痕迹的成本和难度相对较低。针对无效宣告请求人提供的网络证据，例如某一公司官网所发布的信息，权利人很难举出反证证明其已经被修改。在这种情况下如果适用高度盖然性的证明标准显然会使法律所认定的事实与客观事实产生偏离。在这种情况下，适用排除合理怀疑原则更为合理，举证人证明其所提供的证据没有被修改更具有操作性。如已公开的微信文章，可以通过演示证明，如果修改其内容，发布日期会更新为修改后的日期，那么就排除了文章内容被修改使得所显示的发布时间不能与所展现的内容相对应的怀疑，即可以确定文章的发布日期即为内容的公开日。

三、"排除一切怀疑原则"

实际上，司法实践中审判者在对待网络证据时，鲜有适用高度盖然性的证明标准，也并非适用排除合理怀疑原则，而是更为严苛地要求举证者的证明程度达到排除一切怀疑。

在（2009）浙知终字第89号中，最高人民法院认为，在公证书没有记载是否对该电脑及移动硬盘的清洁性进行检查的情况下，公证书虽然能证明在公证员面前发生了公证书记载的行为，但还不足以证明该类行为发生于互联网环境之中。这是因为存在这种可能：通过对特定域名解析地址的重新设定，使得计算机访问该特定域名时实际访问的是局域网内预设的IP地址而非互联网上该特定域名所指向的IP地址，即所谓的虚假链接。

笔者对此持不同看法。通过对特定域名解析地址的重新设定使其指向其他IP的前提在于，修改者必须控制该网址，拥有修改脚本的权限。在并不控制网址的前提下当然也有可能存在某种黑客技术使得在接入互联网的电脑中浏览如www.baidu.com网址而实际进入的是谷歌的网站或电脑内设的网站。而这种可能显示只是理论上的，如果需要证明人排除这种只存在于理论中的可能，那么证明人的证明责任将被放大。

笔者认为，排除合理怀疑原则中的合理怀疑应当是具体的、可实施的，甚至是需要举证证明其存在的。比如，单纯提供网址的微信文章并不能够证明其已经被发表。一种合理的怀疑是，该网址是预览模式下生成的网址。在微信的预览模式下会生成格式与正式发表文章相同的网络地址，而预览模式下的微信文章是暂时的、未经发表的、不可检索到的。因此，在没有提供浏览公众号或检索得到该网址过程证据的前提下，仅提交具体的微信网址用以证明其内容已经发表是不能够排除合理怀疑的。

在面对网络证据中过于严苛甚至排斥的态度，一定程度上体现出裁判者面对网络技术时的不自信或者抵触，导致裁判者往往更加倾向于选择相对保守的裁判策略。但是，随着网络技术的不断发展以及对人们生活方式的不断浸入，涉及网络证据的案件必然会越来越多。在面对网络证据时既要注意到其所具有的特殊性，也要考虑结合公众认识其所能够证明的事实，由此，达到适用合理的证明标准。

破解知识产权赔偿之痛

——对握奇诉恒宝5 000万元赔偿案的评论

■ 刘俊清

【导读】

北京握奇数据系统有限公司诉恒宝股份有限公司侵害发明专利权纠纷案中，北京知识产权法院一审判决全额支持原告赔偿经济损失4 900万元及合理支出100万元的诉讼请求。该判决一经公布即引爆了整个知识产权圈，这会是常态，还是昙花一现，我们将拭目以待。

北京握奇数据系统有限公司诉恒宝股份有限公司侵害发明专利权纠纷案中，北京知识产权法院一审判决全额支持原告赔偿经济损失4 900万元及合理支出100万元的诉讼请求。该判决一经公布即引爆了整个知识产权圈，引起了广泛的讨论，好评如潮。

很多知识产权律师感慨，难道知识产权的春天真的要来了？

一、被忽视掉的另一案

值得注意的是，本案的原告就被告侵害其专利号200510105502.1发明专利的行为并非直接向北京知识产权法院起诉，而是先向北京市第二中级人民法院起诉。同时另案起诉被告侵害原告专利号200520103147.X实用新型专利权。

2014年12月18日，原告就发明专利案向北京市第二中级人民法院申请撤诉，而后向新成立的知识产权法院起诉（北京知识产权法院成立于2014年11月6日）。实用新型专利案并未撤诉，依然由北京市第二中级人民法院审理，该案已于2015年6月9日作出二审判决。

发明专利案请求赔偿经济损失4 900万元及合理支出100万元，知识产权法院全额支持；实用新型专利案请求赔偿经济损失89.8万元及合理支出10.2万元，北京市第二中级人民法院却判决赔偿经济损失20万元及合理支出1万元，二审予以维持。

两个案件高度相似，结果却大相径庭！

笔者认为，造成同案不同命的原因在于，北京知识产权法院成功解决了长期困扰知识产权赔偿的"审判痛点"。

痛点一：举证妨碍难以被适用

举证妨碍是指不负举证责任的当事人，故意或过失以作为或不作为的方式，使负有举证责任的当事人不可能提出证据，使待证事实无证据可资证明，形成待证事实存否不明的状态，故而在事实认定上，就负有举证责任的当事人的事实主张，作出对该人有利的调整。

举证妨碍与证据保全制度互为表里。举证妨碍的有效适用，不仅可以减轻权利人的维权成本，也可以对侵权方造成一定的压力，迫使其必须提供相关证据，可以大大减轻证据保全的工作量和难度。

在5 000万元赔偿的发明专利案中，法院认可原告的证据保全，对被告拒不提供相关证据部分，直接适用举证妨碍，推定原告所主张的赔偿数额成立。在实用新型专利案中，北京市第二中级人民法院却认定原告索赔数额过高，未提交充分证据予以证明。

有理由相信，在实用新型专利案中，原告也提出了证据保全的申请。然而，判决书中并未记载，即法院既没有调查取证，也未责令被告提交相关证据，适用举证妨碍。

同样的案件，何以出现这样大的法律适用差距？

其实，在目前的司法环境下，北京市第二中级人民法院不适用举证妨碍也有其"苦衷"。

试想一下，如果适用举证妨碍，必然会产生判赔额相对较高判决。一旦进入二审或再审，举证妨碍制度适用的合理性就会成为争议焦点，案件如被改判或发回重审，意味着前审法官适用举证妨碍行为将不被认同。因此，在可以适用也可以不适用举证妨碍的情况下，法官自然更加倾向于不适用举证妨碍，以避免自己因"激进"裁判所产生的责任风险。

痛点二：法定赔偿被普遍滥用

中南财经政法大学知识产权研究中心曾经梳理了2008年以来我国共4 700多件包括专利、商标、版权等在内的实际司法判例，发现97.25%的专利判决都采取了法定赔偿的方式。

那么，法定赔偿何以被普遍适用？

需注意的是，两起案件重要不同还在于计算依据：一个适用侵权人获益，另一个适用法定赔偿。

5 000万元赔偿的发明专利案中，北京知识产权法院依申请向中国银行、中国人民解放军61046部队、中金金融认证中心有限公司调查取证证明涉案侵权产品的销售数量；依据原告所提供的第三方出具的专项审计报告书以及同领域企业所公布的毛利率确定原告所主张的"合理利润"合理；依据侵权产品销售的数量乘以每件专利产品的合理利润所得之积计算得出侵权人获益。

而在实用新型专利案中，北京市第二中级人民法院直接适用法定赔偿，依据侵权行为的性质、情节、持续时间、侵权产品的销售范围、行业利润率以及涉案专利权的创造性高度等因素就89.8万元的索赔数额酌定支持20万元，并未给出任何计算依据。

实际上，北京市第二中级人民法院以法定赔偿为赔偿依据的做法最为常见，是当前法官避免审判风险的"避风港"。

在司法行政管理的体制下，法官作出裁判考虑的并非如何才能杜绝侵权行为再次发生，而是如何才能让双方尽量接受。尤其是面对错案终身追究制，相对激进的判决，往往要承担更大的风险。虽然根据《专利法》的规定，适用法定赔偿的位阶靠后，但适用法定赔偿，不仅可以让法官工作量小，自由裁量空间大，还有助于达成调解，规避自身风险。

痛点三：合理支出得不到合理支持

当前知识产权案件中，合理支出赔偿包括公证费、鉴定费、差旅费、律师费等。其中律师费往往占重要部分。然而，律师费的赔偿要以实际获赔额为基础，参照当地司法局的律师收费办法标准。以北京为例，100万元的赔偿额（当前就算大案了），可以获得的律师费只有6万元。说实话，这点钱难以覆盖一个专业律师的办案成本，更不必说那些过低赔偿的案件。

法院对于律师费过低的支持，使得权利人在维权时，很难找到合适的专业律师。然而，专利侵权的现象又普遍存在，权利人为了减少维权成本，只能去找商业维权公司。目前，知识产权案件中大部分是商业维权。法院在面对大量商业维权案件时，本身就心存抵触，认为商业维权律师批量化作业，既不专业，又浪费司法资源，于是更加倾向于较低的判赔。如此一来，就形成恶性循环。

在5 000万元发明专利案中，北京知识产权法院参考案件的难度、公证的情况、开庭的次数、证据的整理、代理意见的撰写、对于专利涉及技术的分析，创新性地认可以计时收费方式计算律师费的合理支出，全额支持了100万元的合理支出。而在实用新型案中，在原告提交了10万元律师费发票以及2 000元公证费发票的前提下，北京市第二中级人民法院依然酌定支持1万元。

试想，在一个专利侵权案件中，1万元能够请到什么水平的律师？

所以，更值得给北京知识产权法院点赞。这种创新性律师费计算方式，一旦形成惯例，将改变整个知识产权法律服务市场，让律师专业服务内容得以体现，形成对当事人服务过程导向，而不仅是裁判结果导向，从而让专业律师获得更大的发展空间。

最后必须要说的是，北京知识产权法院发明专利案的判决纵然令知识产权律师们兴奋不已，但是，北京市第二中级人民法院实用新型的判决更为常态。北京知识产权法院的判决究竟是体现出加强保护知识产权的大势，还是在中央出台"保护产权的意见"、最高人民法院发布加强产权司法保护的两个意见背景下的昙花一现？

这一切，让我们拭目以待吧……

技术原理对专利无效理由的影响

——对"一种冷再生催化剂的循环方法"发明专利无效案的评论

■ 陈明涛 张 博

【导读】

案件是一项关于"一种冷再生催化剂的循环方法"的发明专利，用于各种流化催化裂化过程，该技术中的"催化剂冷却器下游设有催化剂混合缓冲空间"是区别最接近现有技术的技术特征，如何理解这一技术特征背后的技术原理，就成为案件的决定性因素。

专利权无效宣告起着纠正专利授予工作中失误，保护公众与相关利害关系的作用。对于发明和实质新型专利而言，本质是技术方案，如果不能理解好技术原理，不仅影响无效理由的选择和阐述，也将影响专利复审委员会的决定或法院判决。

以下将以本团队代理的一起专利无效诉讼案件为例，具体说明技术原理对无效理由的影响。

案件是一项关于"一种冷再生催化剂的循环方法"的发明专利，用于各种流化催化裂化过程，该技术中的"催化剂冷却器下游设有催化剂混合缓冲空间"（见图1中9A）是区别最接近现有技术的技术特征，就成为案件审理的关键所在。

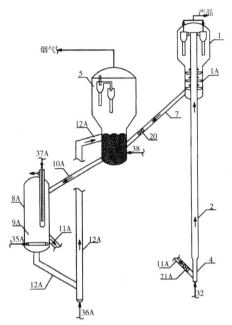

图1 一种冷再生催化剂的循环方法

专利复审阶段，请求人以说明书公开不充分和缺乏创造性为由向专利复审委员会请求宣告涉案专利全部无效。经审理，对于公开不充分的无效理由，专利复审委员会认为，说明书是否公开充分，应基于专利申请文件记载的内容进行判断，对于说明书文字及附图中均记载的"下游设有催化剂混合缓冲空间"的构造及设置方式，本领域技术人员是很容易想到的，因此，说明书公开不充分的无效理由不成立。

对于缺乏创造性的无效理由，专利复审委员会认为，本专利混合缓冲的处理能力应当更有利于对再生催化剂温度的稳定性调节，而请求人提供的证据，未能证明催化剂冷却器中设置混合缓冲空间是本领域的公知常识，也不存在于现有技术中。因此，不具备创造性的无效理由不能成立。

请求人向北京知识产权法院提起行政诉讼，法院撤销复审决定，使案情得以反转。

本案争议焦点是，"催化剂冷却器下游设有催化剂混合缓冲空间"是否属于现有技术，是否属于公知常识，其如何进行设置是否为本领域技术人员所容易想到的。

而这些问题的解决，离不开对技术原理的深刻理解，也最终决定了案件的走向。

一、技术原理对创造性判断的影响

《专利法》第22条第3款规定："创造性，是指同申请日以前已有的技术相比，该发明有突出的实质性特点和显著的进步，该实用新型有实质性特点和进步。"

判断创造性通常按照"三步法"来进行，首先，确定最接近的现有技术；其次，确定发明的区别特征和发明实际解决的技术问题；最后，判断要求保护的发明对本领域的技术人员来说是否显而易见，如果区别技术特征为现有技术所公开，或为公知常识，则被认为是显而易见的。

在最接近现有技术和区别技术特征已确定的前提下，技术问题、区别技术特征公开与否，就成为创造性判断的关键点。

就技术问题来讲，是可以重新确定的，而不必然局限于说明书记载的内容。比如，本案中的技术问题就应当是"催化剂冷却器下游设有催化剂混合缓冲空间"对最接近技术的改进，专利复审委员会确定的技术问题是"更有利于对再生催化剂温度的稳定性调节"，而不是说明书所记载的改善油雾化效果、提高剂油比等技术问题。

采用流化床的催化剂冷却器是一个气固流态化的过程，催化剂从冷却器上方进入，在下方流化风的作用，经过冷却盘管，温度下降，最后从下方流出冷却器。

专利复审委员会认为，催化剂在上方的温度高，经过冷却管后温度降低，上方与下方，冷却器边缘和中间必然存在温度不均匀的情况。因此，在下方设置一个空间（见图2中9A），起到混合缓冲的作用，就可以解决温度稳定性调节的问题。

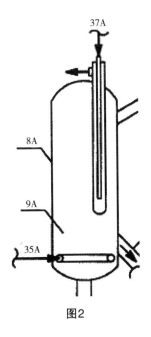

图2

在复审阶段，请求人主张该区别技术特征实际上属于公知常识，并为已有专利中的附图所公开。这一主张之所以未被专利复审委员会认可，原因也在于技术原理的理解。

一方面，对公知常识的说理，要从技术原理出发，符合逻辑和经验。但是，按照专利复审委员会理解的技术原理，显然应当提供证据，而不能仅仅以说理方式证明。

另一方面，已有专利附图中的示意图所显示空间，除非是明确指明（比如图2中9A），不能作为有效证据。这是因为，示意图不同于现实技术，不足以说明存在有空间。

也就是说，从技术原理角度，专利复审委员会的理解没有错误。

实际上，专利复审委员会对上述技术原理的理解是完全错误的。

这是因为，气态流态化过程中，催化剂在流化风作用下剧烈混合，冷却器内部基本是等温的，也就不存在复审委所确定的技术问题。

对此，原告在一审阶段不仅聘请了专家辅助人，还提交了大量证据，以证明真正的技术原理，更进一步提交了相关证据，以证明现有技术中普遍存在专利所指明的空间，而不是专利复审委所理解的技术问题。

二、技术原理对说明书公开不充分的影响

《专利法》第26条第3款规定："说明书应当对发明或者实用新型作出清楚、完整的说明，以所属技术领域的技术人员能够实现为准。"

对该法条的理解同样离不开技术原理的作用。

本案中，复审委认为说明书公开充分，同样是错误理解了技术原理。

如前所述，由于冷却器的不同位置存在温度不同的情况，就本领域技术来讲，在下游设置一个"混合缓冲空间"使催化剂在冷却后设置对其进行混合缓冲处理，是容易想到的。

很容易想到的技术前提是"温度不均"，即只要存在一个空间，就可以实现温度稳定性调节的作用。然后，根据公知常识，技术人员自然也会调节空间的大小。

真实技术原理却显示冷却器内部基本是等温的，那么，本领域技术人员又如何能容易想到呢？

显然，如果"催化剂冷却器下游设有催化剂混合缓冲空间"成为区别技术特征，结合技术原理，本领域技术人员就无法实现，也就会导致说明书公开不充分。

然而，也应当看到，说明书公开不充分的立法原意在于，说明书是否公开建立在现有技术的基础之上，由于本领域技术人员能够了解所有的现有技术，只要现有技术中存在，说明书也就不必记载。

当然，有的案例提出更高的标准。比如，在著名的苹果"小i机器人"

专利无效案中，北京市高级人民法院就认为，判断说明书是否充分公开的依据在于本领域技术人员根据说明书的记载能够确定的内容，即说明书记载的信息量应当足够充分，或者至少应当提供足够明确的指引，以促使本领域技术人员据此获知相关的现有技术来具体实现本专利的技术方案。

由于本案的现有技术中已经存在"催化剂混合缓冲空间"的设置，也就不存在说明书公开不充分问题。

对此，一审法院作了详细的阐述，认为所属技术领域的技术人员不能从现有技术中直接得到的内容，均应在说明书中作出清楚、明确的描述，因此，公开发明与现有技术的不同点是关键。由于现有技术已经存在混合缓冲空间这一技术特征，所以说明书公开是充分的。

技术原理既是专利有效性判断的基础，也是重点所在。失之毫厘，谬之千里，一些看起来正确的技术判断，如果不能充分地理解技术原理，将导致整个案件的错误。

商标篇

"公共利益"条款为大企业抢夺商标开启绿灯?

——对"微信"商标案的评析

■ 陈明涛

【导读】

在先权利原则,构成商标法的基石,有其必然性、合理性和有效性。维护该原则,有利于指引经营主体遵守市场竞争规则。以用户规模决定"公共利益",轻易否定在先申请,不仅将引起中小经营主体无所适从,还可能为大企业掠夺商标开启绿灯。

"微信"商标何去何从,法院已经有初步结论。

2015年3月11日,北京知识产权法院一审审理,并当庭宣判了"微信"商标案件。2010年11月12日,原告"创博公司"在第38类信息传递、电话业务等服务项目上申请了"微信"商标,因受第三人异议,该商标先后被商标局和商评委裁定异议成立而不予核准注册,因而成诉。北京知识产权法院经审理认为,虽然诉争商标申请在先,但现有证据无法证明诉争商标已经持续、大量投入商业使用,并形成一定数量的消费群体。相反,"微信"作为腾讯公司的即时通信服务应用程序,用户众多,且有多地政府机关、银行、学校推出微信公共服务,广大用户已经将"微信"与腾讯公司的上述服务密切联系起来。如果核准诉争商标注册,将会给广大微信用户的工作和生活带来不便甚至损失,即对公共利益产生消极、负面的影响。因此,诉争商标属于《商标法》第10条第1款第（八）项所指的有其他不良影响的标志，不应予以核准注册，维持商标局和商评委的裁定。

该案不仅涉及《商标法》第10条第1款第（八）项，即"公共利益条款"的理解，更为重要的是，对该条款的适用，决定了企业之间竞争规则的有效建立，理应引起业内深入思考。笔者认为，对"公共利益条款"的适用，法院存在偏差，怀着提前解决纠纷的"好心"，却办了破坏市场竞争规则的"坏事"。

一、不能简单适用"公共利益"条款

在商标法领域，显著性是商标的本质要求，即商标要能标示商品来源，避免混淆。然而，一些标识虽然具有显著性，却因涉及公序良俗或公共利益，不能被市场经营者独有，例如，国旗、国名、重要的国际组织名称等特殊标志。为此，《商标法》第10条第1款具体列举，同时还通过第（八）项进行兜底性规定。最高人民法院在2010年印发的《关于审理商标授权确权行政案件若干问题的意见》进一步解释该条："人民法院在审查判断有关标志是否构成具有其他不良影响的情形时，应当考虑该标志或者其构成要素是否可能对我国政治、经济、文化、宗教、民族等社会公共利益和公共秩序产生消极、负面影响。"

目前出现的诸多判例中，法院对该条款也进行了解释。如"华夏第一井""姚某一代"等商标争议案，北京市高级人民法院表示，"'其他不良影响'是指商标或其构成要素本身的不良影响，而非该标志使用在其指定使用的商品上是否会造成不良影响"。在兰台知识产权团队代理的"CBA"商标争议案中，我们提出"中国篮协作为全国性群众体育组织，'CBA'是全国大型体育赛事，均涉及社会公共利益和公共秩序。被异议商标的注册会危及我国篮球体育产业的发展和对外活动的开展，损害公共利益，造成相关公众的误认和混淆"，这一观点也被最高人民法院所采纳。

由于涉及公共利益，形成高压线条款，任何类别、任何相同或近似标识都会被禁，实质超过驰名商标的保护力度。因此，适用要尤为谨慎，仅适用某些特殊性标识，以公众使用数量等因素简单认定，过于轻率。如果这一结论成立，很多大企业商标都可以此为理由，形成过强保护，违背该条宗旨。由此可见，"微信"商标认定为腾讯公司特有民事权益更为适当。

二、不能轻易否定权利在先的原则

商标法通过保护在先权利的手段，构建良好市场竞争秩序，最终保护消费者的合法利益。权利在先原则，通过在先使用或申请方式，既推定了经营者的善意，又给予经营者稳定预期，不宜轻易否定。

在本案中，轻易否定在先权利原则，实质颠覆了商标法确立的反向混淆制度，有违公平原则。反向混淆制度旨在保护小企业走自己的道路，防止大企业不当抢夺商标，形成"大鱼吃小鱼"的局面。比如，在浙江蓝野酒业与百事可乐公司"蓝色风暴"商标侵权纠纷案中，浙江省高级人民法院认定百事可乐公司的在后使用行为尽管没有搭便车的故意，但是客观上侵占了在先权利人的市场份额，造成消费者混淆，构成侵权。

轻易否定保护在先权利原则，也不符合效率原则。效率原则要求法律应该为社会行为提供最优化、经济、明确的行为指引，否则，对商标使用和商业策略的选择，小企业会感到无所适从。因为不知道哪一天，自己先申请的商标，就侵犯大企业的"公共利益"，被莫名剥夺。在商业布局中，就会小心投入，难以安心大胆经营。

从这个角度来说，本案法院的判决，可能造成反向混淆制度空置，在先权利原则虚设，使小企业难以稳定预期。

三、解决之道：让市场的归市场，恺撒的归恺撒

现代市场经济条件下，涉及私权利领域，法无禁止即自由，让市场规律起决定作用，法院不应为市场主体提前解决可能的侵权问题。

就本案而言，要把权利维护交还给市场主体。

一方面，腾讯公司可以通过在先权利撤销对方商标。比如，商标法中对在先使用、具有一定影响的商标，或者反不正当竞争法中对知名商品，都提供救济手段。然而，根据披露的案情，腾讯即使能证明在先使用，使用时间也很短，难以达到"知名"标准。这既是腾讯的难言之隐，也是法院"出手相助"的潜在原因。实际上，对商业标识知名度要综合判断，从竞争法的立法目的考虑。对于知名及著名企业而言，即使某款产品的标识仅仅推出数月，甚至数日，其知名度的认定，也要宽松很多。

另一方面，即使商标不能撤销，也不必轻易禁止腾讯公司使用，附加相关区别标识即可。按照最高人民法院商标授权确权意见，对于使用时间较长、已建立较高市场声誉和形成相关公众群体的诉争商标，应当准确把握商标法有关保护在先商业标志权益与维护市场秩序相协调的立法精神，充分尊重相关公众已在客观上将相关商业标志区别开来的市场实际，注重维护已经形成和稳定的市场秩序。也就是说，对于已形成稳定秩序的商标，法院还是要"照顾"，允许共存。涉案商标授权后，存在消费者混淆，出现纠纷，法院可以再兼顾"公共利益"和公平原则，要求在后使用者附加区别标识，避免混淆产生。

尊重在先权利原则，构成商标法的基石，有其必然性、合理性及有效性。维护该原则，有利于指引经营主体遵守市场竞争规则，诚实守信经营，构建良好市场秩序。以用户规模决定"公共利益"，轻易否定在先申请，不仅将引起中小经营主体无所适从，还可能为大企业掠夺商标开启绿灯。判决事小，影响事大，裁判者应该通过个案判决，为市场规则的公平性和预见性添砖加瓦，而非草率地创新法律适用。

"海淘"商标何去何从?

——对阿里巴巴注册"海淘"商标事件的评论

■ 田君露

【导读】

当前"海淘"已经成为极为流行的海外网购的代名词,却被阿里巴巴再次申请注册为商标而妄图独占使用。本文认为,"海淘"已经退化为通用名称,不宜作为"商标"进行保护,其他电商使用"海淘"的行为不应当被认为构成侵权。

继"双十一"商标争夺战后,阿里巴巴又剑指"海淘"商标,开启了另一场激烈的商标争夺大战。

据悉,截至2015年6月1日,商标局累计已收到17件"海淘"文字商标申请,其中,阿里巴巴直接提交了9件,阿里巴巴关联公司湖南快乐淘宝文化传播有限公司提交了6件。而阿里巴巴在第35类、第16类、第9类3个"海淘"商标,已经通过初审进入公示期。另外,京东、聚美等电商则警铃大作,开始展开防御战略,目前已对阿里巴巴处于公示期内的3个"海淘"商标提出异议。

一场关于"海淘"商标的争夺大战正如火如荼地上演并且呈现愈演愈烈之势。从表面来看,"海淘"商标似乎已然成为阿里巴巴的囊中之物。然而事实并非如此,在已提交的17件"海淘"文字商标申请中,8件已注册,

5件已无效，另有4件暂处"申请"中。

当前"海淘"已经成为极为流行的海外网购的代名词。提起"海淘"，相信大家都不陌生，而那些热衷海外代购各种化妆品的MM们更是倍感亲切。"海淘"已然成为近两年极为流行的一种商业模式。然而，人们不免疑惑，"海淘"这一消费模式是否能够被阿里巴巴注册为商标加以独占使用呢？

笔者认为，该事件不仅涉及对"海淘"是否退化为"通用名称"的判断，更为重要的是，企业对商标战略的运用，决定了企业之间竞争规则的有效建立，从而对构建良性市场竞争秩序起到一定指导意义，应当引起业内深入思考。

一、"海淘"商标已经退化为通用名称

我国现行《商标法》与《商标法实施条例》中对于"通用名称"的具体含义皆无明确规定，但《最高人民法院关于审理商标授权确权行政案件若干问题的意见》中第7条第1款规定，"人民法院在判断诉争商标是否为通用名称时，应当审查其是否属于法定的或者约定俗成的商品名称。依据法律规定或者国家标准、行业标准属于商品通用名称的，应当认定为通用名称。相关公众普遍认为某一名称能够指代一类商品的，应当认定该名称为约定俗成的通用名称。被专业工具书、辞典列为商品名称的，可以作为认定约定俗成的通用名称的参考"。

这一规定对于通用名称的判断起到一定指导意义，然而，通用名称应当不限于商品，还应当包含服务。因此，通用名称是指某商品或服务的特定行业内经营者、消费者约定俗成、普遍使用的名称，通常具有广泛性与规范性的特点。一般情况下，认定商品或服务的通用名称应从三个方面来进行判断：第一，该商品或服务名称是否由某一地区或领域内的经营者消费者所普遍使用并广泛接受；第二，该商品或服务名称是否由某一地区或领域内人们

长期使用而形成；第三，该商品或服务的消费者是特定群体还是普通社会公众。

在当前网络型社会、消费型社会文化环境下，"海淘"经各大电商等同业经营者广泛长期使用，并被广大消费者用来定位个人需求，"海淘"作为海外网购的代名词，已然被相关领域经营者与广大消费者普遍接受并广泛使用。因此，有理由认为，"海淘"商标已经退化为通用名称。

二、其他电商使用"海淘"不构成侵权

在"海淘"商标退化为通用名称的情况下，阿里巴巴公司虽然拥有该注册商标，但因为商标退化为通用名称，任何经营者对该商标使用都属于"正当使用"，也可以通过商标部门提起撤销申请。正如《商标法》第49条第2款规定，注册商标成为其核定使用的商品的通用名称，任何单位或者个人可以向商标局申请撤销该注册商标。第59条又进一步规定，注册商标中含有的本商品的通用名称，注册商标专用权人无权禁止他人正当使用。在此情况下，京东、聚美、唯品会等众多其他电商使用"海淘"的行为当然不构成侵权。

退一步来讲，即使相关经营者未能撤销"海淘"商标申请，也并不意味着其他电商不能使用"海淘"二字。商标的核心要件为显著性，即必须能够使消费者根据不同商标识别出相应商品或服务的提供者，从而避免对商品及服务来源产生混淆与误认。对于阿里巴巴已经注册的"海淘"商标而言，其他电商完全可以通过附加相关区别标识的方法继续使用"海淘"二字，例如，注册并使用"品牌名+海淘"或"平台名+海淘"等形式的商标。

三、构建良性市场竞争秩序

在日益激烈的商业竞争环境中，企业通过精细的商标布局，制定有效的商标防御和攻击策略，往往会起到意想不到的效果，成为打击竞争对手的重要武器。不管是阿里巴巴2014年对"双十一"还是此次对"海淘"商标

的争夺，都对京东等竞争对手产生巨大冲击，令其措手不及，为防止侵权风险的扩大，不得不紧急修改广告方案。

然而，企业应恰当运用商标战略，促进良性市场竞争，而不能毫无节制地滥用商标权利。"双十一"作为大众消费者的购物盛宴，而"海淘"作为当下盛行的一种消费模式，已经被相关领域经营者与广大消费者普遍接受并广泛使用，从而应当认为二者已退化为通用名称。在市场已经成熟的时机下，阿里巴巴突然祭出商标大棒，剑指竞争对手，意图独占"双十一"与"海淘"商标，很容易引起商标权利滥用的指责。

我国的商标制度，是一种以注册程序为主的制度安排，率先提出注册申请的市场经营者，经过审查后获得商标权利，这就造成难以避免的制度缺陷，导致商标抢注行为风行，企业滥用商标权利概率增大，从而违背商标制度的设计初衷。"双十一"与"海淘"的商标大战，不仅值得整个电商企业反思，即在市场竞争中，应如何有效、良性地运用商标战略。与此同时，也值得整个商标界反思，即在商标制度设计中，如何更好地建立起有效的事前纠偏机制，避免恶性市场竞争状况发生。

处于公示期内的三个"海淘"商标已被提起异议，"海淘"商标何去何从，我们仍需拭目以待！

"互联网+"时代的商标混淆判断

——对"滴滴打车"商标侵权案的评析

■ 陈明涛

【导读】

站在"互联网+"的风口上顺势而为的不仅是经济，还有法律。"互联网+"开启了一个新的经济形态，颠覆了传统的商标混淆判断标准。"滴滴打车"商标侵权案，因应了"互联网+"时代的产业诉求，开启了商标混淆判断变革之先河，具有重大创新意义。然而，在为法院裁判点赞的同时，也有必要审视裁判的说理问题。

当前，站在"互联网+"的风口上顺势而为的不仅是企业家，还有司法裁判者。

2012年6～7月，广州睿驰公司在第38类和第35类上申请了"嘀嘀"及"滴滴"文字商标，分别于2013年11月及2014年2月获准注册。北京小桔公司"嘀嘀打车"软件于2012年9月9日上线，后更名为"滴滴打车"。广州睿驰公司因此诉北京小桔公司侵犯商标权。

法院认为，"滴滴打车"服务使用的图文组合标识与原告的文字商标区别明显；"滴滴打车"服务与原告商标核定使用的项目区别明显，不构成相同或类似服务；从两者使用的实际情形看，亦难以构成混淆。最终驳回原告广州睿驰公司诉求。

这是一起看似普通，却极不普通的商标侵权案。该案因应了"互联网+"

时代的产业诉求，开启了商标混淆判断的变革先河，具有重大创新意义。但是，在为法院判决"点赞"同时，也有必要审视裁判说理，以及商标混淆判断问题。

一、"互联网+"变革了商品服务类似判断

在传统的商品服务类似判断中，商品或者服务是否类似，应当考虑商品的功能、用途、生产部门、销售渠道、消费群体等是否相同或者具有较大的关联性；服务的目的、内容、方式、对象等是否相同或者具有较大的关联性；商品和服务之间是否具有较大的关联性，是否容易使相关公众认为商品或者服务是同一主体提供的，或者其提供者之间存在特定联系。《商标注册用商品和服务国际分类表》《类似商品和服务区分表》可以作为判断类似商品或者服务的参考。

然而，在"互联网+"时代，传统的判断方式被彻底颠覆。"互联网+"代表一种新的经济形态，发挥了互联网在生产要素配置中的优化和集成作用，将互联网创新成果与传统产业深度融合，形成更广泛的以互联网为基础设施和实现工具的经济发展新形态。

也就是说，互联网服务已经不再是单纯的信息服务，而是像水、电等资源一样，与产业部门融合在一起。

在这样的前提下，传统工业时代的商品服务分类已经无法适应新的经济形态，必须作出改变。比如，你不会因为使用电提供某种服务，就认为该服务是电力部门提供的。同样，你也不会因为使用互联网提供了某种服务，就认为它是互联网信息服务。

就本案而言，被告提供的服务是为了改善市民叫车体验，减少出租车空驶，借助移动互联网技术，采集相关信息并进行处理，使司乘双方可以通过手机中的网络地图确认对方位置，通过手机电话联络，及时完成运输服务。表面上看，小桔公司提供的是互联网软件服务，应属于原告注册的第35类及第38类，而实质上，它只不过是以互联网软件提供运输服务，使互

联网与运输服务深度融合，是典型的"互联网+"，仍然属于运输服务。

因此，在"互联网+"的产业环境下，睿驰公司与小桔公司不构成服务类似。

二、"多因素标准"深化了商标近似判断

商标使用中的混淆性近似是商标侵权判断的基础。然而，采用哪些因素判断却非易事。随着司法实践的发展，商标近似判断早已不再局限在标识构成要素，而是考虑"多因素标准"。

根据《最高人民法院关于充分发挥知识产权审判职能作用推动社会主义文化大发展大繁荣和促进经济自主协调发展若干问题的意见》第19条规定，认定是否构成近似商标，要根据案件的具体情况……要妥善处理最大限度划清商业标识之间的边界与特殊情况下允许构成要素近似商标之间适当共存的关系。相关商标均具有较高知名度，或者相关商标的共存是特殊条件下形成时，认定商标近似还应根据两者的实际使用状况、使用历史、相关公众的认知状态、使用者的主观状态等因素综合判定，注意尊重已经客观形成的市场格局，防止简单地把商标构成要素近似等同于商标近似，实现经营者之间的包容性发展。

就本案而言，商标标识本身是否相同或近似，需从标识构成要素、知名度与显著性、使用历史与现状、使用者意图四个方面综合判断。构成要素近似是判断的基础，在构成要素近似的基础上，需要综合考虑原被告商标的显著性和知名度、使用历史与现状以及原被告双方的意图。

（1）商标标识构成要素。这需要考虑涉案双方标识的音、形、意，并从整体和要部综合判断。就本案而言，被诉标识为"滴滴打车"，因"打车"为行业通用语，其显著部分为"滴滴"。"滴滴"与"嘀嘀"虽然显著性也不高，但音相同，形近似，构成要素角度，仍然构成近似。

（2）商标的知名度与显著性。就显著性而言，臆造词显著性就高，通用词就低。显著性还可以通过使用获得，与商标的知名度成正相关。比如，

两面针本来是牙膏成分，经过使用就有显著性。在本案中，经过被告的大力推广使用，使得"滴滴打车"整体获得了较高的显著性，进而明显区别于原告的"嘀嘀"商标，不易造成大众混淆。

（3）商标使用的历史和现状。如在著名的"张小泉"案、"狗不理"案等案件中，充分考虑了商标使用的历史因素；"鳄鱼"案、"红河红"案等案件又充分考虑了商标已形成的市场秩序。

根据《最高人民法院的商标授权确权意见》，对于使用时间较长、已建立较高市场声誉和形成相关公众群体的诉争商标，应当准确把握商标法有关保护在先商业标志权益与维护市场秩序相协调的立法精神，充分尊重相关公众已在客观上将相关商业标志区别开来的市场实际，注重维护已经形成和稳定的市场秩序。

目前来看，"滴滴打车"服务在业内具有较大影响力，在全国同类市场占有率高，位居同行前列，具有较高知名度，该商标与被告提供的服务已经形成紧密对应关系。换言之，即被告的服务已经形成稳定的市场秩序；相比之下，原告的"嘀嘀车主通"服务立项时间晚，还未投入使用，对市场秩序没有影响。

（4）使用者的意图。必须要指出，当前稳定市场秩序条款使法官裁量权过大，有滥用趋势。因此，要正确适用，必须结合当事人意图，防止大企业恶意抢夺商标。就本案而言，"滴滴打车"软件的上线时间为2012年9月9日，原告商标的批准时间为2013年11月和2014年7月，均晚于被告图文标识的使用时间，很难推定被告具有混淆的意图。相反，在被告已经占有较大市场份额之后，原告开创了解释车主信息业务，意图反而显得不当。

遗憾的是，本案的裁判者完全是从构成要素本身考虑商标近似，而没有充分探讨近似的多重因素，使得裁判说理颠顶。

三、错误的侵权比对歪曲了商标使用因素

商标侵权认定的比对，是注册商标对比被控侵权产品或者服务中实际使用的商标。即判断注册商标标识与被控侵权标识是否相同或近似；注册商标核定的商品、服务项目与被控侵权标识实际使用的商品、服务是否相同或类似。

应当看到，在司法实践中，很多裁判者并没有正确认识，往往将注册商标的实际使用与被控侵权产品使用进行比对。

本案法院就犯了这样的错误。其认为："原告对其商标的实际使用情况，亦是判断被告的使用是否对其造成混淆服务来源的参考因素。从原告提交的证据可以看出，其此前主营的软件为教育类，嘀嘀汽车网主要提供汽车行业新闻及销售推广；其提供的车主通项目与'滴滴打车'的服务并不类似，且尚未实施，其所称立项时间为2014年1月，当时被告服务已经上线超过一年。因此，原告现有证据不能证明其在注册商标核定使用的范围内对注册商标进行了商标性使用，也未在与滴滴打车同类服务上使用。被告的图文标识则在短期内显著使用获得了较高知名度和影响力，市场占有率高，拥有大量用户。从两者使用的实际情形，亦难以构成混淆。"

然而，本案原告能否证明核定使用范围内商标性使用，是否与"滴滴打车"同类服务上使用，不是认定侵权的前提。即不管原告如何使用注册商标，都与侵权认定无关。只是在注册商标超过3年未使用的情况下，权利人不再享有赔偿权罢了。

法院的这段论述，实际认为，注册商标使用与被控侵权产品使用要进行侵权比对，明显认知错误。如上所述，两者实际使用情况，可以作为混淆参考因素，但应放入已有市场秩序和当事人使用意图要件中判断，而不是作为侵权构成的前提。

我们常说，知识产权法因技术而生，也因技术而变。在"互联网+"时代，商标法的变革风暴才刚刚开始，正所谓"山雨欲来风满楼"，"滴滴打车"商标侵权案的判决，开了一个正确却让人遗憾的头，但未来仍然值得期待。

知识产权从业者们，我们是否已经为下一次做好了准备？

公众人物姓名权是知识产权吗？

——对"乔丹"商标系列案的评析

■ 陈明涛

【导读】

公众人物的姓名权，不是人格权利，而是一种财产权，确切地说是知识产权。对其保护主旨在于，"姓名"背后负载着公众利益，蕴含着竞争优势。然而，对于外国公众人物姓名权，还要考虑其地域性、主观意图和市场秩序因素。本文将以"乔丹"案为例，分析此类案件的争议要点，给出解决之道。

当球星乔丹已成为一代人的记忆时，不曾想，一场官司让他重回公众视野。

经过迈克尔·乔丹授权，1991年，耐克公司向商标局申请"Michael Jordan"商标，被核准注册在第25类服装商品上。2002年，中国的乔丹体育公司申请"乔丹QIAODAN""乔丹"系列商标。耐克公司以侵犯迈克尔·乔丹姓名权等为由，提起多起商标异议和行政诉讼，均遭到败诉。2012年，迈克尔·乔丹本人以侵犯姓名权和形象权为由，针对乔丹体育公司已注册的80个"乔丹"系列商标，提出80起行政诉讼。

近期，法院判决认为，"乔丹"为英美普通姓氏，在除篮球运动之外的其他领域里"乔丹"并不与运动员迈克尔·乔丹具有一一对应的关系；耐克公司不能证明在乔丹体育注册商标前，"Michael Jordan"已被中国公众知晓，并享有较高声誉。

这是一起看似普通，实际极为特殊的公众人物姓名权案件。对于此案，早有大量的评论。然而，这些评论和法院判决均未抓住案件核心要点。笔者认为，对于外国公众人物的姓名权案件，应以深刻理解姓名权性质为前提，进而在地域性、主观意图、市场秩序因素上理解背后立法深意，拿捏法律裁量分寸。

名人姓名，为什么是财产权呢？

在传统民法中，姓名权是一种民事人格权。理解公共人物的姓名权，自然会将其定性为人格权，认为保护的是人身利益。然而，公共人物的姓名权要突破"法律面前人人平等"的原则，受到"特殊照顾"。这是因为公共人物具有重要影响，为社会公众普通知晓，负载了巨大声誉，与公共利益密切联系。

不难理解，当公共人物姓名与商品或者服务相捆绑，就会造就明显竞争优势。此时，其人身属性已被淡化，财产属性得到增强，就具有被竞争法、商标法保护的特性。对此，竞争法、商标法通过保护公共人物姓名权，防止市场竞争者搭便车，诱发不正当竞争，扰乱市场秩序，损害消费者利益。

具体到相关规定，通常是以在先权利和公共利益条款进行规制。例如，《商标法》第32条就规定申请商标注册不得损害他人现有的在先权利。这里讲的在先权利，就包括公众人物姓名权。《反不正当竞争法》第5条也规定，经营者不得擅自使用他人的姓名，引人误认为是他人的商品。

同样要看到，一些案件将公共人物姓名权适用于《商标法》第10条第1款第（八）项，即公共利益条款。比如，"郭晶晶"案、"刘德华"案等。《最高人民法院关于审理商标授权行政案件若干问题的规定（征求意见稿）》规定了两种特殊情况：一是在驳回复审程序中，他人未经许可将公众人物姓名等申请注册为商标的，可以不予注册；二是未经继承人许可将已死亡自然人姓名申请注册为商标，导致社会公众将标识有该商标的商品与该自然人产生联系等，可以认定为"其他不良影响"。

但笔者认为，公共利益条款还要再谨慎使用，应仅适用于已落入公共领域的姓名，如已死亡名人无继承人的姓名，或者是与公共利益密切相关的姓名，如国家领导人的姓名。否则，只能通过在先权利保护，防止那些以"公共利益"之名，滥用权利，破坏市场预期。

具体到"乔丹"案，"Michael Jordan"不再是一种人格权，而是一种财产权，或者说知识产权，应以在先权利形式保护。以此为前提，才能清晰认识该案的地域性、主观意图、市场秩序因素。

全球化的时代，地域性过时了吗？

所谓地域性，是指一国或者地区获得的商标权利，只在该国或该地区有效，不得延及其他国家和地区。在现行国际贸易秩序下，如果不进行地域性限制，意味着商标一国或者地区知名，其他国家就要为其预留空间，兑现竞争优势，这势必影响本国既有市场秩序。

因此，在全球经济一体化的时代，地域性依然是竞争法牢不可破的根基，只是在适用时灵活对待。

对外国驰名商标、公众人物姓名的地域性限制，应揣摩法律深意，平衡各方利益，精细法律适用。一方面，强调主动使用、限制被动使用。若没有在中国主动使用，只是注册了防御商标，或者被媒体报道，仍应坚持地域性限制；如有主动使用意图，即使使用程度不强，但结合国外知名程度，就要松动地域性限制。

另一方面，惩罚明显恶意者、保护有效使用者。若国内申请者具有明显傍名牌、搭便车意图，不真正使用，以囤积商标、兜售商标为业，则要突破地域性限制。反之，虽一开始有傍名牌的想法，但是持续使用，已形成良好竞争秩序，则要坚持地域性。

"乔丹"案中，"Michael Jordan"未在中国，只是被媒体报道，尤其与商业利益捆绑时，不可以轻率突破地域性限制。应当说，乔丹体育公司的申请行为，确有搭明星乔丹声誉之嫌，比如，乔丹体育公司还注册他两个儿子的名字。然而，乔丹体育公司已经形成良好市场秩序，需要坚持地域性原则。但是，法院未能为深刻理解"地域性"的要旨，反而以中英文标识不能"一一对应"、未被"广泛知晓"和理由，看似符合通常裁判标准，实际十分牵强。

傍外国名人，就算有恶意吗？

新修改的商标法，特别强调了诚实信用原则。在竞争法视角，主观意图对判断商标混淆、在先权利、侵权构成具有重要意义。

现有市场秩序是判断主观意图的"照妖镜"。对恶意认定，需遵循竞争法原理，而不是站在普通人的立场，应以市场经营者为视角，考虑申请日的现有市场秩序。在申请之日，即使申请者知晓外国有近似商标，只要外国商标未形成既有市场秩序，仍不能简单认定为恶意。

如前所述，站在普通人视角，对于乔丹体育公司的行为，草草看去，貌似恶意明显。然而，主观意图应以竞争法角度综合考虑。"乔丹"系列商标即使有傍名牌之意，但其注册之时国内没有近似商标有效使用，注册之后商标又一直使用，而非藏珠待沽，已形成品牌效应，就不能贸然认定其恶意。但是，若有确凿证据证明恶意，也不能一味保护。

大量使用商标，就可以免责吗？

市场秩序因素不仅对地域性、主观判断有影响，而且对商标混淆判断、侵权救济判定同样具有重要意义。

就判定商标混淆而言，既有的市场秩序，可以让消费者有效区别商标。比如，2010年4月1日印发的《最高人民法院关于审理商标授权确权行政案件若干问题的意见》明确指出，对于使用时间长、已建立较高市场声誉和形成相关公众群体的诉争商标，应当充分尊重相关公众已在客观上将相关商业标志区别开来的市场实际，注重维护已经形成和稳定的市场秩序。乔丹体育经过长期使用，存在大量消费群体，具有较高市场声誉，消费者能够轻易区分，就不易造成混淆。

就侵权救济而言，现有市场秩序可以避免停止使用情况发生。比如，"武松打虎"案中，法官在判定承担侵权责任时，也仔细斟酌了市场秩序因素。当一个品牌已经在市场形成稳定受众时，便不可轻易随意撤销，即使该企业商标被认定侵权。本案中，即使认定乔丹体育侵权，也不能随便禁止使用，可以采取添加区别标志、损害赔偿方式救济，兼顾商标权人、在先权利人及公共秩序利益平衡。

学者们常感叹著作权理论是一门"鬼学"，实际上，商标法理论也毫不逊色，不是"魔鬼学"，也是"小鬼学"。当前的商标法司法实践，复杂案件频出。不管是卡斯特案、iPad案、加多宝案，还是近期的微信案、乔丹案，我们的司法裁判标准常常忽左忽右、忽上忽下，全是"迷踪拳"风格，让市场经营者雾里看花，让法律人议论纷纷。可以说，这些案件对司法裁判提出了极高要求，没有深厚理论积淀的"金刚钻"，也就揽不了准确法律适用的"瓷器活"。

乔丹案所引发的思考和对未来商标法的影响，仅仅一个开始……

回归商标损害赔偿制度的初衷

——对格力诉美的侵害商标权案的评论

■ 陈明涛　刘俊清

【导读】

近几年来，不时有天价赔偿大案出现，吸引了大量眼球。实际上，大量低赔偿案才是在冰面之下。格力和美的商标之争，真正核心问题在于商标损害赔偿制度的适用，如何做到举证妨碍、商标使用、善意因素间的融会贯通、自如运用，考验着司法裁判者对立法本意的理解。

格力与美的两大家电巨头间的商标之战，虽然赔偿标的额不高，但仍然备受关注。

2013年11月8日，格力公司向珠海市中级人民法院诉称，其为"五谷丰登"商标专用权人，经调查发现，美的公司在相同类别上使用与"五谷丰登"相同的商标。一审法院判决美的公司停止侵权，并适用举证妨碍规则判决赔偿损失380万元。

随后，案件被美的公司提起上诉。

2015年7月6日，广东高院作出逆转式判决，虽然认定美的公司构成侵权，但认为侵权行为发生前，格力公司并没举证其已实际使用商标，侵权损害赔偿请求权不成立，仅支持合理开支的费用。

关注该案的意义在于，两审法院均突破了传统商标损害赔偿的机械式判决，一审大胆适用了举证妨碍制度，二审引入三年不使用免赔的规则，看似回归商标法立法本意，值得充分肯定，但仍然有值得探讨商榷之处。

一、要敢于适用举证妨碍，加大赔偿力度

《商标法》第63条规定，侵犯商标专用权的赔偿数额，按照权利人因被侵权所受到的实际损失确定；实际损失难以确定的，可以按照侵权人因侵权所获得的利益确定；权利人的损失或者侵权人获得的利益难以确定的，参照该商标许可使用费的倍数合理确定。对恶意侵犯商标专用权，情节严重的，可以在按照上述方法确定数额的1倍以上、3倍以下确定赔偿数额。赔偿数额应当包括权利人为制止侵权行为所支付的合理开支。权利人因被侵权所受到的实际损失、侵权人因侵权所获得的利益、注册商标许可使用费难以确定的，由人民法院根据侵权行为的情节判决给予300万元以下的赔偿。

也就是说，对侵权赔偿数额的确定，商标法给出4种计算方式：（1）权利人因侵权行为所遭受的损失；（2）侵权人因侵权行为的获益；（3）参照许可使用费的倍数合理确定；（4）法定赔偿。

商标法之所以列举诸多赔偿计算方式，本是为了充分保护商标权人，使其得到充分救济。然在司法实践中，却是"播下龙种，收获跳蚤"。多重计算方式往往成为侵权人规避赔偿的"避风港"，造成商标权利长期保护不力。

由于权利人的损失通常难以计算，自然转向侵权人利益的计算方式，然而该方式的关键证据掌握在侵权人之手，权利人难以获得，比如计算利润的会计账簿、财务记录等。对此，侵权人自然不会交出，做自找麻烦的"傻子"，这就需要法律做相应的制度安排。

例如，根据《最高人民法院关于民事诉讼证据的若干规定》第75条规定："有证据证明一方当事人持有证据无正当理由拒不提供，如果对方当事人主张该证据的内容不利于证据持有人，可以推定该主张成立。"

这就是所谓的举证妨碍制度。

然而，长期的商标审判，基于体制内种种因素，法官并不愿意主动适用，普遍逃逸到法定赔偿条款，使得法定赔偿使用率长期居高不下。曾有人统计过，在知识产权领域，法定赔偿占到全部案件的90%以上。

面对这样的状况，商标权保护也就变成一句口号。

新商标法为此也做了改变，第63条第2款规定："人民法院为确定赔偿数额，在权利人已经尽力举证，而与侵权行为相关的账簿、资料主要由侵权人掌握的情况下，可以责令侵权人提供与侵权行为相关的账簿、资料；侵权人不提供或者提供虚假的账簿、资料的，人民法院可以参考权利人的主张和提供的证据判定赔偿数额。"

由于这一案件适用旧商标法，但是一审法院根据《最高人民法院关于民事诉讼证据的若干规定》第75条的规定，采用举证妨碍制度，依然值得肯定。

二、要充分理解商标使用与损害赔偿的关系

不能从商标法本意理解损害赔偿，一直是商标审判案件的痼疾。

商标法本质不是保护标识本身，而是保护承载于标识之上的商誉，以及由此产生的竞争秩序，最终保护消费者利益。所以说，商标法的保护离不开权利人对商标的使用，如果一个权利人无意使用商标，只是将商标作为谋求不当商业利益的工具，就不能受到保护。

然而，当前很多损害数额高昂的案件，比如卡斯特案、iPad案，法院均没有很好地贯彻这一精神。这就造成"该重赔的适用法定赔偿，该轻赔却数额极高"的怪现象。

实际上，司法政策对商标使用与损害赔偿的关系一直有很好的指导。比如，最高人民法院在《关于当前经济形势下知识产权审判服务大局若干问题的意见》中就指出："妥善处理注册商标实际使用与民事责任承担的关系，使民事责任的承担有利于鼓励商标使用，激活商标资源，防止利用注册商标不

正当地投机取巧。请求保护的注册商标未实际投入商业使用的，确定民事责任时可将责令停止侵权行为作为主要方式，在确定赔偿责任时可以酌情考虑未实际使用的事实，除为维权而支出的合理费用外，如果确无实际损失和其他损害，一般不根据被控侵权人的获利确定赔偿；注册人或者受让人并无实际使用意图，仅将注册商标作为索赔工具的，可以不予赔偿；注册商标已构成商标法规定的连续三年停止使用情形的，可以不支持其损害赔偿请求。"

而新《商标法》第64条第1款也规定："注册商标专用权人请求赔偿，被控侵权人以注册商标专用权人未使用注册商标提出抗辩的，人民法院可以要求注册商标专用权人提供此前三年内实际使用该注册商标的证据。注册商标专用权人不能证明此前三年内实际使用过该注册商标，也不能证明因侵权行为受到其他损失的，被控侵权人不承担赔偿责任。"

而在本案中，广东省高级人民法院引用上述司法精神，认为："格力公司应提供证据证明本案注册商标在美的公司实施被诉侵权行为之前已经实际使用的事实。"

这一观点实质是偏颇地理解了立法本意。对格力公司而言，其自然应提交商标使用的相关证据。然而，格力公司对商标使用不必在被诉侵权行为之前，这是对商标权利人的过高要求。对于商标权利人，只要能证明在起诉之前3年之内使用该商标，或有充分证据证明有使用的意图，就满足了索赔的要件。当然，如果其在注册商标之后超过3年不使用，也应当成为考虑因素。

本案中，法院却将这一时间点确定在被诉侵权行为发生前，无疑加重了权利人负担，是很不公平的。

三、要理顺善意与损害赔偿的关系

我国商标虽然采用注册制度，也同样保护善意的商标使用人。比如新《商标法》第59条第1款规定："注册商标中含有的本商品的通用名称、图形、型号，或者直接表示商品的质量、主要原料、功能、用途、重量、数量及其他特点，或者含有的地名，注册商标专用权人无权禁止他人正当使用。"

第3款设立了在先使用抗辩制度，同样也基于保护善意使用人的意图，规定："商标注册人申请商标注册前，他人已经在同一种商品或者类似商品上先于商标注册人使用与注册商标相同或者近似并有一定影响的商标的，注册商标专用权人无权禁止该使用人在原使用范围内继续使用该商标，但可以要求其附加适当区别标识。"

问题在于，与国外的商标申请不同，我国商标申请日和公告日的时间间隔太长。在这一空窗期内，如果有人使用了注册商标，实际是对注册商标的注册情况并不知情，同样具有善意的因素，如其在原有范围内继续使用，也应受到支持。

因此，笔者认为，鉴于我国的"特殊国情"，理应将商标的在先使用抗辩制度的日期扩展到商标权利公告日。

在本案中，2010年2月，格力公司申请注册商标"五谷丰登"，2011年4月，该商标被核准注册，时间间隔14个月。而美的公司的证据显示，其在商标申请日之前就开始意图使用这一商标，并在2010年3月使用。

可以说，美的公司的使用属于善意，符合在先使用抗辩的立法本意。法院如能在此创新，才是善莫大焉！

近几年来，不时有天价赔偿大案出现，吸引了大量眼球。实际上，大量低赔偿案才是在冰面之下。格力和美的商标之争，真正核心问题在于商标损害赔偿制度的适用，如何做到举证妨碍、商标使用、善意因素间的融会贯通、自如运用，考验着司法裁判者对立法本意的理解。

只有回归商标法的立法本意，才能真正领悟损害赔偿制度的真谛。

跨国企业的中国商标之殇

——"高通"商标纠纷系列案评析

■ 陈明涛 张 峰 白 伟

【导读】

近日，"高通"商标系列案引发广泛关注。该案是继卡斯特案、iPad案后，大型跨国企业在中国遭遇的又一重大商标案件。为何大型跨国企业商标在中国连遭"蚂蚁啃大象"？造成这种局面的背后原因是什么？本文以"高通"商标案为起点，分析此类案件的司法裁判问题，总结其中的利弊得失，并给出相应的解决之道。

卡斯特案和iPad案的示范效应正在发酵，这次遇到麻烦的是美国高通。

据相关报道，1992年上海高通申请注册"高通GOTOP"商标，并于次年在第9类"汉卡、彩照扩印机"上获权。美国高通成立于1985年，1998年始涉足中国市场，彼时使用"QUALCOMM"商标，与上海高通相安无事。自2010年起，美国高通在第9类申请"高通"中文商标，但皆因上海高通在先申请而遭驳回。

美国高通并未就此作罢，一方面，在中国开始使用"高通"中文商标；另一方面，与上海高通谈判欲购买其商标。然而，美国高通收购"高通"商标并不顺利，于是转变策略，2011年对上海高通第9类第662482号商标提出"撤三"申请，2013年商标局裁定维持注册，美国高通随后提出复审。与此同时，2014年4月，上海高通对美国高通提出标的1亿元人民币的商标侵权诉讼，目前该案尚未审理。

该案是知名跨国企业在华商标纠纷典型案例。此前类似案件中，iPad案以美国苹果公司赔偿6 000万美元和解；卡斯特商标案，法国公司赔偿3 000多万元人民币（兰台知产团队曾代理一审，该案目前已被最高人民法院提审）。

笔者认为，此类案件的产生，既有跨国企业自身疏忽的原因，也有裁判者未构建起有效规则、未准确适用法律的原因，致使恶意商标持有风行，从而助长待价而沽、不劳而获之心，损害了善意商标持有人的市场预见。因此，有必要对先前此类案中涉及的连续三年不使用撤销（"撤三"）、在先使用、反向混淆、侵权赔偿制度等核心问题的法律适用一一分析。

一、连续三年不使用撤销制度中的使用形式和意图

现行商标法规定，注册商标连续3年停止使用的，由商标局责令限期改正或者撤销其注册商标。这一制度消除了注册制度引起的"副作用"，防止权利人利用注册制度的漏洞，闲置或者囤积商标，谋求不正当竞争优势，为善意的市场经营者扫清障碍，惠益于真正的商标使用者。

因此，"撤三"一直是跨国企业对付国内恶意注册人的最大利器，但如何理解该制度所述的"商标使用"，并不容易。

在高通案中，上海高通提交了商标使用证据，证明其在"芯片""软件"类商品上的使用，而非核定商品范围上使用。美国高通认为，这种超核定商品范围的使用，不构成商标使用。对此情形，欧盟法院曾在Ansul v. Ajax Brandbeveiliging案中认为，一个商标没有在核定商品中使用，并不意味着这样的使用不构成真正使用，只要商标使用的部分与商品组合或构造成一个整体，或者现在商品和服务与之前的已售商品直接相关联，并且意图满足消费者的需要，则应当被认为构成商标使用。也就是说，"汉卡、彩照扩印机"和"芯片""软件"类商品的关联程度，决定了案件走向。

其实，高通案中"使用形式"不是重点，"使用意图"才是关键。很多时候，国内商标持有者看似使用了商标，实则不具备真实使用意图，恶意者总有马脚，只是司法裁判常常采取"鸵鸟政策"。比如，在兰台知产团队代理的"卡斯特"最高人民法院"撤三"再审行政案中，权利人抢注大量国外驰名酒类商标，却仅仅提供两张商品销售发票和商标许可使用合同，此外再无其他证据。该案中，不管是商评委、一审还是二审法院，均认为由于上述证据符合商标使用的形式要件，应当维持该商标注册。遗憾的是，最高人民法院也忽视使用意图，对该商标予以维持，导致最终要提审侵权案，实为自找麻烦。

有如此前车之鉴，对待高通"撤三"案，司法裁判者和当事人更当重视使用意图要件。

二、在先权利中的地域性原则

有观点认为，商标法之所以要强调地域性，是基于司法主权要求。因此，在全球化、贸易一体化的今天，是否还要坚持地域性，就成为疑问。其实，地域性不单单因司法主权，而是如果不以地域性为标准，就意味着任何品牌只要在某一地区知名，即可抢占全球市场，在他国轻易获得同样市场优势地位，这必将会对既有市场秩序造成冲击。

而对地域性的把握，要宽严相济，具体情况具体分析：跨国企业产品未入中国市场，就要严格遵循地域性规则，坚定认为不构成在先使用，即使有国内媒体报道，也不能放松要件，树立主动使用的核心地位；一旦认定进入中国市场，就要弱化地域性因素，参考国外知名度，增强其保护范围，减轻其恶意因素。

当前司法案例却是裁判不一，从"索爱案"的否定，到"陆虎案"的认可，让市场经营者摸不着头脑。

具体到高通案，美国高通公司如能证明在先使用，既可以撤销商标，还可以防御侵权。从现有的资料来看，在申请日之前，高通公司难有进入中国市场证据，即使存在国内媒体的报道，也无法认定构成在先使用。

三、反向混淆中的权利人意图

商标法致力于防止消费者混淆。通常讲的混淆，是小企业意图搭大企业便车。此类案件，却是跨国知名企业使用了国内企业商标，虽不具搭便车之意，仍然容易造成混淆。商标理论将这种情况称为反向混淆。该制度旨在保护中小企业走自己品牌道路，防止大企业不当抢夺商标，形成"大鱼吃小鱼"的局面。

然而，如果国内商标权人不想走自己的道路，而是以反向混淆之名，行待价而沽、"蚂蚁啃大象"之实，就不能认定构成反向混淆。比如，在卡斯特案件中，国内商标持有者希望攀附法国方商誉，并不想走自己的道路；iPad案中，也无证据显示商标持有人有明显使用意图。

针对这种情况，若司法裁判者机械理解法条，认为使用他人注册商标就是侵权，这显然违背了反向混淆制度初衷。因此，在高通案中，上海高通是具有自己使用的意图，走自主品牌之路，还是有待价而沽之心，搭美国高通的便车，就显得尤其重要。

四、侵权赔偿中的"填平原则"适用

根据商标法的规定，侵权人利润是赔偿计算依据。也就是说，一旦认定侵权，侵权人就要将使用商标所获利益赔付给商标权人。然而，商标侵权案件，不能脱离侵权法的构成要件与立法目的，对权利人的有效救济，既要有"损害事实"要件，又要以实际损失为限，遵循"合理填补损害"的原则。也就是说，损害事实是权利救济的前提，合理填补是权利救济的目的，计算侵权者利润只是权利救济的手段。对侵权者利润的计算方式，不能过于机械理解和适用。

令人遗憾的是，iPad案及卡斯特案的巨额赔偿，开启了司法先例，激发了恶意商标持有人蠢蠢欲动的僭越之心。在高通案件中，上海高通的子公司因"商标"而获得融资，随即提出巨额赔偿。其希望真实使用商标，还是受到司法先例的鼓舞，需要司法裁判者谨慎对待。

高通案件不是第一起，也不会是最后一起。它折射出大型跨国企业傲慢与偏见下的窘境，也反映了当前司法判决的不当导向。对于知名跨国企业而言，进入中国市场之前，要先行商标检索，调查商标使用状况，制定合理磋商策略，避免产生低级错误。如商标持有者确有使用意图时，应及时采取措施，更换商标，避免引起混淆，产生巨额索赔。对于司法裁判者，应该从商标法的根本目的出发，正确适用在先权利、商标使用、商标混淆及侵权赔偿制度，引导市场主体诚信经营、公平竞争。

搬起司法恶例的石头，砸到的不仅是当事者的脚，而且是整个司法公信体系。

如何克服商标侵权判断的简单化思维？

——对"新百伦"侵权一案的评析

■ 陈明涛

【导读】

本案是一起典型的反向混淆商标侵权案，也是一起常见的国外知名商标与国内商标冲突案。虽然法院判决结果可能正确，但是，该案反映了商标侵权的简单化、程式化思维。因此，有必要针对容易忽视的外文商标保护、反向混淆认定因素、损害赔偿计算依据进行一一分析。

商标法领域再次上演"蚂蚁啃大象"的戏码。

2015年4月21日，广州市中级人民法院作出一起9 800万元的天价赔偿判决。该案的原告周乐伦是"百伦"注册商标、"新百伦"注册商标的所有人。1996年8月获准注册"百伦"商标，2008年1月获准注册"新百伦"商标。两种注册商标核定使用第25类商品。"NEW BALANCE""NB""N"商标由新平衡公司于1983年在中国获准注册。2007年，新平衡公司与新百伦公司签订许可协议，允许新百伦公司在中国境内使用"NEW BALANCE""NB"和"N"商标。2012年3月，原告发现被告新百伦公司未经原告许可，在宣传和销售其鞋类等产品时长期、大量地使用原告的"新百伦"商标，以侵犯其注册商标为由向法院提起诉讼。

这是一起典型的反向混淆商标侵权案，也是一起常见的国外知名商标与国内商标冲突案。虽然法院判决的结果可能正确，但是，该案反映了当前法院对商标侵权的简单化、程式化思维。

因此，有必要针对该案容易被忽视的外文标识保护、反向混淆认定、损害赔偿计算做——分析。

一、外文标识的保护范围及程度

通常情况下，一个在国外已有相当知名度的商标进入中国市场，必然涉及标识本身及其译名的保护问题。

就标识本身保护而言，地域性产生限制作用。所谓地域性，是指一国或者地区获得商标权利，只在该国或该地区有效，不得延及其他国家和地区。在全球经济一体化的大背景下，地域性依然是竞争法不可撼动的根基。如果不进行地域性限制，意味着商标一国或者地区知名，其他国家就要为其预留空间，兑现竞争优势，这势必影响本国既有市场秩序。

因此，如果外国知名标识未实质进入国内市场，即使是为防御目的已经注册，仍然难以获得有效保护。

就标识的译名保护而言，使用程度决定了保护范围。传统观点认为，外文标识的中文译名保护，应看外文与译名之间是否形成——对应关系。比如，"CocaCola"对应的是可口可乐，"Apple"对应的是苹果，"Microsoft"对应的是微软。

然而，这样的理解太过于简单化。其实，外文译名就像一棵树，生长的越高越茂盛，树冠覆盖范围越广。也就是说，外文商标使用程度越高，其保护范围越大。这里的保护范围不仅包括确定性对应译名，也包括其他相近似译名。比如，"McDonald"的对应性译名是"麦当劳"，同样可禁止他人使用"迈登劳""脉当纳""玛当娜""麦当佬"等。

具体到本案，"NEW BALANCE"作为商标，虽然受到地域性限制，但由于早已在中国注册，如果在申请日之前，已被主动地、大量地、善意地、已形成稳定市场秩序的使用，理应受到相应程度的保护。"NEW

BALANCE"对应的译名，不管是音译"新百伦"，还是意译"新平衡"，都应当受到保护。对此，法院未进行有效考量，不能不说是一处硬伤。

二、反向混淆的认定考量

商标法致力于防止消费者混淆。通常所说的混淆是指正向而言，即在后市场竞争者为攀附在先商标的商誉，意与其发生混淆，常常表现为小企业具有搭大企业便车的意图。与之相反，反向混淆却是跨国知名企业使用了不知名企业的商标，虽不具有搭便车之意义，仍然容易造成消费者混淆。

之所以要设立反向混淆制度，旨在保护中小企业走自己的道路，防止大企业不当抢夺商标，形成"大鱼吃小鱼"的局面。

就司法实践来讲，反向混淆制度肇始于固特异轮胎案，经过蓝色风暴案被国内法所接受。

固特异轮胎案是反向混淆的里程碑案件。该案中，原告"Big O"是一家轮胎销售商，1973年开始准备使用"Big Foot"作为其商标销售轮胎，并于1974年销售了第一批轮胎。固特异公司作为知名大企业，明知"Big O"已经在先使用"Big Foot"商标，仍继续使用其商标进行轮胎销售。美国法院以存在混淆可能性为依据判定固特异公司侵权。

"蓝色风暴"侵权案是2006年发生在我国的一起反向混淆案件。原告浙江蓝野酒业公司是"蓝色风暴"商标所有人，该商标核准使用的商品为包括矿泉水、可乐在内的各种软饮料。2005年11月，原告发现被告百事可乐公司在其生产销售的可乐及其他饮料上使用了"蓝色风暴"商标，因此以商标侵权为由，提起诉讼。法院最终判决百事可乐公司败诉。

这两起案件都表明，反向混淆有效防止了大企业恶意抢夺他人商标行为，为努力实现自我发展的中小企业提供了一把保护伞。

然而，如果有的小企业并不想走自己的道路，而是违反宗旨，以反混淆之名，行待价而沽、"蚂蚁啃大象"之实，就不能认定构成反向混淆。比如，在卡斯特案中，证据就明显看出，国内商标持有者希望攀附国外方的商誉，并不想走自己的道路。iPad案中，也无证据显示商标持有人有明显使用意图。

在本案中，原告是具有走自己品牌的意图，还是有搭便车的嫌疑，是法院应当考虑的要素。但是从判决中可以看出，法官在审理此案时，并未加以分析，令人遗憾。

三、损害赔偿的计算依据

根据商标法的规定，损害赔偿的计算依据有四种，即权利人的损失、侵害者利润、许可费用、法定赔偿。对其适用遵循相应的位阶。即在前一种计算方式无法确定时，适用下一种计算方式。

然而，商标侵权案件，不能脱离侵权法的立法目的，对权利人的有效救济，要以实际损失为限，遵循"合理填补损害"原则。

针对反向混淆的特殊性，在具体适用过程中，还应考虑三点因素：（1）原告实际损失，如原告公司本身的体量小，则因侵权造成实际损失就不可能太高；（2）制止混淆的损失因素，若原告注册商标目的在于形成自己品牌，而非待价而沽，此时应当考虑，原告为了发展自己企业，制止被告混淆行为所付出的代价；（3）被告主观因素，若被告具有严重恶意，则要让赔偿有一定惩罚性，加大赔偿数额。

在这个案件中，法院认为被告获利1.958亿元，并综合考虑某些因素判决赔偿9 800万元（获利的一半），但实质仍简单以侵权人获利作为损害赔偿依据，未对计算依据全面考虑，则显得不够审慎。

国内权利人与国外企业商标战争，是一场角色复杂、高潮不断的战争大戏。法官理应成为处理好这场大戏的导演，利用和理解好手中的法条剧本，而不能简单理解台词，认为一方拥有商标，另一方使用了商标，就构成侵权，就要用侵权者利润计算，应像艺术大师一样，展现高超的法律技巧，让正义得到伸张，让参与者深受触动。

最重要的是，怎么让善意的市场竞争者不再扮演悲剧角色？

商标领域主观过错要件再认识

——基于"东风""乔丹"及"拉菲庄园"商标案的探讨

■ 陈明涛

【导读】

2016年以来，一些商标大案的审理，比如，"东风""乔丹"及"拉菲庄园"商标案，使主观过错要件的适用备受关注。司法裁判如果不能深刻认识侵权法中主观过错判断的底层理论，不能真正理解知识产权地域性的内在法理，就容易犯直观判案的错误。

最新商标法修改，诚实信用原则被纳入商标法，成为最重要的修法成果之一。2016年以来，一些商标大案的审理，比如，"东风""乔丹"及"拉菲庄园"商标案，使主观过错要件的适用备受关注。

在"东风"商标案的判决书中，法院认为："常佳公司作为接受印度尼西亚PT ADI公司委托贴牌生产的国内加工商，应当知晓上柴公司涉案商标是驰名商标，也应当知晓上柴公司与印度尼西亚PT ADI公司就"东风"商标在印度尼西亚长期存在纠纷，且曾经承诺过不再侵权，但其仍受托印度尼西亚PT ADI公司贴牌生产，未尽到合理注意与避让义务。"从图1～图2也可以看出，印度尼西亚PT ADI公司与上柴公司的商标相同。

图1　上柴公司"东风"注册商标

图2　印度尼西亚PT ADI公司注册的"东风"商标

在"乔丹"案再审庭审中，申请人当庭演示乔丹体育商标与迈克尔·乔丹本人肖像照片轮廓惊人一致，很容易得出乔丹体育过错明显的结论。

"拉菲庄园"商标行政案中，一审法院就认为："被告为葡萄酒商品的同行业竞争者，理应知晓第三人的引证商标及其音译情况，其在申请商标注册时应当合理避让，但仍然在葡萄酒等相同或类似的商品上申请了与引证商标近似的争议商标，其行为难谓正当。"

上述的三起案件，从表面上看，如果法院判定主观过错，不仅符合诚实信用原则，还满足了普通民众道德观感。然而，这样的主观过错法律适用真的恰当吗？我们有必要做进一步分析。

一、过错判断的"主观标准"与"客观标准"

对于过错判断，通常存在两种标准，即"主观过错理论"和"客观过错理论"。

主观过错理论认为，判断过错是否存在，应当考虑特定行为人的年龄、性别、健康、能力等主观因素以及其当时所处的环境、时间以及行为的类型等因素，将过错看成主观心理状态的欠缺并依据具体行为人的因素来判断。

客观过错理论认为，在认定是否具有过失时不再探究特定行为人主观心理状态，也不因行为人的年龄、性别、健康、知识水平等主观因素的不同而有差异，而是统一采纳某种基于社会生活共同需要而提出的客观标准即"合理的人"或"善良管理人"的标准，将合理的人放在与行为人相同的情形之下，看看这个合理的人对于损害的发生是否可以预见、是否可以避免。

需要进一步解释的是，主观过错标准也是按照客观证据进行推定，这一点与客观过错标准是一致的。区别在于客观过错标准不考虑特定行为的主体心理差异，而是以社会或者专业共同体的一致标准要求行为人。

在当前侵权法的发展过程中，客观过错标准已经取代主观过错标准，成为司法裁判的主流。这是因为，在当前这个时代，专业的分工越来越细，人与人之间的接触日益紧密，如果不能以社会共同体共同遵循的标准判断过错，将使社会公众对其行为缺乏可预见性，导致不确定性风险，违背侵权法的立法目的。

因此，具体到商标法领域，不应再考虑特定市场经营者具体知晓能力、当时所处的环境、时间以及行为类型等主观因素，而应当以"一般的、合理的市场经营者"标准来判断过错。

那么，在商标法的此类案件中，"一般的、合理的市场经营者"标准应如何确定呢？这需要对知识产权的地域性原理有深刻的理解。

二、过错判断的"地域性"标准

所谓地域性是指，知识产权只在授予其权利的国家或确认其权利的国家产生，并且只能在该国范围内发生法律效力受法律保护，而其他国家则对其没有必须给予法律保护的义务。

可以说，地域性是知识产权的重要特征，是知识产权制度的基石。然而，地域性如此重要，并没有引起当前司法裁判的足够重视和正确理解。

回溯到知识产权制度产生之初，作为其发源地的英国是一个贫穷落后的国家。因此，加强贸易、吸引投资成为促进经济增长的核心举措。然而，当时的英国政府不是通过减税达到吸引投资目的，而是构建了以"垄断法案"为核心的知识产权制度。作为一种产权制度安排，知识产权不仅具有产权保护的作用，利于稳定投资预期，还通过赋予法定垄断权利，让投资者建立竞争优势。

可以说，知识产权制度从起源之初，就与投资和贸易密切相联系。试想一下，英国知识产权制度不以地域性为基础，对于欧洲大陆其他的国家技术和品牌都一视同仁，如何能够做到吸引投资、繁荣贸易？进一步讲，由新技术投资催生的工业革命如何才能出现？

时至今日，我们正面临一个全球贸易一体化的时代，地域性不仅没有减弱，反而不断加强。任何国家都不可能以"全球化"为理由，放弃地域性，因为这将导致本国失去吸引投资贸易的制度保障。就商标法领域而言，商标制度从来就是投资和贸易竞争的产物，如果我们对国外知名商标和国内商标同等保护，就无法吸引国外企业投资中国市场。此外，以"使用"为核心构建的商标制度，将对外国企业形同虚设，出现与国内企业相比的差别待遇。

从这个意义上讲，对于没有进入中国市场的商业性标识，不管在国外多知名，"抢注"都是正当的。

因此，回到关于过错判断的法理层面，应当站在"一般的、合理的市场经营者"视角来判断过错，没有必要考虑特定市场经营者的具体情境、认识水平、实际内心状态等因素，让其承担过高注意义务。

就"东风"商标案而言，法院就是以主观标准去判断过错，去考虑常佳公司作为特定主体的心理状态。实际上，对于普通的加工制造商，如果委托人具有真实的商标权，就应当认为加工制造商已经尽到合理注意义务，不具有主观过错，更何况此案中上柴公司在印度尼西亚已经败诉。

就"拉菲庄园"商标案而言，站在"一般的、合理的市场经营者"角度，如果这个商业性标识没有进入中国市场，他人在中国的注册行为就不能视为过错，更不能将特定市场经营者放在具体情境，考虑所处行业、知晓能力、行为因素。显然，"拉菲庄园"案的一审法院无视地域性原则，是以"主观标准"去判断过错。

就"乔丹"商标案而言，"乔丹"虽然属于姓名，但已经与具体商业利益相结合，成为商业性标识，同样要考虑地域性问题，将其作为过错判断的核心因素。再审庭审中演示表明乔丹体育具有知晓乔丹名称的能力，只是"主观过错标准"判断的依据，不能作出具有过错的结论。

上述三个案件，如果不能深刻认识侵权法中主观过错判断的底层理论，不能真正理解知识产权地域性的内在法理，就容易犯直觉裁判案件的错误。笔者也真心希望，司法裁判者对于此类商标案件的审判，能尽量少一点情怀，多一点法理，少一点庸众的欢呼，多一点法律人的冷静。情与法从来不会冲突，我们所能看到的，不应是朴素道德观下的"情"，而应是沉厚法理积淀下的"理"。

商标许可还能裸奔多久？

——对"王老吉荣誉产品"授权事件的评论

■ 陈明涛　刘俊清

【导读】

回顾整个商标许可制度的发展历程，商标许可制度是由严格禁止，向适度宽容，再向相对放开的方向发展，这背后是市场经济、企业经营方式、消费文化发展的必然结果。但是，商标法保护消费者利益、维护竞争秩序的宗旨并没有改变，对于那种借商标许可之名，对质量不加控制，欺骗消费者，贩卖商标的行为，商标法依然是严格禁止的。

"王老吉"商标的一举一动，总是那么不同寻常。

近日，市场上出现了很多标有"王老吉荣誉产品"的非凉茶饮料产品，其中一款为自然畅牌麦芽糖饮料。同时，网络上也出现了多款同样标示"王老吉"字样的新品。它们分别是功能饮料吉动力和吉悠品牌下的乳酸菌饮料和谷物饮料。而这些产品的生产商并非广药集团。

实际上，广药集团近年来对"王老吉"商标的授权并不鲜见。

联想到之前备受关注的广药与加多宝的"王老吉"商标之争，广药集团实在是经营商标的个中高手。这是一种通过商标规模授权的行为，其是否有违商标法，就值得进一步探讨。

在此，有必要拉回历史的坐标，定位商标许可制度的发展轨迹，探求商标许可制度的真实逻辑。

商标许可制度，是早期商标法不可触及的禁区。早期商标法秉持"消费者中心主义"的理念，将商标作为单一标识来源，旨在保护消费者不被混淆，减少消费者搜寻商标成本。也就是说，商标不是企业的私有财产，自身不具有独立价值，而是从保护消费者的立场出发，当消费者看到商标时，就会联想生产该被标识的产品。如果放开商标许可，将破坏消费者与商标之间的联系，使商标丧失识别来源和质量保证功能。

与之类似的商标转让制度，虽然早期商标法未予禁止，但采取"连同转让原则"，即商标注册人在转让其注册商标时，必须连同使用该商标的企业或者企业信誉一并转让。这一做法至今都被美国、德国等国家所坚持。

随着经济贸易的发展，过度限制商标许可，束缚了企业自我发展，降低了经济贸易活跃度。因此，商标法开始打开一道小口，允许权利人许可使用商标，但是必须受到限制。

比如《美国商标法》第5条规定："已经注册或者申请注册的标记被或可能被相关公司合法使用的，其使用对注册人或注册申请人的权益有利，只要标记不以欺骗公众的方式使用，其使用就不影响标记的注册和有效。如果标记的最先使用者是注册人或者注册申请人在商品或服务的性质及质量方面能够控制的主体，根据具体情况，该最先使用对注册人或注册申请人的权益有利。"

可以看出，根据该条款，商标只可以被"相关公司"合法使用，但是必须受两个条件限制：（1）不得存在对公众欺骗行为；（2）商标权利人必须进行有效质量控制。

对商标许可制度的限制，美国商标法还专门建立了"裸露许可制度"，即如果商标许可人对被许可人不加任何控制，则产生放弃商标的法律后果。

我国《商标法》虽然没有裸露许可制度，但也进行了类似限制。比如，第43条规定："商标注册人可以通过签订商标使用许可合同，许可他人使用其注册商标。许可人应当监督被许可人使用其注册商标的商品质量。被许可人应当保证使用该注册商标的商品质量。经许可使用他人注册商标的，必须在使用该注册商标的商品上标明被许可人的名称和商品产地。"

然而，经济社会的发展，商标开始逐渐脱离产品，作为符号本身具有独立性，企业的经营模式也由"产品利润为中心"向"标识利润为中心"转化。在这种情况下，对于那些拥有驰名商标的企业，可以通过商标许可行为，极力拓展商标本身资源，谋求市场主导地位。例如，星巴克咖啡通过商标授权，推出杯子产品；宝马公司通过授权，还推出服饰产品。

同样，对于消费者而言，过去看重商标背后的商品，如今更在意标识本身代表的文化价值。比如，很多年轻人购买宝马服装，并不在意宝马服装本身的质量好坏，而是看重背后的品牌文化。

面对这一新趋势，商标许可制度也由"反对消费者欺诈"向"消费者适度容忍"的方向转变，法院在裁判案件过程中，对于特别知名的商标，也采取了相对宽容的司法政策。

然而，这仍然没有改变防止滥用商标许可，保护消费者利益的制度根基。

回顾整个商标许可制度的发展历程，商标许可制度是由严格禁止，向适度宽容，再向相对放开的方向发展，这背后是市场经济、企业经营方式、消费文化发展的必然结果。但是，商标法保护消费者利益，维护竞争秩序的宗旨并没有改变，对于那种借商标许可之名，对质量不加控制，欺骗消费者、贩卖商标的行为，商标法依然是严格禁止的。

具体到广药"王老吉"商标大规模许可事件，"王老吉"作为已经非常知名的商标，这样的许可模式本无可厚非，也应当采取相对宽容的态度。然而，我们对此应当清楚地认识。广药集团具有争议商标授权的"前科"，这种商标大规模授权行为，如不进行任何质量控制，将造成对消费者的欺诈，有违商标许可制度本意。

再追溯到广药集团与加多宝的"王老吉"之争，法院的观点是许可解除后，商标权利回归；诸多专家关注的是，合同解除后商誉的归属。然而，案件最为关键的商标许可问题，恰恰被大多数人所忽视。通过商标许可，赚取许可费，是广药集团采取的一贯手法。也正是加多宝的成功营销，使"王老吉"的商标从名不见经传，华丽转身为中国饮料第一品牌。当许可合同解除后，产品质量最关键的配方仍在加多宝手中。

面对这样的事实，如果广药集团从未对质量进行任何控制，仅赚取许可费，配方又未获得，这实际导致消费者利益受损，不能持有该商标。

商标法长着一张权利人的脸，却怀着一颗消费者的心。市场发展、标识经营、消费文化，早已不是商标法的当初模样。然而，无论商标具有多么巨大的价值、具有多高的知名度，在商标许可时也必须充分尊重消费者的利益。对于那种不加限制的泛滥授权行为，理应为商标法所禁止。

"王老吉"商标之争，也注定会深深地镌刻在商标法发展的碑文上，它对司法裁判的考验还远未结束，它引起的制度反思也远未停止。

循环诉讼：商标行政确权案件的怪胎

■ 陈明涛

【导读】

循环诉讼涉及司法权与行政权的内在较力，因复杂的体制因素产生，在知识产权专门法院成立的背景下，不应再成为难以克服的痼疾。

这段时间，满屏皆是TPP。

作为一个国际贸易俱乐部，TPP摆明了不待见我们，甚至是专门为阻止我们加入。问题当然不是出在知识产权身上，而是那些"你懂的"的条款。

其实，当年为了加入WTO，我们也做了不少妥协，其中之一就是贯彻司法最终裁决的"普世制度"，比如商标确权案件中，法院对商标局的行政裁决具有最终审查权。

然而，行政诉讼法的"现实国情"，司法审查只能就合法性，而不是合理性进行审查。基于行政诉讼合法性审查的基本原则，司法权无权变更行政权所作出的行政裁决，即使法院认为行政机关的裁决违法，也只能撤销其裁决，由行政机关重新作出行政裁决。

于是，就产生一个商标行政确权案件的怪胎——循环诉讼。也就是说，对于重新作出的行政裁决，行政裁决不利的一方当事人可以再次就行政裁决提起诉讼，法院就要再次司法审查。

自从2005年8月出现第一起循环诉讼，到目前为止已经有十多件。

循环诉讼严重损害了司法权威性，让"终审不终"，造成案件久拖不决，浪费司法资源，为恶意当事人不正当竞争行为创造机会。

问题是，应如何辨别循环诉讼，以及如何应对循环诉讼？

一、如何辨别循环诉讼

不得不承认，当前很多行政裁决文书极不规范，裁决理由简单、粗暴，条文引用缺乏说理。这既有行政案件裁决量过大的原因，也有行政机关审查人员法律素养相对不高的因素。

这就产生所谓的真假循环诉讼问题。在此，暂举两种典型情形。

第一种最为常见，原始行政裁决书经常会作出类似这样的认定："在违反原《商标法》第28条的情况下，已无根据第13条认定驰名商标之必要，亦不再依据第31条关于'不得以不正当手段抢先注册他人已经使用并有一定影响的商标'之规定进行评审。"

有的当事人就认为，既然重新作出的裁定仅对违反第30条进行裁定，那么，对引证商标是否构成驰名商标及在先使用并有一定影响的商标，还应该进行评审。由此再次提起诉讼。

其实，当事人忽视了第30条、第13条、第32条之间的关系。

《商标法》第30条规定："申请注册的商标，凡不符合本法有关规定或者同他人在同一种商品或者类似商品上已经注册的或者初步审定的商标相同或者近似的，由商标局驳回申请，不予公告。"

第13条规定："就相同或者类似商品申请注册的商标是复制、摹仿或者翻译他人未在中国注册的驰名商标，容易导致混淆的，不予注册并禁止使用。"

第32条规定："申请商标注册……也不得以不正当手段抢先注册他人已经使用并有一定影响的商标。"

由此可见，对于引证商标和诉争商标，如果依据第30条已认定不构成近似，自然就不存在第13条"容易导致混淆"的情况。与此同时，由于引证商标已注册，更不存在第32条"抢先注册他人已经使用并有一定影响的商标"的情形。

当然，对于引证商标与诉争商标，依据第30条不构成类似商品，则需要根据第13条第3款认定已注册驰名商标的可能。

还存在另外一种情形，就是初始行政裁决因违反法定程序被撤销，对于重新作出的行政裁决，如果当事人再次就实体问题提起诉讼，能否构成循环诉讼。

例如，被称为"国内立体商标争议第一案"的雀巢公司"方型瓶"立体商标争议案中，2010年7月，商评委对味事达公司对立体商标的争议裁定申请作出裁定，维持了争议商标注册。味事达公司不服，向北京市第一中级人民法院提起行政诉讼。2010年12月，一审法院判决认定，商评委作出的裁定审查程序违法，判令商评委就方型瓶商标争议重新作出裁定。雀巢公司不服一审判决，向广东省高级人民法院提起上诉。2010年11月17日，广东省高级人民法院终审维持原判。2011年8月，商评委在纠正程序错误的基础上，作出重审争议裁定，仍维持争议商标注册。味事达公司由此再次将商评委起诉到北京市第一中级人民法院。

实际上，对于程序原因发生重审的案件，对实体问题进行了审理，不能简单认定属于循环诉讼。

二、如何处理循环诉讼

处理循环诉讼目前可以有以下几种解决方案。

（1）将商标确权程序视为民事诉讼程序。一旦视为民事诉讼程序，司法机关就可以直接宣告商标效力。然而，一旦商标确权程序视为民事程序，即意味着部门权力的重新分配，这在现实国情下很难实现。其实，在专利法第三次修改中，曾规定"对专利复审委员会宣告专利权无效或者维持专利权的决定不服的，可以自收到通知之日起三个月内依照《中华人民共和国民事诉讼法》向人民法院提出上诉"。然而，最终该条文从草案中删除，这不能不说令人遗憾。

（2）限制当事人诉权。即把商评委重新作出的裁决视为执行法院判决，而非一种新的行政裁决。比如《最高人民法院关于审理商标授权确权行政案件若干问题的规定（征求意见稿）》第29条规定，人民法院生效裁判对于相关事实和法律适用已作出明确认定，当事人对于商标评审委员会依据该生效裁判重新作出的裁决提起诉讼的，人民法院依照《最高人民法院关于执行〈中华人民共和国行政诉讼法〉若干问题的解释》第44条第1款第（十）项的规定裁定不予受理；已经受理的，裁定驳回起诉。

（3）加强判决文书的说理。很多循环诉讼提起原因不在于当事人恶意找事，而是认为司法机关对争议事由审查不够，没有全面审查涉及的所有诉求事由。因此，应当在裁决文书尽量全面阐述涉及法条事由，即使这样事由在之前程序未必涉及。比如，在中国篮协与武汉南山公司的"CBA"商标案件中，最高人民法院在再审中认为当事人当初未提及《商标法》第10条第1款第（八）项，因此主张不成立，但仍然对该条进行有效评述。这样，即使再审败诉，当事人可以以新事由提起程序，从而节省司法资源。

循环诉讼涉及司法权与行政权的内在较力，因复杂的体制因素产生，在知识产权专门法院成立的背景下，不应再成为难以克服的痼疾。

关于名人姓名权的几点看法

——在浙江青年法学沙龙的发言

■ 陈明涛

【导读】

名人姓名权涉及传统的人身权、物权、知识产权，更属于无形财产权的一种。这就会导致权利之间的冲突以及侵权案件的发生。尤其是当商标权和姓名权相碰，历史的痕迹与现有的秩序相碰时，该何去何从，本文将从五方面给予分析。

对于名人姓名权问题，主要谈五点看法，供各位同人批评指正。

一、从权利正当性层面看待"名人姓名权"问题

一旦在法律上建立某种权利，一定要有正当性。那么，"名人姓名权"正当性的来源在哪里？有观点就认为名人不应该享有特别的保护，这有违法律面前人人平等的原则。

名人姓名权和其他标识都可以放在大的商业标识法背景下考虑，即从商业标识法立法目的来看待。如商标法不是保护某一个标识本身？它实质上是保护这个标识而产生的商业信誉，通过保护商业信誉，进而保护整个市场的竞争秩序，最根本的目的是保护消费者的权益。同样，落实到名人的姓名权上，是不是保护了名人姓名权的问题？我认为不是。名人姓名权制度是保护名人在其名字上建立起来的商业价值，保护这个商业价值，实际上是保护

了整个市场经济秩序，防止有人恶意抢注，最终是保护每一位消费者。

二、从权利的属性层面看待"名人姓名权"问题

十几年前，吴汉东教授就提出了的"无形财产权理论"。他认为现有的知识产权制度，已经不能够涵盖权利整个的发展趋势，包括新型权利的出现，必须要建立起一个大的权利体系，这个大的权利体系他命名为"无形财产权"。他在2000年就专门对公开化权，或者说是公众人物形象权的问题写过很著名的文章，叫作"商品化的形象权及形象的商品化"，他写这个文章实际上是为无形财产理论提供论据的。名人姓名权的问题，站在大的权利发展的角度，实际上是可以放在无形财产权体系里面的，即不能再用传统的人身权、物权、知识产权进行严格区分，而是属于无形财产权的一种。

三、从概念内涵界定层面看待关于名人姓名权问题

名人内涵确实是不太好界定，也不是一个严格的法律概念。与其界定为名人的姓名权，不如说是界定为公众人物的姓名权。因为公众人物这个概念在法律上绝对不是一个新概念，它是长期就存在于民法的概念体系中。对于公共人物的界定，在国外的法律上已非常成熟。在我们现有的司法实践当中，实际上也已经移植进来了。比如对于公众人物隐私权保护，在一些案子当中，法院已经引入"公共人物"的概念。那么，应如何界定公众人物呢？我认为需要通过个案认定，被动认定的方式，这跟驰名商标的界定有一些异曲同工，都要考虑知名度的因素，法官在法律适用上没有多难。

四、就商标撤销层面看待名人姓名权问题

对于抢注名人商标，在商标法中通常采取三个手段予以规制。

（1）关于《商标法》第10条第1款第（八）项的不良影响。实际上，这一条款本质是公共利益条款，而不是特定民事权益条款。最高人民法院在确权意见中，持这样的观点。同样，最高人民法院在2013年的第1号判决书中，就是中国篮协诉武汉南山公司的CBA商标案，认为《商标法》第10条

第1款第（八）项就是实际上公共利益，而不是特定的民事权益。因此，如果设定到特定的民事权益，像一些名人抢注如刘德华、朱启南，就不能采用《商标法》第10条第1款第（八）项撤销，因为只涉及特定的民事权益。那么，哪些姓名是可以《商标法》第10条第1款第（八）项撤销呢？比如说国家领导人的名字，就涉及公共利益。甚至刚才说的秦始皇、高尔基，这些人已经死了，完全落入公共领域，如果要搭他的便车为什么不可以？因为也涉及公共利益，不再是个人利益。但是，对这些落入公共领域名人所涉及的公共利益判断，要考虑各种因素，具体评判。

最新的《最高人民法院关于审理商标授权确权行政案件若干问题的规定（征求意见稿）》第5条第2~3款规定，商标评审委员会在驳回复审程序中，认为他人未经许可将公众人物姓名等申请注册为商标，可能造成其他不良影响而不予核准注册的，人民法院予以支持。

未经继承人许可将已死亡自然人姓名申请注册为商标，导致社会公众将标识有该商标的商品与该自然人产生联系等，可以认定为"其他不良影响"。

实际上，这一条文与笔者的观点不谋而合，但需要进一步细化。

（2）《商标法》第31条的在先权利的问题。对于名人姓名权是不是一个在先权利，笔者觉得完全可以通过法律解释的角度来解决这个问题。即把他放到名人姓名权扩大到姓名权的内涵当中，来解决这个问题，会直接变成一个法定的权利。

（3）关于撤销三年不使用程序撤销。现有的司法实践对三年不使用的理解有很多问题，即过于注重使用的形式，而忽略了撤销三年不使用程序的本质目的。它的本质目的是强调，当事人必须真实使用的意图，即你到底是不是真的在使用它，还是囤积商标。像乔丹案，"乔丹"这个商标是一直在使用的，要撤销三年不使用的话，就要判断乔丹体育是否有真实使用的意图。从目前来看，其具有真实使用意图。但是，现有的商标法就是过于强调使用的形式，没有强调使用意图，就会造成投机者象征性地使用一些商标，比如偶尔发一堆小货、打几个广告，是不能构成真实使用意图的。

五、就侵权层面看待名人姓名权问题

传统上，我们过于看重混淆判断中商业标识的构成要素，而忽视被告人意图、知名度与显著性、使用的历史与现状等因素。

（1）关于被告人意图。任何主观意图都要从客观证据中反映出来。对于意图判断，应坚持客观说，即作为一个正常的市场经营者，其应尽到何种注意义务。比如，申请日前姓名权的知名度、当时的市场秩序、地域性等因素。刚才有观点谈到抢注刘德华，因为商标注册人的名字就叫刘德华，虽然刘德华在申请日之前很有名，这就要具体判断其具有何种意图。乔丹案中，对申请日乔丹标识的使用情况，也是需要关注的。当然，还有一个地域性因素，之所以强调地域性，是防止商标注册在一国的竞争优势，不当扩展到全球市场，因此不能过度保护，这也涉及一国的市场秩序的有效建立问题。

（2）知名度和显著性。例如乔丹案，乔丹是不是一个知名度很高的标识。你想要注册乔丹的话，就是看他的知名度。就显著性来讲，乔丹在中国的显著性到底如何，也很重要。比如，王涛是中国一个很有名的乒乓球运动员，但是使用"王涛"这个姓名很难构成侵权，因为在中国，叫王涛的人太多了，本身没有显著性。

（3）使用的历史与现状因素。像商标法领域已判决的张小泉案、狗不理案都不是简单判侵权，而是考虑标识使用的历史与现状。当然，这一点还涉及责任的承担形式。笔者认为，不能简单地判商标侵权，而必须考虑要现有的市场秩序，也不能简单地判赔偿，进一步简单适用侵权人利润的要件。笔者所代理的卡斯特案（一审法院以侵权人利润为标准判赔3 000多万元，该案最高人民法院已经提审该案），就是一个典型的案例，一审法院显然过于简单地理解侵权。

"双十一"商标战的法律解读

■ 陈明涛

【导读】

我国的商标制度，是一种以注册程序为主的制度安排。率先提出注册申请的市场经营者，经过审查后获得商标权利，这造成商标抢注风气盛行，企业滥用商标权利概率增大。"双十一"商标大战将制度设计的缺陷体现淋漓尽致。这值得商标界反思，如何建立有效的事前纠偏机制，避免恶性市场竞争状况发生。

据先前媒体报道，面对日益激烈的"双十一"电商营销竞争，阿里巴巴发出一份通告函。该通告函称，经阿里巴巴授权，天猫就"双十一"商标享有专用权，受法律保护，其他任何人的使用行为都是侵权行为。这使得京东等其他企业不得不临时更改广告文案，并就此事作出激烈回应。京东方面表示，"'双十一'，已经成为全零售行业的节日，也是消费者的网购狂欢节。电商企业一贯倡导开放和生态，却试图将此节日以'合法'的方式据为己有，甚至用威逼利诱的手段给媒体和电商同业公司设置障碍，有违开放的互联网精神，有违公平竞争的原则。"

实际上，商标战历来是企业竞争的犀利武器，表面是商标侵权之争，实质是产品营销之争，企业整体市场战略之争。这次"双十一"商标大战，也不例外。问题的关键在于，阿里巴巴的这一行为是否恰当，应做何种法律上的解读，对企业的商标战略引发何种意义上的反思？

一、"双十一"商标已经退化为通用名称

商标制度的根本作用，是通过给予注册商标人所有权利，保护市场经营者正当竞争、防止不当混淆，减少消费者搜寻商品的成本。因此，一个商标，要使消费者识别出谁的商品或者服务，能够把不同经营者区分开来。为实现这一功能，显著性就成为商标的重要特性，构成商标的核心要件。因此，经营者设计商标的时候，会让商标特征明显、个性鲜明，使消费者印象深刻、过目难忘。否则，商标也难以获得商标的注册，即使注册成功，也将被撤销。

商标对显著性的要求，现行商标法给予了明确规定。如《商标法》第9条规定："申请注册的商标，应当有显著特征，便于识别，并不得与他人在先取得的合法权利相冲突。"同时，商标法又在具体规定中明确，官方标志及徽记、通用名称、描述性标志、地名、功能性三维标志均因为缺少显著性，不得作为商标获得注册。

在当前网络型社会、消费型社会文化环境下，"双十一"已成为年轻人流行的一种节日名称。阿里巴巴公司将"双十一"在网络广告、电视媒体、娱乐等类别上注册为商标，属于一种"任意商标"的注册形式，即由一个现成的、字典含义的词汇构成，其文字意义与所表述的商品或服务没有特别联系。如"苹果"本身是水果名称，被用于计算机、手机商品上；"长城"本来是景点名称，被用于葡萄酒商品上。应当承认，这种任意商标的形式，具有相应的显著性。就这点来讲，阿里巴巴公司的注册行为无可厚非。

然而，即使商标开始有显著性，还会因各种原因丧失显著性，变为通用名称，这种现象被称为"商标退化"。比如，注册企业对商标的使用管理不当、第三方的长期使用，都会导致商标退化现象出现。在商标法历史上，这种情况也屡见不鲜。像我国的朗科科技公司，就因为"优盘"长期使用，

成为通用名称，被商标评审委员会裁定撤销。国外也不乏这样的例子，如阿司匹林、尼龙、氟利昂等商标，都遭遇过商标退化问题。反观"双十一"标识，经过整个商品零售行业的反复宣传、大规模营销，标识内在含义发生变化，由原先的"光棍节"，变成全民的"购物狂欢节"。也就是说，"双十一"商标已经退化为该注册类别的通用名称，不再具有显著性。

在此情况下，阿里巴巴公司虽然拥有该注册商标，但因为商标退化为通用名称，任何经营者对该商标使用都属于"正当使用"，也可以通过商标部门提起撤销申请。正如《商标法》第49条第2款规定，注册商标成为其核定使用的商品的通用名称，任何单位或者个人可以向商标局申请撤销该注册商标。第59条又进一步规定，注册商标中含有的本商品的通用名称，注册商标专用权人无权禁止他人正当使用。

二、"双十一"商标的注册有违公共利益

商标不仅要具有显著性，标识本身也不能违反公共利益。某些标识如果与公共秩序、风俗习惯、宗教信仰、道德评价相冲突，就不能获得相应注册。例如，把"DARKIE"注册为商标，含义为黑鬼，存在种族歧视；在火腿肠上注册"少林寺"，违背了佛教徒的宗教信仰。因此，现行《商标法》第10条第6~8款将民族歧视、违反社会道德及不良影响的标识，作为绝对禁止注册的条件。

就公众节日名称而言，本身为社会公众共同享有和使用，与聚会、探亲、访友、购物等娱乐消费活动存在某种特定的联系，涉及一定的公共利益。韩国曾将端午节的祭祀仪式申遗，引发中国社会公众强烈不满，原因无外乎该节日涉及我国的民族风俗、公众利益。同样，如果有企业将"春节""中秋节""端午节"注册为商标，使用在与节日有关消费活动中，也会引发与公众利益冲突问题。

阿里巴巴对"双十一"商标的注册，也难逃损害公众利益的嫌疑。当

今的互联网社会，消费主义兴起，一些非传统节日开始出现，"双十一"光棍节应运而生，成为社会公众娱乐享受的重要节日。在此背景下，企业独占新兴的节日名称，用于与节日有关的商业活动，很容易损害社会的公众利益。根据《商标法》第44条的规定，已经注册的商标，违反公众利益，可以由商标局宣告该注册商标无效、其他个人或单位也可以请求商标评审委员会宣告注册商标无效。

三、企业商标战略应以良性竞争为前提

在日益激烈的商业竞争环境中，企业通过精细的商标布局，制定有效的商标防御和攻击策略，往往会起到意想不到的效果，成为打击竞争对手的重要武器。这次阿里巴巴的侵权通告行动，导致京东等竞争对手措手不及，为防止侵权风险的扩大，不得不紧急修改广告方案。

虽然如此，企业应恰当运用商标战略，促进良性市场竞争，而不能毫无节制地滥用商标权利。2012年12月底，阿里巴巴公司获得"双十一"注册商标，还在第35类、第38类、第41类等相关类别上均申请注册了"双十一"和"双十一狂欢节"等一系列商标，甚至还申请了"双十二"商标。不难看出，阿里巴巴公司对"双十一"商标进行了精心布局。但是，阿里巴巴公司迟迟未采取任何行动。短短几年内，通过众多零售经营者广泛参与，"双十一"由一个普遍的新兴节日，变成大众消费者的购物盛宴，也导致"双十一"商标退化为通用名称。从表面上看，阿里巴巴对"双十一"商标管理不当，更有可能是其有意之举。因为只有众多商家、竞争对手的广泛参与，才能将整个消费市场蛋糕做大，谋求更大的市场利益。在市场已经成熟的时机下，阿里巴巴公司突然祭出商标大棒，剑指竞争对手，意图独占"双十一"宣传，就很容易引起商标权利滥用的指责。

我国的商标制度，是一种以注册程序为主的制度安排，率先提出注册申请的市场经营者，经过审查后获得商标权利，这就造成难以避免的制度缺

陷，导致商标抢注行为风行，企业滥用商标权利概率增大，从而违背商标制度的设计初衷。"双十一"的商标大战，不仅值得整个电商企业反思，即在市场竞争中，应如何有效、良性地运用商标战略；与此同时，也值得整个商标界反思，即在商标制度设计中，如何更好地建立起有效的事前纠偏机制，避免恶性市场竞争状况发生。

商标撤三案件中使用证据的效力性认定

——基于"小霸王XIAOBAWANG"商标撤销复审行政纠纷案的评论

▨ 田君露

【导读】

在商标三年不使用撤销案件中，证据的效力性认定成为案件审理的重中之重，而"使用意图"则成为证据是否被采纳的核心考量因素。与此同时，面对后续程序提交的证据，裁判者也不应一律否认，而应当在审理中作出效力认定。本文将结合"小霸王"一案，详细剖析商标"撤三"案件中预备使用证据、象征性使用证据及后续程序补交证据的效力性认定。

商标法中，如果一个商标连续三年未经使用，则该商标应当处于被撤销的状态，此制度即是连续三年不使用撤销制度，简称"撤三"。基于该制度的规定，商标权人所提供的使用证据往往决定整个案件的成败。2016年再审审理的戴春友与小霸王公司商标撤销复审行政纠纷一案中，最高人民法院对证据的效力性认定问题作出了新的判断与解读。判决一经公布，立刻引起很大的关注。

本案中，戴春友在烫发钳等理发工具商品上注册的"小霸王XIAOBAWANG"商标，历经商标局的撤销、商评委的维持、一审与二审的撤销、再审的维持，可谓命运多舛。本案审理的核心与关键因素是商标使用证据的认定，即对预备使用证据、象征性使用证据、后续程序补交证据的效力性认定。

以下，笔者将结合以上要点对该案进行简要评析。

一、预备使用证据的效力性认定

预备使用的证据，从字面上不难理解，即商标权人为使商标进入市场所做的一些准备性工作的证据，包括制作包装袋、委托加工商标标识、印制附有商标的标牌、定制商标产品容器等一切准备。通常，学理上将这种使用证据称为意图使用证据。

目前，部分观点认为，仅有预备使用证据不足以构成商标使用，因为预备使用无法完成商标区别标识来源的功能。例如，本案的一、二审法院也认为，因为商标的本质功能为其识别功能，即通过商标的使用使消费者得以区分商品或服务的不同提供者，故只有能够产生该种识别功能的商标使用行为才属于"商标意义上的使用行为"。因商标的识别主体为消费者，而消费者无法接触到的商标使用行为（如商标交易文书中使用商标的行为、商标标识的加工行为等），因无法起到使消费者识别来源的作用，故不属于《商标法》第44条第（四）项所规定的"商标意义上的使用行为"。

诚然，商标使用应当具有标识来源功能。但是，"撤三"制度的核心在于权利人的"使用意图"，如果权利人能满足使用意图的认定，则可以适当消解标识来源功能的证据要求。比如，在《美国兰哈姆法》中第45条就规定，若商标长期（3年）不使用，且权利人有意不再使用的，则视为商标权人放弃该商标。在"杂货经销公司诉艾伯森连锁超市公司案"中，美国第九巡回法院的法官认为，虽然艾伯森连锁超市公司存在不再使用的情形，但其提供的充分证据证明，在可预见的将来有继续使用"幸运"商标的意图，从而不构成商标放弃。

实际上，就我国设立商标连续不使用撤销制度的目的看，并不是要求权利人一定要实际使用商标，而是让权利人积极使用商标，防止商标资源的浪费。如果商标权人具备真实使用商标的意图，并在可预见的期间内使用商标，那么即使其没有实际使用的行为，也应当认为构成商标使用。

就本案而言，最高人民法院认为，注册商标是经商标行政管理部门依法核准注册的商标，对于商标权利人的商标使用行为不能过于苛刻，只要进行了连续性公开、真实、合法的连续性使用，就不能轻易撤销一个合法获得注册的商标。因此，从最高人民法院的审理意见，可以推断出这样一个结论，对于商标权人为使商标进入市场所做的一些准备性工作，只要能够证明商标权人具有真实的使用意图，就应当认可预备使用证据的证明效力。

二、象征性使用证据的效力性认定

象征性使用证据，指商标注册人为了维持该商标的有效性，避免因连续三年未使用被撤销而进行的商标使用，偶发的、少量的使用商标所产生的证据。虽然这种使用行为投入了市场，能够为消费者所接触，在理论上称得上"商标意义上的使用行为"，但是其使用目的不是发挥商标的识别功能，并非"真实的、善意的商标使用行为"。

目前，我国法院对"象征性使用"的把关相当严格。在杭州油漆公司诉商标评审委员会及金连琴"大桥DAQIAO及图"商标复审纠纷案中，北京市高级人民法院的态度就十分明确：在复审三年期间里，使用复审商标的商品销售额仅为1 800元，并仅有一次广告行为投放于在全国发行量并不大的《湖州日报》上，且上述销售及广告行为均发生在复审三年期间的最后3个月，故复审商标的上述使用系出于规避《商标法》第44条的规定以维持其注册效力的象征性使用行为，而不是出于真实商业目的使用复审商标。因此，该行为不足以产生维持复审商标注册的效力。

本案中，一审法院同样也明确了这样的观点：如果商标注册人所实施的"商标意义上的使用行为"已具有一定规模，通常应推定此种使用行为系

"真实的、善意的商标使用行为"。反之，如果商标注册人虽然实施了"商标意义上的使用行为"，但其仅是偶发的，未达到一定规模的使用，则在无其他证据佐证的情况下，通常应认定此种使用行为并非真实的、善意的商标使用行为。

笔者认为，之所以要否认象征性使用，核心在于象征性使用难以体现"使用意图"，象征性使用是"表"，使用意图是"里"。在商标"撤三"程序中，裁判者也应当综合考虑商标权人的使用意图，即商标权人仅提供了少量的使用证据，但是如果能够证明其具有真实使用商标的主观意图，也应当维持其商标继续有效。

三、后续程序补交证据的效力性认定

在民事诉讼中，因当事人收集证据的手段或证据表现形式有缺陷，导致证据能力待定或者证明力不足，使待证事实处于真伪不明状态时，这样的证据被称为瑕疵证据。瑕疵证据虽然不同于非法证据，但因其证据能力或证明力有瑕疵，所以一般不能单独作为认定案件事实的依据，只有经过其他证据有效补强后，才能作为定案依据。

然而，如果补强性证据是一审举证期限届满后提交，是否也应认定证据效力，则存在疑问。

2015年最新《民诉法司法解释》第99条第3款规定，举证期限届满后，当事人对已经提供的证据，申请提供反驳证据或者对证据来源、形式等方面的瑕疵进行补正的，人民法院可以酌情再次确定举证期限，该期限不受前款规定的限制。由此可知，对于瑕疵证据的补强性证据，提交的期限不受法定举证期限的限制。

就本案而言，在商标评审阶段及一审诉讼期间内，戴春友提供了销售照片、印刷合同复印件、产品画册、送货单复印件等证据用以证明"小霸王XIAOBAWANG"商标在2007年6月7日至2010年6月6日的部分使用。由于商

标评审委员会认可戴春友申请复审期间提交证据的证明力，而一审法院予以否认，进而导致"小霸王XIAOBAWANG"商标的使用情况真伪不明，使戴春友已提供的证据能力待定，成为瑕疵证据。

在二审诉讼期间，戴春友向二审法院补充提交了小霸王美发产品的旧包装盒及实物、百度搜索的关于小霸王美发产品的报道、产品购销合同、货款收据、货物托运单据等证据，予以证明"小霸王XIAOBAWANG"商标的商业性使用。

然而，二审法院对戴春友二审期间补充提交影响案件审理的关键证据未予采纳，也未作任何说明，这是存在问题的。对此，最高人民法院在再审程序中，对二审程序进行了纠正，对于戴春友二审期间补充提交的使用证据予以采纳，认可戴春友在指定期间实际使用了"小霸王XIAOBAWANG"商标。

商标不使用撤销案件看似简单，实质极为复杂。证据的效力性认定成为案件审理的重中之重，而"使用意图"则成为证据是否被采纳的核心考量因素。与此同时，面对后续程序提交的证据，裁判者也不应一律否认，或者不予理睬，而应当在审理中作出效力认定。笔者相信，不管是对商标权人，还是商标领域的代理人，或者对司法审判人员，此案都将带来非同寻常的意义。

商标"类似"判断的影响性因素

——对"益达"商标行政案件的评论

■ 陈明涛

【导读】

难道口香糖和牙膏是类似商品？可以说，类似判断作为混淆判断的重要部分，长期以来没有引起理论研究的足够重视。"益达"案刚好给予一个契机，使我们认识到类似判断复杂性，要充分重视分类表和区分表、商标使用程度、相关公众认知、当事人意图、延伸注册等因素带来的影响，从而真正实现商标法维护市场竞争、保护消费者利益的目的。

难道口香糖和牙膏是类似商品？"益达商标案"判决一出，就引发诸多不解。

2004年10月19日，陈志英申请"益达YIDA"商标，后将其转让给倩采公司。在异议期内，箭牌公司向商标局提出异议申请，商标局认为，被异议商标指定使用的肥皂、化妆品、牙膏等商品与引证商标核定使用的非医用口香糖等商品在功能用途、生产工艺及原料、销售渠道等方面具有明显区别，不属于类似商品，因此驳回异议申请。之后、商评委、一审、二审法院都坚持了这一意见。

然而，最高人民法院认为"非医用口香糖"与"牙膏"构成类似商品，撤销之前的判决和裁定。

本案的实质是商标"类似"判断的标准问题。对此，笔者认为，商标"类似"的判断不是单一化的"法条主义"，而是对商品分类表、商标使用、相关公众认知、当事人意图、商标延伸等多种因素的综合考量。

一、分类表和区分表对类似判断的影响

通常而言，《商标注册用商品和服务国际分类表》《类似商品和服务区分表》是认定商品或服务类似的一般性标准。然而，分类表和区分表最主要的功能是在商标注册时划分类别，方便注册审查与商标行政管理，与商品类似本来不尽一致，在判断商品是否类似时，不能以此作为依据，仅可以作为判断类似的参考。

对此，《最高人民法院关于审理商标民事纠纷案件适用法律若干问题的解释》第12条规定："人民法院依据《商标法》第52条第（一）项的规定，认定商品或者服务是否类似，应当以相关公众对商品或者服务的一般认识综合判断；《商标注册用商品和服务国际分类表》《类似商品和服务区分表》可以作为判断类似商品或者服务的参考。"

当前司法实践中，突破分类表和区分表认定类似商品的案例也很常见。比如，杭州啄木鸟鞋业与商评委、七好（集团）有限公司商标争议行政纠纷案中，争议商标指定使用的商品为"鞋和靴"，引证商标核定使用的商品是"服装"，最高人民法院将二者认定为类似商品。"POWER DEKOR"商标异议复审案中，商评委将第6类的"金属陶瓷；金属门"等与第19类的"非金属地板；拼花地板等"认定为类似商品。

就本案而言，被异议商标"益达YIDA"商标是第3类"牙膏"商品，而引证商标是指定使用在第30类的"糖果、非医用口香糖"上，其在《类似商品和服务区分表》上并不构成类似商品。最高人民法院突破分类表和区分表认定为类似商品，不能说是超越常规。

二、商标使用程度对类似判断的影响

商标使用是商标法的生命。商标使用程度越高，标识的知名度和显著性越强，就越影响类似判断。

驰名商标跨类保护就是典型事例。《商标法》第13条第3款规定："就不相同或者不相类似商品申请注册的商标是复制、摹仿或者翻译他人已经在中国注册的驰名商标，误导公众，致使该驰名商标注册人的利益可能受到损害的，不予注册并禁止使用。"

对驰名商标跨类保护的原因在于，驰名商标的使用程度很高，在相关公众中享有广泛的认知，具有很强的显著性，就要弱化商品或服务类别的区分。

值得注意，驰名商标是跨类保护，而不是全类保护，类似判断不是被消除，而是弱化。比如，在"QQ"商标案中，虽然腾讯公司QQ商标已构成驰名商标，但是法院仍然认为由于汽车商品和通信服务差距较大，二者不构成同一种或者类似商品或服务。

基于相同的原理，一般性商标的使用程度也会影响类似判断，引证商标使用程度越强，就弱化类似判断，诉争商标的使用程度越强，则强化类似判断。

《最高人民法院关于充分发挥知识产权审判职能作用推动社会主义文化大发展大繁荣和促进经济自主协调发展若干问题的意见》（以下简称"大发展大繁荣意见"）中就认为："主张权利的商标已实际使用并具有一定知名度的，认定商品类似要充分考虑商品之间的关联性。"

在"阿姆斯壮"商标行政案中，虽然引证商标"阿姆斯壮"未被认定为驰名商标，但是基于引证商标的使用程度，法院仍然认定诉争商标指定使用在第17类合成橡胶、树胶、非金属管套，与引证商标指定使用的第19类非金属地板和天花板材料商品构成类似。

就本案而言，法院也同样要遵循如上的判断准则。

三、相关公众认知对类似判断的影响

类似的判断也要考虑相关公众的认知程度。对此，首先要确定"相关公众"的范围。《最高人民法院关于审理商标民事纠纷案件适用法律若干问题的解释》第8条对商标法中规定的"相关公众"作了规定，商标法所称相关公众，是指与商标所标识的某类商品或者服务有关的消费者和与前述商品或者服务的营销有密切关系的其他经营者。

也就是说，相关公众包括两部分：（1）与商标所标识的某类商品或者服务有关的消费者，即最终消费者；（2）与商标所标识的某类商品或者服务的营销有密切关系的其他经营者，经销商最为典型。

相关公众的"认知"通常是指一般生活经验和交易观念。比如，最高人民法院的"大发展大繁荣意见"认为："相关公众基于对商品的通常认知和一般交易观念认为存在特定关联性的商品，可视情况纳入类似商品范围。"这就需要司法裁判者站在终端消费者或者经销商的角度，运用一般生活经验和交易观念去做判断。

然而，这一标准也给了司法裁判者自由裁量的极大空间，判决书的说理就变得非常重要，以便能有效平息争议。

就本案而言，最高人民法院就认为，"非医用口香糖"与"牙膏"虽在产品实际功效和分销渠道上存在某些差异，但二者在功能效果、零售模式和消费特点方面非常接近，普通公众特别是消费者对于二者之间的差异一般难以作出清晰准确的判辨。所以，综合相关公众的辨别能力以及实际市场效果考察，应当认定二者属于类似商品。

由此可见，最高人民法院是站在普通消费者的立场去做判断，以一般辨别能力和实际市场效果为准则。

四、当事人意图对类似判断的影响

诚实信用是商标法基本原则。一般认为，当事人意图对近似判断会产生影响，其实，类似判断同样要考虑当事人意图，对于那些恶意抢注的权利

人，在类似判断的过程中要降低判断门槛。

例如，"五粮液图形"商标行政争议案中，法院认为，争议商标指定使用的"面粉制品、调味品"等与引证商标1核定使用的"谷类制品、食用香料"等商品关系密切。同时，引证商标经过五粮液公司的大量使用已经为公众熟知，争议商标仅仅是将该标志内线条走向做了改变，消费者并不容易发现。尤其考虑到五粮小食堂公司的企业名称中还包含"五粮"二字，消费者在购买过程中很有可能认为争议商标及五粮小食堂公司与五粮液公司存在特定联系，进而发生商品来源的误认。

在考虑当事人意图的因素时，是从在相关公众认知的角度，由于当事人的恶意，干扰相关公众的认知，对商品或服务来源产生特定联系。就本案而言，最高人民法院在判决书中认为，根据原审法院查明的事实，既没有证据证明情采公司系采用欺骗或其他有违诚信原则的不正当手段申请注册被异议商标，也没有证据表明注册使用被异议商标会引发市场混乱并进而对社会秩序或公共利益产生不良影响。因此，箭牌公司关于被异议商标违反《商标法》第10条第1款第（八）项和第41条第1款规定的主张，缺乏事实和法律依据，法院不予支持。

然而，需要说明的是，最高人民法院对当事人意图的判断不是从类似判断影响的角度去阐述，而是《商标法》第10条第1款第（八）项和第41条第1款层面作出否认。

五、商标延伸注册对类似判断的影响

所谓商标延伸理论是指，某一基础商标使用产生的商誉会延伸到与之近似的商标标识。那么，如果基础商标在某一类别的注册是否就意味着商标在后注册近似商标具有正当性呢？

在"鳄鱼國際"商标驳回复审行政纠纷案中，北京市高级人民法院认为：在先商标的申请注册并不必然导致在后商标当然获准注册，若在后申请注册的商标与他人在先注册商标形成《商标法》第28条所规定的情形，应

当不予核准。商标的延伸注册应当从该标识所蕴含的商誉进行考量，若在先注册商标的使用及宣传所形成相关标识能够与商品来源的提供者确定一一对应关系，并且该商誉能够延展至在后申请注册商标标识的，则应当从在后申请注册商标是否会与他人在先申请注册商标造成相关公众混淆、误认的角度进行分析，若不构成对商品来源的混淆时，可以予以核准在后商标的申请注册。

可见，商标延伸理论不能简单替代商标混淆的判断。

在本案中，倩采公司述称其早在2001年已经申请注册第1736303号"益达YIDA"商标，被异议商标是其将该注册商标略作修改后提出的扩展申请，该商标与在先注册的商标并无本质区别。

笔者认为，对商标延伸理论不能一味排斥，要具体情况具体分析。例如，在"三品王"商标驳回复审行政纠纷案中，北京市高级人民法院也认为：一般而言，商标注册人对其注册的不同商标享有各自独立的商标专用权，先后注册的商标之间不当然具有延续关系。但是，在先商标经过使用获得一定知名度后，会导致相关公众将商标注册人在同一种或者类似商品上在后申请的相同或者基本相同的商标与在先商标联系在一起，并认为使用两商标的商品均来自该商标注册人或与其存在特定的联系，在先商标承载的商誉对在后申请商标的可注册性是具有影响的。

也就是说，如果倩采公司第1736303号"益达YIDA"商标确实经过大量使用，可以考虑商誉的延伸，强化类似的判断。但是这种延伸不是对商标混淆判断的否定，只是作为混淆判断一个考量因素。

类似判断作为混淆判断的重要部分，长期以来没有引起理论研究的足够重视。"益达案"刚好给予一个契机，使我们认识到类似判断复杂性，要充分重视分类表和区分表、商标使用程度、相关公众认知、当事人意图、延伸注册等因素带来的影响，从而真正实现商标法维护市场竞争、保护消费者利益的目的。

商标行政案中"商品化权"的理解与适用

——对"黑子的篮球"商标无效行政纠纷的评析

■ 田君露

【导读】

　　北京知识产权法院审结"黑子的篮球"商标无效行政一案，将"黑子的篮球"商标注册认定为"以其他不正当手段取得注册"的情形，从而避开商品化权的保护，放弃在先权利条款的适用。本案实质涉及商品化权保护的正当性、在先权利条款的理解，以及以欺骗或其他不正当手段取得注册条款的法律适用问题。

　　近日，北京知识产权法院审结"黑子的篮球"商标无效行政一案，将"黑子的篮球"商标注册认定为"以其他不正当手段取得注册"的情形，从而避开商品化权的保护，放弃在先权利条款的适用，作为极具创造性判例而备受关注。

　　2012年7月19日，开平市尚蓝体育公司向商标局申请注册"黑子的篮球"商标，核定使用在第25类服装等商品上，并于2013年12月14日获准注册。然而，与该商标同名漫画作品权利人集英社于2014年3月27日对该商标提出无效宣告请求。商标评审委员会认为，争议商标属于2001年《商标法》第41条第1款"以其他不正当手段取得注册"的情形，于2015年9月18日作出无效宣告裁定。开平市尚蓝体育公司因不服商评委的裁定，进而向北京知识产权法院提起行政诉讼，北京知识产权法院维持了商评委的裁定。

笔者认为，本案的实质在于，对动漫作品名称及虚拟人物等商品化权保护的正当性、在先权利条款的理解，以及以欺骗或其他不正当手段取得注册条款的法律适用。

一、商品化权的保护正当性分析

所谓商品化权，是指对真实人物的人格要素、表演形象，电视、电影、动漫等作品名称或作品中虚拟人物角色等进行商业化利用的权利。商品化权包括真实人物商品化权和虚拟角色商品化权两大类，像我们熟知的姚明、李宁等明星代言，以及米老鼠、唐老鸭等经典动漫形象的商业开发，都属于商品化权的范围。

生产者或销售厂商利用消费者对于公众人物或者知名作品中虚拟人物形象的喜爱，将其使用在商品上，作为商品品牌、名称、包装装潢等，将商品与公众人物或者知名作品中虚拟人物形象等联系起来，使消费者对产品产生亲和力，进而创造出巨大的商业利润和商业信誉。

从商标法意义上来讲，由于公众人物及知名作品中虚拟人物等具有较高的知名度，将其使用在商品上，已然能够起到区别商品或服务来源的作用，如果任由他人将商品化权作为商业标识使用，必然造成消费者的混淆与误认，进而对市场秩序造成严重的扰乱。

因此，商品化权具有受到商标法保护的正当性。

例如，在"功夫熊猫"商标行政案中，北京市高级人民法院就推翻了之前的裁判，认为梦工厂公司主张的其对"功夫熊猫KUNG FU PANDA"影片名称享有的"商品化权"确非我国现行法律所明确规定的民事权利或法定民事权益类型，但当电影名称或电影人物形象及其名称因具有一定知名度而不再单纯局限于电影作品本身，其与特定商品或服务的商业主体或商业行为相结合，相关公众将其对于电影作品的认知与情感投射于电影名称或电影人物名称之上，并对与其结合的商品或服务产生移情作用，使权利人据此获得电影发行以外的商业价值与交易机会时，则该电影名称或电影人物形象及其名称可构成"商品化权"并成为商标注册中的"在先权益"。

就本案来讲，如果日本动漫作品《黒子のバスケ》在争议商标申请注册之前在中国具有较高的知名度，相关消费者在看到争议商标时，能够容易将其商品与涉案作品联系起来，那么涉案作品的名称及虚拟角色的商品化权应当受到商标法的保护。但是审理法院避开了这一问题，有不希望将"商品化权"放入在先权利条款的内在原因。

二、商品化权的"在先权利"条款适用

2001年《商标法》第31条（新法第32条）规定："申请商标注册不得损害他人现有的在先权利，也不得以不正当手段抢先注册他人已经使用并有一定影响的商标。"然而，现行法没有对"在先权利"的具体内容进行正式解释。

不可否认的是，当前"在先权利"的范围正处于不断扩张的趋势，逐渐将企业名称权、商号权、企业特定简称、知名商品特有的包装装潢、域名权、外观设计权、著作权等纳入保护范围。

最近争议比较大的"乔丹案"中，对于公众人物的姓名权能否纳入在先权利的范围，也有过一番激烈的争论。

然而，对"在先权利"的理解不能盲目扩大，必须满足一定的条件才能获得商标法的保护。商品化权利要纳入"在先权利"，就必须具备能起到标识来源的功能，以造成消费者的混淆为前提，而非将所有的在先权利都纳入保护之中。

这是一个全方位考虑的过程，需要综合考虑标识本身的近似程度、标识的知名度与显著性、标识使用的历史与现状、使用者的意图等多重因素。例如，作品名称通常反映的是故事内容和题材，本身显著性很低；也有的作

品知名度不高，很难起到标识来源的功能。例如，将不知名的虚拟人物姓名注册为商标，就不能成为商标法意义上的"在先权利"。

值得注意的是，"在先权利"受到地域性限制并没有引起司法裁判的重视。因为地域性不简单涉及司法主权，更与投资和贸易密切相关，如果不以地域性为标准，就意味着难以产生吸引外资的作用。并且，任何品牌只要在某一地区知名，即可抢占全球市场，在他国轻易获得同样市场优势地位，这必将会对既有市场秩序造成冲击。

例如，在"蜡笔小新"商标争议一案中，商评委就认为，"蜡笔小新"文字及图形具有较强的独创性和显著性，且在争议商标申请注册前在日本、中国香港特别行政区、中国台湾地区已具有较高知名度。争议商标原注册人位于与香港特别行政区毗邻的广州，应当知晓"蜡笔小新"的知名度情况，其将与"蜡笔小新"文字或卡通形象相同的文字或图形作为商标在中国大陆地区申请注册，具有主观恶意。

这其实就错误理解了地域性原则，地域性原则根源在于鼓励对本国进行投资与贸易，商品或服务未进入本国市场，就不能获得保护，而不是简单的本国公众主观认知。虽然公众人物的姓名权通常与投资贸易不相关，但是，如果特定公众人物的姓名与特定商业利益密切关联，也要考虑地域性。在"乔丹"商标案中，最高人民法院对此没有任何评述，是令人遗憾的。

本案中，"黑子的篮球"既是作品名称，也是虚拟人物形象的特定名称，可以考虑纳入在先权利范围。"黑子的篮球"为日本知名动漫作品《黑子のバスケ》对应的译文，在开平市尚蓝体育公司将其作为商标进行注册之前，已经在我国公开播出、发行，并被媒体广泛报道，"黑子的篮球"在中国大陆地区已具有较高的知名度与显著性，开平市尚蓝体育公司申请注册该商标后未真正投入使用，并且还在第18类、第24类、第25类、第28类、第35类上注册了其他100多个与动漫作品《黑子的篮球》等作品名称、人物角色名称相关联的商标，具有明显的主观恶意。

综合考量以上因素，动漫作品《黑子的篮球》已经具有一定的消费群体，形成稳定的市场秩序，能够起到标识产品来源的作用，一旦被他人注册，相关消费者看到该商标时，很容易将其与动漫作品联系起来或者认为二者之间具有某种关联，进而对商品来源产生混淆或误认。因此，将动漫作品名称"黑子的篮球"作为在先权利并无任何不妥，可以适用《商标法》第31条的规定。

三、商品化权的"其他不正当手段取得注册"条款适用

2001年《商标法》第41条第1款规定："已经注册的商标，违反本法第十条、第十一条、第十二条规定的，或者是以欺骗手段或者其他不正当手段取得注册的，由商标局撤销该注册商标；其他单位或者个人可以请求商标评审委员会裁定撤销该注册商标。"对该条款应做如下的理解。

（1）该条款本质上为兜底性条款。在能够适用其他条款时应优先适用其他条款，例如能够适用《商标法》第28条（新法第30条）、第31条（新法第32条）时，则不适用第41条第1款规定。本案之所以未将商品化权纳入在先权利的保护范围，是由于担心"在先权利"条款的盲目扩张，进而产生一些不确定的后果。然而，笔者认为，裁判者不必过度担心，只要考虑到消费者混淆的可能性，通过混淆判断中标识本身的近似程度、知名度与显著性、使用历史与现状、使用者意图、地域性等多重因素限制，就完全能够解决这一问题。

（2）该条款实质是公共利益条款。最高人民法院《关于审理商标授权确权行政案件若干问题的意见》第19条对"以其他不正当手段取得注册"的含义作出了进一步解释，认为人民法院在审理涉及撤销注册商标的行政案件时，审查判断诉争商标是否属于以其他不正当手段取得注册，要考虑其是否属于欺骗手段以外的扰乱商标注册秩序、损害公共利益、不正当占用公共资源或者以其他方式谋取不正当利益的手段，即明确了以扰乱商标注册秩

序、损害公共利益、不正当占用公共资源以及以其他方式谋取不正当利益的手段这四项内容作为认定"其他不正当手段"的依据。

由此可见，《商标法》第41条第1款的立法目的是对公共利益而非特定利益的保护，而本案除了涉及公共利益以外，还涉及特定利益，即集英社对动漫作品《黑子的篮球》的商品化权。虽然本案适用《商标法》第41条第1款规定也无不妥，但是从法律条款适用的顺序来讲，能够适用其他条款解决的，尽量不适用兜底性条款。因此，本案应优先适用第31条"在先权利"条款进行认定。

商标法的适用是生动的、鲜活的，要跟随和适应不断发展的社会经济生活，如果过分教条主义、僵化主义，而不能理解背后的立法深意，看似创新案例，可能只是一个委曲求全的判决罢了。

穿越混淆判断的迷雾：对"非诚勿扰"商标案的评论

■ 陈明涛　白　伟

【导读】

"非诚勿扰"商标案再次证明了混淆判断是商标法中的最难命题。本案焦点应是不完全相同类别情况上，商标权保护范围的划定问题，即金何欢的商标能否从第45类中的"交友服务、婚姻介绍"延伸保护到"电视婚介文娱节目服务"，而不是节目名称是否构成商标性使用。

"非诚勿扰"商标案再次证明混淆判断是商标法中的最难命题。

2009年2月16日，金阿欢成功申请了"非诚勿扰"商标，核定服务项目为第45类，包括"交友服务、婚姻介绍所"等。2013年，他状告江苏卫视"非诚勿扰"节目名称商标侵权。该案二审改判停止侵权，导致江苏卫视被迫改名为"缘来非诚勿扰"；后经广东省高级人民法院提审，再审改判江苏卫视"非诚勿扰"节目名称不构成侵权。

案件引发了普遍关注，很多学者、实务人士均认为，案件的核心是节目名称是否构成商标性使用。

其实，节目作品名称本质是作品题材、内容、特点等因素的凝练性表达，存在描述性特点，显著性往往不强，但经过长期使用，容易产生第二含义，具有商业标识属性，这也得到司法和商业实践一再确认。如果本案对此否认，将不利于文化创意衍生产业的发展。

因此，笔者认为，本案焦点应是不完全相同类别情况下商标权的保护范围问题，即金何欢的商标能否从第45类中的"交友服务、婚姻介绍"延伸保护到"电视婚介文娱节目服务"。

一、使用程度对商标权保护范围的影响

商标使用被认为是商标法的生命，商标使用程度越高，知名度和显著性越强，不仅影响商标近似判断，也会影响类似判断。

例如，驰名商标之所以可以跨类保护，本质是使用程度极高，可以给予较大的保护范围。"已经使用并有一定影响的商标"具有禁止他人注册的权利，也是基于商标使用应给予适当保护的法理。而连续三年不使用撤销制度，则证明了商标不使用就不予保护的逻辑。

随着经济社会的发展，尤其是互联网时代，服务形态多样性、服务之间存在交叉是一种常态。本案中，江苏卫视提供一种婚姻类电视娱乐节目，与传统的"交友服务、婚姻介绍"必然存在不同。但不可否认的是，电视节目中附带婚介服务，即是服务多样化、交叉化的一种反映。

如果简单从目的、内容、方式、对象角度判断服务类似，很容易得到出服务类似的结论，就必须从使用程度对保护范围影响的法理角度考量。

对此，《最高人民法院关于充分发挥知识产权审判职能作用推动社会主义文化大发展大繁荣和促进经济自主协调发展若干问题的意见》（以下简称"大发展大繁荣意见"）中就认为："主张权利的商标已实际使用并具有一定知名度的，认定商品类似要充分考虑商品之间的关联性。"

本案中，涉案商标未进行长期、大量的使用，使用程度较低，也就难以获得较大范围的保护，延伸到婚姻类电视娱乐节目就相对困难。

显然二审法院没有考虑使用程度对保护范围的影响，简单化考虑混淆，再审法院予以纠正，指出："必须考虑涉案注册商标的显著性与知名度，在确定其保护范围与保护强度的基础上考虑相关公众混淆、误认的可能

性。"其观点是正确的。

二、相关公众认知对商标保护范围的影响

《最高人民法院关于审理商标民事纠纷案件适用法律若干问题的解释》第11条第2款规定："类似服务，是指在服务的目的、内容、方式、对象等方面相同，或者相关公众一般认为存在特定联系、容易造成混淆的服务。"

也就是说，在判断服务的类似性时，除了目的、内容、方式、对象等因素，还要需要考虑"相关公众的认知"。

相关公众的"认知"通常是指一般生活经验和交易观念。例如，最高人民法院的"大发展大繁荣意见"就认为："相关公众基于对商品的通常认知和一般交易观念认为存在特定关联性的商品，可视情况纳入类似商品范围。"

这就需要司法裁判者站在相关公众的角度，运用一般生活经验和交易观念去判断。

就本案而言，婚介类电视娱乐节目的相关公众，可以分为三类：一是纯粹为了享受节目娱乐性的电视观众；二是具有婚姻中介服务需求而观看的电视观众；三是与婚姻服务的营销有密切关系的其他经营者，如广告商等。

就涉案商标注册服务的相关公众而言，主要是为婚姻中介、介绍消费需求的社会群，与婚介类电视娱乐节目的相关公众存在交叉性。

而观看婚介类电视娱乐节目绝大多数受众是为了享受节目娱乐性，而不是需求婚姻中介服务。也就是说，基于相关公众的一般生活经验和交易观念，两个服务虽有交叉地带，但特定关联性不强。

在"滴滴打车"商标案中，法院之所以认为服务具有类似性，是基于互联网产生的特性，表面上提供互联网服务，实质提供运输服务，这与本案的情形并不一致。

再审法院判决中虽然也谈及了相关公众的一般认识，但并没有做进一

步深入分析，令人遗憾。

三、反向混淆的本质属性理解

反向混淆通常是指在后商标使用人对商标的使用已具有较高的知名度，使相关公众认为在前的商标使用人的商品来源于在后商标使用人或认为两者存在特定联系。

本案具有反向混淆判例的明显特征。江苏卫视作为一家著名电视服务提供机构，"非诚勿扰"节目取得了极高收视率，形成很强的知名度。而涉案商标持有人作为自然人，却没有大量、长期地使用商标，不具有知名度。

对此，很多人认为本案再审判断的实质原因是江苏卫视的知名度，金何欢没有有效使用商标，从而导致两者不产生混淆。

这实质是曲解了反向混淆的制度目的。反向混淆的设立，主要是为了防止大企业不当侵夺小企业的品牌利益，保护与激励小企业走自己的品牌之路。因此，本案商标持有人即使没有大量、长期使用商标，也同样应当受到保护，除非存在当事人意图不当的情形。

如前所述，本案中实质是在"跨类"前提下，产生使用程度与保护范围关系问题。如果江苏卫视提供的服务与注册商标在相同类别，就不再需要过度考虑知名度问题，除非双方的近似判断有必要。

商标混淆判断要突破简单化的思维，是一个综合因素考量的过程。其中，商标使用程度对保护范围的影响，相关公众的认识程度、混淆中当事人意图等因素都是要引起重视的。

"非诚勿扰"商标案的改判，必将作为一起典型案例载入商标法史册。

声音商标的显著性判断

——对腾讯"嘀嘀嘀嘀"商标行政案的评论

■ 田君露

【导读】

对显著性判断，要考虑固有显著性、获得显著性、标识来源功能、商标申请日、注册日、使用日和相关公众认知等要素。不能仅从固有显著性角度出发，简单看待声音商标的显著性。"嘀嘀嘀嘀"声音商标实际给了我们一个充分理解显著性的契机。

近期引发关注的腾讯"嘀嘀嘀嘀"声音商标案，再次验证了声音商标申请之难。

2014年5月1日，新商标法将声音纳入可申请注册商标的范围。然而，在目前申请的近400件声音商标中，仅有3件通过审查。腾讯"嘀嘀嘀嘀"声音商标的申请，同样也遇到了困境。

就在新商标法施行后第三天，腾讯就向商标局提出申请，将QQ应用程序运行中有消息传来时播放的"嘀嘀嘀嘀"声音注册为商标，但该申请被驳回。于是，腾讯向商标评审委员会提出复审，再被驳回。商评委认为该声音较为简单，缺乏创造性，难以起到区分服务来源的作用。随后，腾讯将其诉至北京知识产权法院。

该案是我国首例声音商标申请驳回复审行政诉讼案，案件实质在于声音商标显著性的判断标准。笔者认为，对声音商标的显著性判断应考虑如下因素。

一、声音商标的固有显著性与获得显著性

显著性又称为"识别性"或"区别性",是指用于特定商品或服务的标志,所具有的能够将这种商品或服务与其他同种或类似商品加以区分的特性。❶通常来讲,若一个标志具有能够识别商品或服务来源的能力,则认为其具有显著性。

在商标审查中,显著性是可注册性审查的核心内容,是任何一个标志成为商标的必要条件和前提基础。

根据显著性产生的方式,可分为固有显著性和获得显著性。固有显著性是指一个标志天然的具有区别产品或服务来源的属性。通常,如果一个标志天然地能使人印象深刻,或者与其标识的商品或服务之间的关系较为疏远,则认为其具有固有显著性。

而获得显著性则是指一个标志虽然缺乏固有显著性,但经过长期大量的使用产生新的含义,从而具备标识商品来源的能力。

对于声音商标来讲,其声音旋律越简单,则越容易被记住,但识别性就下降,固有显著性通常就低。然而,在其固有显著性较低的情况下,仍然可以通过后天的长期使用"获得显著性"。

本案中,商评委认为,腾讯"嘀嘀嘀嘀"的声音商标较为简单,缺乏独创性,指定使用在电视播放、信息传送等服务项目上缺乏商标应有的显著性。但是,商评委如仅从固有显著性的角度进行判断,未能考虑其获得显著性,对腾讯来讲则未免有失公允。

二、声音商标显著性的时间界点

对于显著性的判断,应当考虑商标申请日时、核准注册时及当前的事实状态三个时间界点。

例如对通用名称的判断,《最高人民法院关于审理商标授权确权行政

---

❶ 王迁:《知识产权法教程》,中国人民大学出版社2007年版,第430页。

案件若干问题的规定》（以下简称《最高院授权确权规定》）有如下规定：
"人民法院审查判断诉争商标是否属于通用名称，一般以商标申请日时的事
实状态为准。核准注册时事实状态发生变化的，以核准注册时的事实状态判
断其是否属于通用名称。"

对于商标显著性的判断，也适用该法理。首先以商标申请日时判断其显
著性，在核准注册时显著性发生变化的，以核准注册时的显著性为准。与此同
时，基于显著性不断变化的特性，裁判时也要参考当前使用状态的显著性。

本案中，腾讯公司于1999年2月正式推出第一个即时通信软件——腾
讯QQ，该软件一步步地逐渐成为中国网民最主要的聊天工具。但是，司法
裁判不应考虑这一日期，而要考虑2014年的注册申请时、2015年核准注册
时，以及当前的使用状态。显然，显著性都和当初使用时具有较大差异。

三、声音商标显著性与相关公众认知关系

对于显著性的判断，同样应当考虑相关公众的认识因素。《最高院授
权确权规定》的第7条规定："人民法院审查诉争商标是否具有显著特征，
应当根据商标所指定使用商品的相关公众的通常认识，判断该商标整体上是
否具有显著特征。"由此可见，商标的显著性判断与相关公众的认识具有直
接的关系。

相关公众是否可以通过声音商标判断商品或服务来源，是判定该商标
是否具备显著性的标志之一，而相关公众的认识是不断变化的。

说白了，显著性实质是一个不断改变相关公众认识的过程。

例如美国联邦信号公司就是通过向美国商标局提交消费者认知的相关
材料，才进一步证明其经过50年使用的报警声具备"第二含义"，最终在
2003年被批准注册为声音商标。❶

---

❶ 何雅等："声音商标的法律规制——声音商标的显著性研究"，载《法制博览》2015年第
33期。

本案中，腾讯"嘀嘀嘀嘀"声音商标是否具有显著性，也应当根据相关公众的认知来判断。经过腾讯公司连续多年使用，在拥有数以亿计用户的情况下，逐渐改变了相关公众的认知，让"嘀嘀嘀嘀"声音与QQ的即时通信服务相关系。

四、声音商标显著性与标识来源功能的关系

一个标识，初始时具有固有显著性，只是具备"可注册为商标"的条件，不意味着必然能标识来源。但是，如果标识不具有固有显著性，经过长期使用，可以标识商品或服务来源，则具有获得显著性，就可以被注册。

也就是说，固有显著性不具备标识来源功能，获得显著性一定具有标识来源功能。这是理解显著性与标识来源关系的重要逻辑。

因此，标识来源功能一定是通过不断使用而获得。对于"获得显著性"的标识，初始时往往仅有本商品的通用名称、图形、型号的，或者仅直接表示商品的质量、主要原料、功能、用途、重量、数量及其他特点的。但经过长期使用，可以具备注册条件。

由此可见，如果标识只表示商品或服务的功能，也依然可以被注册。本案中，商评委认为，"嘀嘀嘀嘀"声音不具有标识来源功能，所以不能被注册。一方面与其只考虑固有显著性的判断逻辑相矛盾；另一方面认为声音仅仅是软件提示消息的一个功能，不具有显著性，也曲解了获得显著性的立法本意。

基于声音商标特性，对显著性判断，要考虑固有显著性、获得显著性、标识来源功能、商标申请日、注册日、使用日和相关公众认知等诸多要素。不能仅仅从固有显著性角度出发，简单看待声音商标的显著性。"嘀嘀嘀嘀"声音商标实际给我们提供了一个充分理解显著性的契机。

不正当竞争及其他篇

防止因噎废食：理性看待竞价排名定性为商业广告

■ 陈明涛

【导读】

付费搜索（竞价排名）被有关部门定性为商业广告后，并没有平息争论。2016年7月8日，国家工商总局正式公布《互联网广告管理暂行办法》。其中第3条将付费搜索定义为互联网广告。按照该规定，今后像百度这样的搜索引擎服务商要对广告内容负有审查义务，否则将可能遭受相应处罚。那么，应如何看待该暂行办法对付费搜索的规定呢？

付费搜索（竞价排名）被有关部门定性为商业广告后，并没有平息争论。

2016年7月8日，国家工商总局正式公布《互联网广告管理暂行办法》（以下简称《暂行办法》），其中第3条将付费搜索定义为互联网广告。按照该规定，今后像百度这样的搜索引擎服务商要对广告内容负有审查义务，否则将可能遭受相应处罚。

对此，有观点认为，在该暂行办法的规定中，大部分互联网广告违法行为，最高处罚仅为3万元，即使一些参照《广告法》处罚的行为，一般的处罚上限也只有200万元。因此，对广告违法惩戒不到位，就是纵容更多违法。

那么，应如何看待《暂行办法》对付费搜索的规定呢？

一、付费搜索定性为广告不应过分加重搜索引擎责任

一直以来，对于付费搜索能否定性为商业广告存在极大争论。当前的

司法实践中，更普遍的认识是付费搜索本质是一种信息搜索技术服务。这是因为，如果将付费搜索定性为广告，需适用广告法中广告发布者责任，而非专门针对信息搜索服务设立的"避风港规则"，例如《侵权责任法》第36条的规定。从表面上看，前者要严于后者，前者规定了广告发布者内容审核义务，后者并没有规定内容审查义务。因为信息搜索技术服务提供者不同于一般广告发布者，要面对的是海量信息，例如众多网站网页内容，而且这些网页内容并不存储在搜索引擎服务器上，全面审查将无限增大其经营风险和成本，不利于互联网产业的健康发展。

实际上，不应割裂看待广告法和避风港规则之间的矛盾。即使是避风港规则，对于像红旗飘扬一样明显的违法信息，信息搜索服务提供者仍然具有审核义务，这就是常说的"红旗"规则。

因此，对广告法以及《暂行办法》中关于付费搜索的责任，应回归到"红旗"规则，不应过分加重搜索引擎责任。

二、《暂行办法》的处罚规定并不轻

《暂行办法》作为部门规章，主要是将法律责任的适用指向了广告法。而就法律责任的种类来看，广告法的法律责任分为民事法律责任、行政法律责任和刑事法律责任。例如，制作、发布虚假广告，构成刑事犯罪的，应承担刑事法律责任；损害消费者合法权益的，应承担相应的民事法律责任。

广告法的行政法律责任又可以分为两类：一是虚假广告行政法律责任，二是违反广告法禁止性规定的行政法律责任。无论涉及上述哪一种违法行为，广告法都是以"广告费用"作为计算行政处罚金额的基准。以虚假广告法律责任为例，单次违法行为，处广告费用3倍以上、5倍以下的罚款；两年内有3次以上违法行为或者有其他严重情节的，处广告费用5倍以上10倍以下的罚款。只有在广告费用无法计算或明显偏低的情况下，才适用法定赔偿限额，即最高不超过200万元，并非所有违法行为的最高处罚上限都是200万元。对于严重违法行为，广告法赋权工商机关可以吊销违法者的营业执照及广告发布许可。

由此可见，《暂行办法》对于违法广告的处罚力度是相当重的。有人举谷歌因医疗广告在美国被罚款5亿美元的事例，其实不是谷歌单纯提供在线广告，而是参与了非法药物的售卖过程。

三、过分倚重监管处罚是落后的治理思路

当前，互联网广告产业蓬勃发展，互联网广告收入成为支撑中国互联网行业"弯道超车"重要物质基础。治理互联网违法广告，不应一味依赖处罚，而应由政府、企业和公众共同打造"社会共治"的良性治理环境，用良币挤压劣币的生存空间，打造健康的互联网生态。

例如，对于严重侵害消费者利益行为违法广告，可以借鉴国外的"集团诉讼"制度。受害消费者自动作为原告加入诉讼，即"默认加入、明示退出"，再结合惩罚性赔偿，让消费者自己解决问题，而不是过分依靠政府部门的监管处罚。

不能因为一起魏则西事件，就借助"民粹"情绪，再走"乱世用重典""沉疴用猛药"的治理老路，而应真正走出一条公民良性自治的新路。

商业批评的尺度

——对神州专车"黑专车"事件的评论

■ 陈明涛　田君露

【导读】

"互联网+"时代的商业竞争，需要有序的市场环境和明确的市场竞争规则。神州专车剑走偏锋式的疯狂营销模式，在赚足网友眼球的同时，已然构成商业诋毁。

Uber的中国之路似乎注定不平坦，刚刚经历政府的打压，现在竞争对手也出招了。

2015年6月25日凌晨，有媒体刊登出神州专车"Beat U，我怕黑专车"系列主题广告，广告聘请著名演员吴秀波、海清等站台，表面宣扬公益打击黑专车，实则剑指竞争对手Uber，暗指对方涉及"毒驾、酒驾、醉驾"等安全隐患。该系列广告一经刊出，一石激起千层浪，引发网友热议。

然而出人意料的是，众多网友一边倒地支持Uber，对神州专车诋毁竞争对手行为表示反感，甚至有不少网友指责神州专车想出位想疯了。对此，神州专车不得不于当天下午发表"最诚恳的道歉信"，在道歉信的最后还赠送专车券。

不得不说，这种剑走偏锋式的营销模式看起来颇为成功，它让网友一天之内两次刷屏，引起极高的关注度。然而，笔者认为，神州专车此次营销推广涉嫌不正当竞争，构成商业诋毁行为。

一、这是典型的商业贬损行为

《反不正当竞争法》第14条规定："经营者不得捏造、散布虚伪事实，损害竞争对手的商业信誉、商品声誉。"

该条所调整的即为商业诋毁行为。

例如，在"奇虎与腾讯不正当竞争"一案中，最高人民法院认为，判定某一行为是否构成商业诋毁，其判定标准是该行为是否属于捏造、散布虚伪事实，对竞争对手的商业信誉或者商品声誉造成损害。反不正当竞争法并没有对商业诋毁的语言作出限制，诋毁语言并不一律要求有感情色彩，无论是包含如憎恨、羞辱、蔑视的语言或者骂人的话，还是不带任何感情色彩的陈述，只要其中涉及的事实是虚伪的，是无中生有的，并因此损害他人的商业信誉和商品声誉，就构成商业诋毁。

然而，神州专车此次遭人诟病的营销行为中，指出黑专车理赔难、诱惑多、毒驾、醉驾、酒驾等种种安全隐患，这些问题确实真真切切客观存在，并非虚构。

从表面看来，神州专车似乎并不构成商业诋毁行为。

目前法律条文尚未将商业贬损纳入商业诋毁之内，这是立法的不足，因为商业贬损行为不以虚构事实为要件，只要从日常生活经验与社会公众的一般认知角度，能够认定对竞争对手商誉进行贬低即可。

在神州黑专车广告中，以黄底黑字的大字号标示"Beat U，我怕黑专车"，直指Uber，暗示专车就是黑车，需要打黑。专车是否为黑车，尚未有官方定论，神州专车直接将Uber专车与黑车画等号，其践踏竞争对手抬高自己的行为不妥，已然构成对竞争对手的商业贬损。

二、以"正常市场经营者标准"认定过错

对于过错的认定，传统侵权责任法遵循"善意的管理人"标准。放在

竞争法领域，就要求过错的判断放在一个正常的、合理的、善意的从事市场经营的主体角度考虑。

在"黑专车"事件中，神州专车并没明确指出Uber就是黑专车，看起来很难判定有恶意。但是，站在一个正常的、合理的、善意的市场经营者角度，在神州专车系列主题广告中，众多明星手持"U"字标牌，结合广告文案中出现"老卡"（Uber 创始人卡拉尼克）、"乌伯"（Uber 中文发音）字样，其指向Uber的意图很明显。

另外，政府鼓励发展专车业务，并未将专车定论为黑车。Uber 专车是否为黑车，作为一般消费者有权利对其进行评价，而神州作为 Uber 竞争对手，则无权过度贬损。因此，神州专车直接将 Uber 专车与黑车画等号，主观上存在明显的恶意。

三、让"罚足以畏"来追究责任

就正当的市场竞争而言，它是竞争者通过必要付出的诚实竞争。互联网时代，不断创新提高竞争力无可厚非，但是，竞争自由和创新自由必须以不侵犯他人合法权益为边界，逾越边界就应当喊停。

对此，反不正当竞争法将停止侵权作为第一位的救济手段。因此，神州专车侵犯Uber商誉行为应停止。

与此同时，对于神州专车的恶意侵权行为，也应当给予严厉赔偿处罚。反不正当竞争法的赔偿数额通常按照权利人的损失或侵权人获得的利益来计算，在两者均难以确定的情况下适用法定赔偿。

此次神州黑专车事件中，不管是权利人损失，还是侵权人的获益，其实都难以计算。不难想象，如果诉诸法院，必将会是一个"中国特色式赔偿额"，即采用法定赔偿，最多几十万元。

如果罚不以畏，不良的市场经营者就会肆无忌惮，就难以建立起良性的市场经营环境。因此，对于神州专车恶意贬损竞争对手的行为，应当适用带有惩罚性、高额的赔偿。一方面，对神州专车的恶意侵权行为进行惩罚，将其罚到肉痛，承受高昂代价；另一方面，为市场竞争者敲响警钟，防止类似商业贬损行为再次发生。

在"互联网+"时代，商业竞争激烈程度前所未有，更需要有序的市场环境和明确的市场竞争规则。那种希望借用"背后力量"打击竞争对手的行为最终难得人心。

机械理解法条与过度理论创新：对广药与加多宝"红罐"凉茶包装装潢纠纷案的评析

■ 陈明涛

【导读】

2015年12月19日，广东省高级人民法院对广药集团与加多宝"红罐"凉茶包装装潢纠纷案宣判。法院裁定加多宝败诉，赔偿广药1.5亿元及维权费26万余元。

这是有史以来第一起赔偿过亿元的不正当竞争案！

然而，正如当前知识产权审理典型的"中国特色"，要么机械理解法条，要么过度理论创新。可以说，本案的审理，集中反映了这两个特点。

本案抹杀了"商标权"和"知名商品特有包装装潢权"的权利边界，错误适用混淆理论，对商标许可理论过度创新。

通常而言，为了防止相关公众混淆，在商标转让过程中，应当将近似标识一并转让。根据《商标法》第42条第2款的规定："转让注册商标的，商标注册人对其在同一种商品上注册的近似的商标，或者在类似商品上注册的相同或者近似的商标，应当一并转让。"广东省高级人民法院的判决逻辑类似于该条。其在判决书中认为，在"王老吉"商标被许可给鸿道集团使用之前，尽管加多宝公司在后来确实对王老吉"红罐"凉茶知名度提高作出了贡献，但由此所产生的商誉仍然是附属于知名商品王老吉凉茶的。而此时的

"王老吉"商标已与红罐凉茶包装装潢的其他要素紧密结合、密不可分，一并构成本案包装装潢，换句话说，红罐包装是不能脱离王老吉商标而单独存在。因此，广药集团在收回王老吉商标时，附属于涉案知名商品的特有包装装潢就应一并归还给广药集团。

笔者认为，这样的理解是严重错误的，其理由如下。

（1）不同的商业标识有其固定的权利边界，不应混同。对于一个商品而言，通常包括的标识有商标、商号、知名商品的特有名称、知名商品特有的包装装潢、域名5大类。这些商业标识，既可能是同一标识，也可以分属于不同的标识，各有不同的保护范围、保护依据及权利内容。如典型苹果公司，商标、字号、域名都是"APPLE"，而知名商品的特有名称有"iPhone""iPad"（当然这些标识又被申请为商标）。这些商业主体通常采用一体化品牌保护策略，却不能简单等同于这些标识之间没有边界。广东省高级人民法院认为，红罐包装是不能脱离王老吉商标而单独存在的，这显然是错误理解了不同商业标识的界限。如果这一逻辑成立，商标、商号、知名商品的特有名称、知名商品特有的包装装潢、域名将没有必要区分，必然造成整体商业标识制度混乱。

（2）王老吉商标和"红罐"包装装潢不构成混淆。如前所述，如果不同商业标识被不同民事主体所拥有，则可能产生权利冲突，也可以产生权利共存，关键看是否构成混淆。按广东省高级人民法院判决逻辑，红罐包装是不能脱离王老吉商标而单独存在，显然是认为王老吉商标和"红罐"包装装潢构成混淆。

然而，对于混淆的判断则要依据标识本身的构成要素（形、音、义）、知名度和显著性、使用的历史、现有市场秩序、当事人的意图等因素综合判断。就标识构成要素而言，一个是纯文字构成，一个是图案、外形构成，不具有标识可比性；就现有市场秩序而言，加多宝已经投入大量的广告，让消费者区分王老吉商标和"红罐"包装装潢；就当事人意图而言，加多宝早在许可协议终止前，就为王老吉商标和"红罐"包装装潢的区分准备，在"红罐"上使用加多宝标识。如果说最大问题，是出在知名度，尤其是使用的历史因素方面，就如判决书中所言，王老吉商标和"红罐"包装装潢长期共同使用，密不可分。然而，如前所言，混淆的判断是一个综合判断的过程，不能单顾一点，不及其余，要结合全面的案情。显然，广东省高级人民法院的判断过于草率。

（3）对商标许可制度不应扩大解释。即使王老吉商标和"红罐"包装装潢构成近似标识，至多是加多宝公司停止使用，不能让其归属于广药集团。根据《商标法》第42条第2款，其立法本意是防止消费者混淆，同时也符合转让合同的目的，即转让人如果仅是转让一个商标，不转让近似商标，则意味着没有真正实现"转让"之目的。

而本案的情形完全不同，广药集团在商标权利许可时，就不包括"红罐"包装装潢，在权利返回时，只要被许可人停止使用，即达到了许可合同解除的目的。根据我国《合同法》第97条规定："合同解除后，尚未履行的，终止履行；已经履行的，根据履行情况和合同性质，当事人可以请求恢复原状，或者采取其他补救措施，并有权要求赔偿损失。"也就是说，根据商标许可合同的性质，广药集团只享有恢复原状，补救措施、赔偿损失的权利，根据不存在转让"新标的物"的权利。广东省高级人民法院的判决，实质是打着防止"混淆"旗号，不当扩大了权利许可人的权利，鼓励了商业标识不劳而获。可以说，商业标识的使用是整个商业标识法的灵魂和生命，就是要鼓励市场竞争者使用商业标识，防止市场竞争者不劳而获，轻易地搭便车。然而，广药集团通过许可协议，就可以轻易坐享"红罐"包装装潢的商誉，天下哪有这么好的免费"午餐"？

这一系列案件的焦点在于是"裸露许可"的法律适用，司法裁判者是一错再错。

我国《商标法》第43条规定，商标注册人可以通过签订商标使用许可合同，许可他人使用其注册商标。许可人应当监督被许可人使用其注册商标的商品质量。根据该条，许可人应当对被许可人享有控制质量的义务。

该条是消费者利益保护条款，其立法本意在于，商标的重要功能是质量保障，如果许可人不能够控制被许可人的质量，则造成消费者因信赖该标识的商誉，会产生利益受损的情况。

问题在于，当商标许可人对于商标许可人不加控制，仅仅收取许可费，则将产生何种法律后果？

《商标法》第43条没有明确规定许可人不加质量控制所产生法律后果。但是，可以比较其他国家立法例，如在《美国兰哈姆法》（商标法）规定，如果商标许可人对被许可人不加任何控制，则产生放弃商标的法律后果。就这一系列案件而言，广药集团是否在许可协议中添加了质量控制条款，是否从事了质量控制行为，目前不得而知。但是，从商标使用的历史来看，消费者认可加多宝出品王老吉商标和"红罐"包装装潢的产品质量。在商标权利收回后，由于二者产品配方并不一致，能否实现产品质量一致，保障消费者利益，反而值得商榷。从消费者利益角度出发，理应将商业标识和质量一致起来，归属于加多宝继续使用更为合适，也更符合商标法立法宗旨。

在此，还要做进一步分析。依据《商标法》第43条，商标许可人是否应当防止商标混淆？实际上，质量保障是商标标识来源功能的附加功能，个商标如果达不到标识来源，何谈质量保障？因此，正确理解《商标法》第43条，应当是商标许可人必须保障商标具有标识来源，防止混淆，使产品质量一致，从而减少消费者的搜索成本，保护消费者的利益。

就广药集团与加多宝的一系列案件来看，消费者是真正的受害人，这显然不符合商标法的立法本意，更不符合《商标法》第43条设计初衷。因为消费者已经将王老吉商标和"红罐"包装装潢认知为加多宝，把王老吉商标和"红罐"包装装潢归属于广药集团，反而造成消费者严重混淆，侵害了消费者利益。在这种情况下，加多宝进行大量的广告宣传，是防止消费者混淆的有益之举，不应认定为虚假宣传。

商标法表面是商标注册人的保护法，本质是不正当竞争防止法、消费者利益的保障法。当前的司法裁判者，一方面过度进行理论创新，扩张解释商业标识许可制度，片面解读混淆概念；另一方面机械理解商标法的立法本意，从"商标人权利人保护"角度简单适用法条。这样形成的商标法及不正当竞争赔偿第一案，何以服众？

开放VS封闭：微信封杀网易云音乐服务事件法律分析

■ 陈明涛

【导读】

1989年，一个叫蒂姆–伯纳斯–李的科学家被调入"欧洲粒子物理实验室"工作，那是一个庞大的科学家组织，有9 000名科学家会员。如何让这些科学家彼此协同，共享科学成果，就成为问题。蒂姆–伯纳斯–李接受的任务就是开发能让科学家们共享成果的软件系统。在一个盛夏的傍晚，他正在实验室走廊里散步，院子里紫丁香花盛开，让他突发灵感：紫丁花香味信息通过鼻子吸入，为什么即刻被相互联结的大脑神经传递，使人意识到花季到来？何不仿照这种方式组织信息，让储存在不同计算机中的资料，像神经系统那样联结形成网络，构造某种"蜘蛛网"结构的超文本结构。蒂姆–伯纳斯–李将之命名为"Web"，并把这个超文本链接网络称为"WWW"（万维网）。

这就是互联网创始者蒂姆–伯纳斯–李发明万维网的故事。可以说，互联网在诞生之初，就带着共享基因，秉持着开放精神。

然而，开放共享带来了互联网繁荣，也产生了难以回避的法律难题。20多岁的布莱姆–科恩患有严重的社交障碍，但他是一名天才程序员。2001年，他用了9个多月时间编写了非常巧妙的软件，可以让用户共享庞大数量的数据。遗憾的是，软件迅速成为盗版电影泛滥的主要工具，使非法盗版文件下载占据整个互联网流量的1/2。

这个软件就是大家熟知的BitTorrent。

它让布莱姆-科恩毁誉参半，网民将他视为神明，电影公司称他为"臭名昭著的发明者"。在接受《外滩画报》的某次专访时，布莱姆-科恩表达了自己的无奈："人们总是希望我选择一边，当一个版权卫士或者反版权斗士，但我只是技术提供者。在我开发这一软件的时候，版权侵犯并不是我要考虑的。"

开发微信的张小龙同样有点偏执，就像当年的BitTorrent，微信很快成为中国网民最依赖社交软件。然而，在开发它的时候，版权问题是张小龙所在的腾讯公司考虑的。

据报道，目前拥有上亿用户的微信软件，基于版权侵权原因，封杀了网易云音乐用户分享链接。如果在网易云音乐中想要把音乐分享到朋友圈，微信界面会弹出一个错误界面，上面写道"无法分享到微信，由于当前分享的应用涉嫌含有侵犯他人合法权益的内容，无法分享到微信"。

腾讯公司的封杀行为引起巨大非议，很多人认为这违背了互联网开放共享精神，涉嫌不正当竞争。也有人认为，这是市场的自我调节，微信以牺牲用户体验方式封杀，自我承受后果，与其他竞争对手没有关系。

那么，从法律的角度，腾讯公司的行为是否有其正当性？这就涉及两个问题：一是腾讯公司的版权侵权的理由是否具备合理性；二是封杀行为是否违反不正当竞争。

如前所述，开发共享是互联网先天基因，促进了作品分享的迅速便捷、传播的急剧扩大，但也造成版权人与软件技术提供者的紧张关系。可以说，版权问题一直是互联网产业发展的"阿喀琉斯之踵"，是所有互联网技术提供者不得不面对的问题。

微信同样也不例外。

对于在微信平台分享的音乐链接，腾讯公司实质属于网络链接服务提供者角色。根据《信息网络传播权保护条例》第23条规定："网络服务提供者为服务对象提供搜索或者链接服务，在接到权利人的通知书后，根据本条例规定断开与侵权的作品、表演、录音录像制品的链接的，不承担赔偿责任；但是，明知或者应知所链接的作品、表演、录音录像制品侵权的，应当承担共同侵权责任。"由此可见，腾讯公司作为链接服务提供商，明知或者应知链接的音乐作品侵权的，要承担法律责任。尤其是面对显而易见的盗版作品，例如流行度极高的音乐，不能采用鸵鸟政策，负有主动审核的义务，应当及时断开链接。

因此，腾讯公司基于版权理由断开链接有其合理性一面。然而，并不是所有网易云音乐链接都是侵权，腾讯公司是否有权利一封了之？这就是涉及第二个问题，即"封杀行为"是否破坏了正当竞争秩序。

当前，互联网企业竞争白热化，不正当竞争情形频发。如何制定公平的游戏规则，考验司法裁判者的智慧。例如，在百度公司诉360公司插标及修改搜索提示词一案中，北京市高级人民法院就主张，互联网经营者在经营互联网产品或服务的过程中，应当遵守公平竞争原则、和平共处原则、自愿选择原则、公益优先原则和诚实信用原则。尤其是该案提出了"非公益必要不干扰原则"，即虽然确实出于保护网络用户等社会公众的利益的需要，网络服务经营者在特定情况下不经其他互联网产品或服务提供者同意，也可干扰他人互联网产品或服务的运行，但是，应当确保干扰手段的必要性和合理性。否则，应当认定其违反自愿、平等、公平、诚实信用和公共利益优先原则，违反互联网产品或服务竞争应当遵守的基本商业道德，由此损害其他经营者合法权益，扰乱社会经济秩序，应当承担相应的法律责任。

应当说，腾讯公司的封杀行为是平台内部的自我管理，不涉及外部干扰网易云音乐运行。例如，2011年，Facebook公司为了保护其广告业务，曾经封杀第三方的插件服务。为此，第三方插件服提供商Sambreel公司将其告上法庭，审理该案的美国加利福尼亚地区法院认为，Facebook有权控制自己产品，规定用户、应用开发商、广告客户必须遵守的协议，以使得他们可能使用Facebook的产品，垄断法不会限制从事商业者自由地选择和谁进行交易，这是一项早已被认可的权利。也必须承认，网易云音乐确实存在较为严重的侵权盗版行为。例如2015年1月21日，广州市文化市场综合行政执法总队就网易公司旗下"网易云音乐"1 542首歌侵权盗版案件，作出行政处罚决定，责令停止侵权行为并罚款25万元。因网易云音乐的盗版问题，腾讯公司还与之诉诸公堂。在此情况下，基于平台内部的封杀行为，就具备避险措施及自助行为性质，产生合理性和必要性的依据。

"没有权力能够控制整个网络"，是互联网先驱们构建互联网的原则之一。但是，开放共享不是没有任何理由的，简单地以网络互通共享之名，伤害他人的利益，同样违背了人类建立互联网的初衷，是对互联网发展的"另一种伤害"。对于互联网企业而言，也要在不损害自身利益、市场利益、公共利益的前提下，尽可能遵循开放共享的互联网精神，小心呵护互联网的发展，共同构建开放、互助、平等、和谐、有序的互联网产业环境。

企业名称特定简称的侵权认定分析

——对中国国际金融股份有限公司诉深圳前海中金集团有限公司案的评论

■ 张　博

【导读】

在具备识别商品和服务来源功能的前提下，企业名称特定简称是应当受到法律保护的，其保护范围及排斥力的强弱与那些因素存在密切关系。在司法适用过程中，看似相似的案情，也存在迥异的判决结果。其中内在原理又是什么，下文将为您一一解答。

市场生产经营中，为方便传播，人们经常使用特定简称指代某一企业，像"首发""北汽""中粮"这样的企业简称比比皆是，但简称能否像企业名称一样受到法律保护呢？2017年年初，深圳市中级人民法院审结了一起由企业简称被他人使用所引发的不正当竞争案件，这将一直处于模糊地带这一问题推向了瞩目位置。

中国国际金融股份有限公司（以下简称中金公司）是国内较知名的金融服务企业。近年，其因企业简称"中金"被多家企业使用，遂于2016年4月诉之法院，被告为深圳前海中金集团有限公司（以下简称前海公司）等7家关联企业。一审判决以深圳前海中金集团有限公司、深圳市前海中金财富管理有限公司等6家企业恶意使用其他知名企业名称，容易引起一般公众混淆为由判定侵权成立，责令前海公司及6家关联企业立即停止在金融服务领域使用含有"中金"文字的企业字号，停止在金融服务领域使用含有"CICC""中金"字样的商业标识（见图1），并连带赔偿中金公司经济损失及合理维权费用人民币300万元。

图1　中金公司和前海公司的商业标识

此案一经认定，就在学术界和实务界引起很大的争议，该案审理法官邹雯法官、中山大学法学院李扬教授都给出了不同的观点。笔者认为，本案凸显了企业特定简称侵权认定的复杂性，要理清此问题，必须要探讨如下几方面因素。

一、企业名称特定简称保护的正当性

根据《反不正当竞争法》第5条，经营者不得擅自使用知名商品特有的名称、包装、装潢，或者使用与知名商品近似的名称、包装、装潢，造成和他人的知名商品相混淆，使购买者误认为是该知名商品。然而，该条并没有规定要保护企业名称的特定简称。因此，企业名称的特定简称保护的正当性就成为一个值得探讨的问题。

对于市场经营者，特定商业标识能够起到标识商品和服务来源的作用，从而让消费者能够通过特定标识快速区分产品和服务来源，减少搜寻成本。这是企业名称受到保护的基本原理，那么，企业名称的特定简称是不是也能够起到同样的作用呢？在实际生活中，毋庸置疑，企业名称是最能够识别来源的，然而，有的企业名称中的字号由于过长、拗口、生僻等多种原

因，并不利于公众使用和传播，因此，基于实际使用需求，经过口耳相传，在约定俗成当中，特定简称本质上起到标识商品来源的作用。这就成为企业名称特定简称能够被保护的正当理论依据。

在司法实践中，法院通过判例对其进行了保护。例如，最高人民法院在"山东起重机厂有限公司诉山东山起重工有限公司侵犯企业名称权纠纷案"中就明确了此问题，即企业名称简称的形成与两个因素有关：一是企业使用的简称能否代替其正式名称；二是社会公众对于简称与正式名称所指代对象之间的关系认同。

在"中金"案中，法院认定，"中金"字样被该企业长期、广泛对外使用，并在其官方网站的公司简介、所获奖项列表、周年庆宣传册等材料中，均以"中金公司"进行自我指称。中国证券业协会在年度各项指标排名中也均以"中金公司"指称原告，此外，原告还被多份媒体，如《上海证券报》《国际金融报》《21世纪经济报道》《财经时报》《证券日报》《中国证券报》《中国经营报》等刊物以"中金"或"中金公司"所指称，具有一定市场知名度、为相关公众所知悉，属于已实际具有商号作用的企业名称简称，可认定"中金"公司与原告之间建立了稳定的联系，因此也应当视为企业名称予以保护。应当说，这样的认定是有一定道理的。

二、侵权认定中的特定简称之构成要素

企业名称的侵权认定过程，也就是对近似名称的"音""形""义"进行认定，这也是企业名称构成混淆的前提。例如，就构成要素来讲，企业名称与其他企业简称完全相同，还是名称中还含有其他文字，就要依具体情况个案判断，不能一律认为企业名称中"字号"与简称相同就一定构成近似，也不能因为名称中还有其他文字，就一律判断为不近似。当然，一般来讲，企业名称与其他企业简称相同的，被认定造成混淆或存在混淆可能性的概率更大。

在本案中，7被告的企业名称使用中金字样，是字号中含有"中金"，如"深圳市前海中金集团有限公司""深圳市中金信诺股份股权投资基金管理有限公司"，"前海中金"与"中金信诺"应是字号，与原告中金公司的简称"中金公司"在音、形、义的构成要素不相同。这就需要结合侵权认定的其他要素综合判断。

三、侵权认定中特定简称的知名度与显著性

在判定名称侵权的过程中，企业名称特定简称的知名度和显著性同样是重要考量因素。而显著性又分为固有显著性和获得显著性，固有显著性是标识本身所具有显著性，例如臆造词的显著性强于描述性词汇。而获得显著性，也称为第二含义，是标识经过长期使用而形成的显著性。在混淆判断过程中，知名度越高，显著性越强，认定侵权的可能性也就越大。

例如在"钱柜企业股份有限公司"诉"遂昌县东方钱柜服务中心"等侵害商标权及不正当竞争纠纷案中，法院认为，"钱柜"二字既是钱柜公司系列注册商标的主要标识部分，也是其企业名称中的字号，钱柜公司已在台湾地区及大陆开设多家门店，并通过杂志、报纸进行广泛宣传，使得"钱柜"系列注册商标及其"钱柜"字号在KTV行业中获得较为广泛的知名度，为相关公众所知悉。而遂昌东方钱柜易使一般公众认为两个主体之间存在某种特定联系，进而对服务来源产生误认，故遂昌东方钱柜的行为构成对钱柜公司的不正当竞争。

本案在不正当竞争行为的认定中，既要考虑"中金公司"本身的显著性，也要考虑"中金"作为知名商号简称的知名度因素。"中金公司"于1995年成立于北京，经营范围覆盖股票、投资银行、基金管理、资产管理等金融业务，在我国金融服务领域享有较高知名度。中金公司在境内设有多家子公司，在上海和深圳设有分公司，在北京、上海、深圳等18个城市设有证券营业部。中金公司的海外市场也遍及多个国家和地区，在香港、纽约、伦敦和新加坡4个金融中心设有子公司，且屡获殊荣。例如2013年和2014年获得最佳本土券商、2014年机构投资者综合排名第一名、2014年对

冲基金服务亚洲区第二名、2013年中国地区最佳投资银行等。另外，中金公司在2010年1月推出"中金一号集合资产管理计划"，该产品在2012年"怀新投资杯中国最佳财富管理机构暨第五届中国最佳证券经纪商评选"中被评为"中国最佳固收产品"之一。

通过以上情况可以判断，在金融服务这一特定领域内，"中金公司"或"中金"本身的显著性虽然不强，但是由于具有足够的知名度，使一般公众在看到该标识时，就会联想到中金公司。

四、侵权认定中的"恶意"因素

使用人的恶意也是构成侵权的重要主观要件，对于恶意的具体判断要素，《最高人民法院关于商标授权确权行政案件若干问题的规定（公开征求意见稿）》第17条就规定："在先使用的商标显著性较强，或者商标申请人与在先商标使用人处于同一地域等因素均有助于认定恶意。通常情况下，在先使用商标已经有一定影响力，而商标申请人明知或者应知该商标，即可推定其具有恶意。"也就是说，商业标识处于同一地域、行业及知名度、显著性的因素，是判断恶意的重要条件。

例如，在"爱童游乐公司"诉"京奇乐儿童乐公司"的企业名称含有"奇乐儿"字样构成不正当竞争一案中，由于原告与被告处于同一行业，且原告在行业内具备较高知名度，法院认为，京奇乐儿童乐公司未经许可，将涉案第6955474号注册商标中的主要识别部分"奇乐儿"文字作为其企业字号"京奇乐儿童乐"的重要组成部分，主观上具有恶意竞争的故意，客观上容易误导公众，使公众误认为其与"奇乐儿"商标权利人之间存在关联关系。该行为违反诚实信用原则，损害了爱童游乐公司的合法权益，构成不正当竞争，故京奇乐儿童乐公司应承担停止使用该企业名称、赔偿经济损失的法律责任。

本案中，原告开展的基金业务中包括公募基金业务和私募基金业务，各被告实际经营的业务主要为私募基金业务，其业务范围与中金公司存在竞争关系。从被告发行"中金二号"产品，企业宣传中突出使用"中金"二字，具有一定的主观恶意性，容易造成一般公众的误认和混淆。

五、侵权认定中特定简称的使用历史与现状

标识使用的历史和现状同样作为混淆考量的重要因素，在很多的案件被采纳。例如，"上海张小泉刀剪总店"诉"杭州张小泉集团有限公司"商标侵权纠纷案中，法院就认为"上海张小泉"应享有在先的权利及范围，虽然"上海张小泉"突出使用了"张小泉""上海张小泉"，但此行为是在长期的历史过程中形成的，并非具有搭"杭州张小泉集团"注册商标便车的主观故意，因此根据公平、诚实信用原则，上海张小泉刀剪总店的行为不构成商标侵权和不正当竞争。

在"紫光集团有限公司"诉"威海紫光生物科技开发有限公司"一案中，法院也认为，被告在2007年12月成立之初的企业名称中即含有"紫光"二字，虽经数次更名，但"紫光"二字始终存在，原告作为被告公司成立时的股东始终知晓被告公司使用并沿用"紫光"二字作为企业名称的事实，被告并非恶意在其企业名称中注册并使用"紫光"二字，就没有判定混淆。

在"中金"案中，被判定构成不正当竞争的6家企业，经在企业信息公示系统查实，均属于关联企业，且成立时间均在2013～2015年，并不存在长期历史形成的这一可能性。

六、小　结

综上所述，在具备识别商品和服务来源功能的前提下，企业名称特定简称是应当受到法律保护的，其保护范围及排斥力的强弱，与特定简称本身的构成要素、显著性、知名度、当事人意图、使用的历史与现状等因素存在密切联系。在司法适用过程中，看似相似的案情，却也可能存在迥异的判决结果，只有抓住商业标识立法保护的内在原理，才能真正有效维护市场竞争。

"互联网+"时代知识产权从业者的选择

■ 张 峰

【导读】

当"互联网+"成为时代的标签和特征，当法律服务从业者还一度在互联网风暴的避风港中暗暗庆幸时，然而某一天，行业中的知识产权从业者蓦然发现，这个行业已经失去了往日的平静，到底何去何从，考验着我们的智慧。

当"互联网+"成为时代的标签和特征，当法律服务从业者还一度在互联网风暴的避风港中暗暗庆幸时，然而某一天，行业中的知识产权从业者蓦然发现，这个行业已经失去了往日的平静，行业的创新者们，有的以免费、低价为营销手段，在投资资金的助力下，不断刷新行业服务价格的底线；有的正搭建知识产权行业的"淘宝""京东"服务平台，囊括天下代理人，想要一统江湖。

创新层出不穷，变革即在眼前。

作为知识产权传统行业的代理人和律师，该何去何从，是顺应潮流、还是被潮流淹没？"互联网+"与"金融"的结合真能颠覆这个传统的行业吗？

一、"羊毛出在猪身上"——低价免费型模式

免费和低价是"互联网+"和金融资本结合后的商业特征，创业者依靠

机构投资维持相当长时间的优惠措施，吸引客户，并到达一定临界点后，形成规模效应；再依靠知识产权服务"黏性"强的特点，继续服务客户，这种靠侵略性价格清场，再通过后端服务盈利的模式，被称为"羊毛出在猪身上"，这种商业模式正在诸多行业发起变革。

全国从事知识产权服务的机构1万多家，对于知识产权中的商标和专利代理而言，十几年来其国内代理费一直维持低价未见增长，足见行业竞争之激烈，就代理费而言，其实已经没有多少利润可言，低价免费的代价较大；也不是所有的前期注册申请业务都能带来后期收费，商标如此，专利更加困难，在国内知识产权运用水平和维权机制尚不完善的环境下，行业的主要营收还是来源于前期的注册费用。

知识产权服务的专业性以及客户对服务机构或服务者个人的依附性强，这样一是难以彻底将现有市场格局"分流"，二是也考验新兴创业者的专业能力和服务水平；国内案件的代理，尤其是专利代理的主要问题是代理费用过低，代理质量不高，如果再压低价格，质量改善、行业发展也将受到影响。

尽管有上述客观情况，但毋庸置疑，这个行业正在面临颠覆性的改变，至少市场份额正在被后起的创业者逐渐蚕食，这已经是一个不变的事实。让我们推测一下将来的可能趋势：

如果这种低价免费措施能够长期存在，说明这个行业能够依靠后续的服务弥补前期的付出，说明这个行业的服务结构的确需要改良，其结果就是每家代理机构，商标注册申请代理都免费，专利代理都压低价格，都在依靠后续服务收费，其结果是新兴的创业者通过网络效应和前期优惠，分出了一定的市场份额，尽管随着免费低价的优惠措施将会失去吸引力，将会逐渐式微，但只要后续服务跟得上，网络效应和品牌效应继续发酵，也会越走越强，整个行业失去了前期收费的能力，整个行业利润更加薄弱，传统行业被迫让出市场份额，市场又重归平静。

如果这种低价免费措施不能够长期存在，即使是有投资支持的创新者在获得足够客户后，迫于成本压力也最终回归理性，代理价格在其成本可以承受范围内回归到一定临界值。那么其结果是，低价免费成为昙花一现，但新兴创业者就此获得了足够的客户，只要其后续服务能够跟得上，创业者还会成为市场赢家，传统行业的固守者还是被分走市场份额，其代理费价格也被迫调低，并且不排除新兴创业者在网络效应的支撑下，其后续服务能力也跟得上，会越走越强。

综上，行业的变革已经不可避免，知识产权服务行业人身依附性、专业性强等只会影响变革规模的深入度，但不会阻止行业的变革，新兴创业者的后续服务能力也是一个伪命题，因为总有服务能力强的创新者出现，这是不可改变的趋势，不是A就是B。因此。作为行业的从业者，要么被颠覆和被压缩市场份额，要么做颠覆者，别无他法。

二、知识产权界的"淘宝"——平台模式

相对于其他行业，法律服务行业的信息不对称略为明显，知识产权业也是如此。互联网具有使信息透明化的功能属性，可以让供需双方直接沟通和交易，由此，知识产权平台服务的创业模式应运而生。

在这个平台上，客户可以选择律师或代理机构，反之律师或代理机构也可以对客户提供的业务投标竞价，服务过程中客户可以对律师或代理机构进行打分评论，平台让所有信息公开化，竞争透明化，平台运营者按照代理费一定比例收取管理费。

而这样的平台出现并不是什么新事物，在法律服务行业积累了众多失败的案例，留存下来的寥寥无几。成功基于众多因素的促和，失败各自有其原因，因此个例的失败并不能否认行业发展的趋势，知识产权服务业的信息不对称终归要在竞争中越来越透明，正是如此，业内的创新者才此起彼伏、前赴后继。

平台服务模式能否成为知识产权服务业信息不对称的终结者，对行业进行颠覆性的变革呢？

这取决于平台创业者能否顺利解决所遇到的主要困难，例如如何使客户能够简单、便捷地找到物美价廉的服务，就像在淘宝上购物一样便捷；如何吸引足够多、足够好的律师、代理人来平台入驻，提供优质服务；如何利用优惠措施吸引客户来平台寻求服务，如何宣传平台的知名度和影响力；如何有效地控制平台之外的线下交易等。

作为没有平台运营经验的局外人，我们可能并不能透彻平台创立发展中的所有问题，但现有的平台运营者，例如通过前期的专人服务引导，让客户寻求法律服务更为容易方便；开发平台支付软件，提供免费和方便的结算方式等，正在逐渐地克服这些细微但重要的困难。

现在尚不能推断平台业务会对传统服务产生多大的变革，但可以预知，一旦某个平台能够成功地运营起来，首先将会逐渐改变传统法律服务行业依靠人脉获取客户的模式；逐渐会为行业树立一个服务准则和收费标准；以往基于信息不对称导致的不合理收费，以及专业能力不能有效展现的问题，在互联网的平台下将不再是问题；竞争更加充分透明，客户具有更多的选择；市场机会均等，强者更强，弱者没有了机会，客户得到实惠。

从这个角度而言，平台服务必将对知识产权服务业造成冲击，只是程度能有多深尚难预测。

三、向左，向右？——传统行业的选择

行业在变化，市场在转型，作为个体从业者或机构将何去何从？

首先要以不变应万变，把专业作为立身之本。真正决定生存与否的还是专业服务的能力，能否为客户解决问题才是根本。

作为个体从业者，专业永远是立身之本，无论市场怎么变，专业服务和专业能力的需求不会变，有本事在身，就有立身之本，要变只是变换服务

的东家而已。

作为服务机构而言，一旦失去客户，就失去了一切，所以提升自身服务，留住现有客户资源，同时也要顺应变革进行价格调整，提升自身竞争力。

其次要拥抱互联网，拥抱投资。潮流所趋，顺之则昌，抵制和罔顾都不是可取之道。

作为从业者，要么自己创平台，做颠覆者；要么拥抱平台，作为合作者共同颠覆传统行业，但不要独立于互联网平台之外；要充分利用互联网的力量，利用金融资本的力量，去宣传自身专业能力，获取客户信任。

互联网金融背景下的企业知识产权战略

——对传统金融业的忠告

■ 陈明涛

【导读】

过去的两年，"互联网金融"无疑成为整个银行金融业的主题词。移动支付、云计算、社交网络和基于大数据的数据挖掘，改变了传统的金融商业模式。例如，阿里巴巴推出的余额宝，已达到5 349亿元、1.49亿用户规模，迅速成为国内首位的货币基金，彻底颠覆了传统基金加银行的货基营销模式。虽然与金融业的传统巨头相比，这些互联网企业的"草根性"，面临很多问题，还显得过于稚嫩，然而，互联网金融已呈现不可避免的趋势。

在互联网金融的背景下，金融企业也面临知识产权的严重挑战，企业间的知识产权战争不可避免。说到底，互联网金融业之争，实质是商业模式之争、技术之争、数据之争，背后涉及知识产权领域的不正当竞争、专利、商业标识、商业秘密等诸多问题。传统金融企业要未雨绸缪，在未来的商业竞争取得战略制高点，就必须重视知识产权的创造、管理、运用及保护，将知识产权战略融合到企业内在有机整体之中，发挥核心竞争力的作用。

一、构建统一的知识产权的管理部门

企业管理组织架构中的知识产权部门是企业知识产权管理的骨架，有了骨架的支撑，知识产权才能在企业中流通、发挥作用。尤其对于传统金融业之类规模庞大的企业，产品和服务多元化、市场的复杂化，特别有必要构建统一的知识产权部门。因为知识产权有着极强的专业性和技术性，如果不让专业部门、专业化的人才来管专业的事情，必然会产生严重的后果。

以在技术交易为例，由于技术产品的知识性特征，使得技术交易费用高于其他生产要素，交易双方均面临道德风险。有些知识产权交易虽然实现了，但是并未达到预期的目标，这与专利检索、专利评估及战略分析不足密切相关，使企业遭受不必要的损失。如果企业由统一的知识产权部门管理、运作、协助，必将为知识产权交易提供便利，使知识产权交易符合企业竞争战略、创新战略和发展战略，提高知识产权交易的效率。

商业秘密的保护同样体现了统一知识产权部门的优势。在云计算、大数据的技术条件下，信息安全可以说是金融业的重中之重。由于商业秘密的保护不到位，会引起严重的后果。例如，2008年，英国汇丰银行一只载有37万名客户医疗及保险数据的光盘，在南安普敦职员寄往另一个办公室时丢失，从而让汇丰银行遭受大笔罚款。而前段时间出现的国内用户2 000万开房数据泄露事件，更给企业敲响了警钟。

基于此，很多跨国公司都建立统一的知识产权部门。如IBM公司，全公司建立知识产权管理部门按照统一的知识产权政策进行运作，最大限度地保护总公司的整体利益在技术开发、制造、买卖产品的活动中工作顺畅。有关知识产权的所有事宜全部由总公司知识产权管理部门统筹负责。总公司与子公司签有"综合技术协助协议"，总公司将研究开发费用预付给子公司，而子公司创造的知识产权由总公司知识产权总部统筹管理。

当前的互联网企业，由于本身属于高新技术企业，对知识产权的管理非常重视，这也反映在内部的管理架构上。腾讯公司、百度公司、阿里巴巴公司都有统一的知识产权管理部门，或者隶属于法务部门之下，或者独立成立新的部门。而传统的金融企业对知识产权的管理的重视程度还远远不够，在互联网金融的新形势下，传统金融企业与互联网企业新贵们必须短兵相接，如果不能提前做管理上的功夫，必难以再保持优势。

二、重视知识产权一体化保护战略

在知识经济条件下，企业的核心竞争力是围绕客户的需求而构建的。在核心竞争力的构成要素中，最容易为客户所感知的就是技术和品牌。对于消费者来说，他们最关心的不是某个公司的组织结构、经营战略，而是其生产的产品，更确切地说是产品的技术含量和品牌价值。不管你的组织结构有多合理、战略有多科学、企业文化有多优秀，如果你的产品技术落后或产品品牌得不到客户认同，客户依然不会购买。所以，企业的核心竞争力最终要落实到技术创新和产品品牌上来。

对技术创新与产品品牌而言，就必须要借助知识产权的一体化保护战略，发挥知识产权各种制度的优势，克服其自身的缺陷与不足，打通各个制度之间的"任督二脉"。例如，技术创新需要一定的周期和较大的资金投入，而且需要承担较大的技术风险和市场风险。知识产权制度中的专利权和商业秘密制度，就能够有效保护与技术创新有关的知识资源不被非法获得。而技术发展一日千里，技术寿命很短，如在某些行业不到一年或者只有短短几年，这样，早在专利期届满之前，相关产品和技术就早已被淘汰。如果在技术被淘汰之前，相关产品的品牌树立起来了并有质量保证，就可以弥补上述缺陷，从而赢得客户的信赖。另外，企业商誉和品牌的培育又日益仰仗专利、版权等相关知识产权制度。所以，通盘考虑各种知识产权的特点，制定合理的一体化战略，是一个善于经营的企业必修课。

在当前互联网金融的形势下，大量金融技术体现为互联网软件形式，如移动客户端的APP，既要由版权保护，又需要专利保护，某些核心源代码还需要技术秘密保护。与此同时，某些有着良好客户体验的互联网金融技术，树立了公司的品牌，从而需要进一步以商标、域名、产品名称、特有包装装潢等形成一体化的知识产权保护。

三、应对互联网金融的知识产权挑战

马云说："银行不改变，我们改变银行。"互联网金融确实给传统金融带来极大的挑战。传统金融因财聚人，互联网金融因人聚财；传统金融以机构为中心，互联网金融以用户为中心；传统金融牌照、资金为主，互联网金融技术和数据为主；传统金融产品是生硬的利率、收益率、年限方案，互联网金融通过互联网手段对金融产品包装；传统金融信息不对称，互联网金融信息对称。

在互联网金融的冲击下，专利技术往往成为最有利的武器。目前，互联网金融的技术基本都是以商业方法专利为主要表现形式，而很多传统金融行业已经开始重视商业方法专利的研发，然而，这些专利往往集中在网络支付领域，对云计算、社交平台、大数据的运用还远远不够。新兴的互联网企业，不管是阿里巴巴、百度，还是腾讯，在上述领域都积累了丰富的专利。正如当年花旗银行在中国进行专利申请，一些国外公司也开始在中国布局，往往是"产品未动、专利先行"。一旦因为市场竞争而你死我活时，专利诉讼总是最有效的武器之一。

互联网金融最重要的特点是用户为中心，有效地保护用户黏度有必要依赖公司的品牌。阿里巴巴把支付宝从淘宝分离，腾讯让微信成为独立的事业部，形成与QQ产品的内部竞争，看似难以理解，实质也是基于公司的品牌战略考虑，树立独立的子品牌，提高用户的使用黏性。作为传统金融企业，虽然已经积累了强大的品牌商誉，但是，绝不能躺在上面睡大觉，而应该积极应对，打造互联网金融体系下的整体化品牌战略。

互联网金融对传统金融的颠覆，已经不以人的意志为转移。传统金融行业的巨头，实有必要充分利用知识产权战略，打造企业的核心竞争力。实际上，无论是合理地运用一体化战略，还是有效的专利谋划、品牌塑造，都必然需要一个强有力的知识产权部门，这就需要先从组织架构上着手规划，重新布局，在未来的市场竞争中，保持不败，占得先机。

批评公众人物的边界

——兼谈孔庆东诉吴晓平名誉侵权案

■ 陈明涛

【导读】

这篇文章因"韩寒代笔门事件"而写，针对近日孔庆东诉吴晓平名誉侵权案，特进行改写，以共享给各位。

南京电视台主持人、名嘴吴晓平在《听我韶韶》栏目中，就涉及北京大学教授孔庆东的一起案件进行了评论，在评论中有两处争议言论："他今天之所以在全国有一些名气，完全是靠骂人骂出来的"，"所以老吴今天第一个耳朵想挂什么呢？教授还是野兽？"之后被孔庆东诉至法院，索赔20万元。近日，北京市海淀区人民法院官方微博通报了这起案件，一审驳回孔庆东的诉讼请求。

针对此案的相关问题，要讨论的是，像孔庆东这样的人物，是否有权利批评？如果有权利，批评的边界又在哪里？

一、公众人物要经得起"放大镜式"的审视

"公众人物"的概念是专为对名誉权、隐私权限制而产生的，最早是由"纽约时报诉沙利文案"中所确立的"公共官员"一词发展而来。这一案件被认为是美国历史上具有里程碑意义的案件，至今影响着每个美国人的日常生活。1960年，美国黑人民权人士在《纽约时报》上刊登了整幅版面的

政治宣传广告，猛烈地抨击南方各级政府镇压民权示威的行径，特别谴责蒙哥马利市警方以"恐怖浪潮"对待示威群众的行为。然而，广告所披露的事实存在不真实的情况。为此，蒙哥马利市警察局长L.B.沙利文向法院提起诉讼，控告《纽约时报》严重损害了他作为警方首脑的名誉，犯有诽谤罪，要求50万美元的名誉赔偿费。结果，一审及二审的判决均以《纽约时报》的败诉而告终，这几乎把《纽约时报》逼入了绝境。案件一直打到美国最高法院，大法官威廉·布伦南撰写了判词，他认为《纽约时报》虽然刊登了内容不实的广告，并且也的确对原告的名誉造成一定的损害，但由于原告是一名"政府官员"，他必须"明白无误地和令人信服地"证明《纽约时报》事先知道广告上的指控是假的，但仍然明知故犯，照登不误；或者证明《纽约时报》严重失职，对于广告上的指控存有严重疑问，但未作任何努力去查核事实真相，从而判《纽约时报》胜诉。1967年，美国最高法院在"沙利文案"基础上，又通过"柯蒂斯出版公司诉巴茨案"宣布，即使诽谤案原告并非政府官员，只要他属于"公众人物"，也可以适用"《纽约时报》诉沙利文案"确立的规则。

"沙利文案"实际是对公众人物的名誉权保护进行了严格限制，让公众人物打赢诽谤案件陷入一种极其困难的境地，这反过来保护了新闻自由及言论自由。由于你是公众人物，你就要忍受名誉权的侵害，除非你能证明对方有实际的恶意。

而在国内，范志毅诉文汇新民联合报业集团侵犯名誉权纠纷案，被认为是中国的"沙利文案"。2002年6月16日，文汇新民联合报业集团在其出版发行的《东方体育日报》上刊出题名"中哥战传闻范志毅涉嫌赌球"的报道，随后于6月17日、19日又对该事件进行了连续报道，刊登了对范志毅父亲的采访及范志毅没有赌球的声明，最后于6月21日以"真相大白：范志毅没有涉嫌赌球"为题，为整个事件撰写了编后文章。同年7月，范志毅以《东方体育日报》在2002年6月16日刊登的《中哥战传闻范志毅涉嫌赌球》

侵害其名誉权为由，起诉到上海市静安区法院，要求被告向他公开赔礼道歉，并赔偿精神损失费人民币5万元。法院在判决中首次引入了"公众人物"的概念，明确阐述："即使原告认为争议的报道点名道姓称其涉嫌赌球有损其名誉，但作为公众人物的原告，对媒体在行使正当舆论监督的过程中，可能造成的轻微损害应当予以容忍与理解。"

上述案件表明一个道理，你是公众人物，就要经过起公众"放大镜式"的审视，就要让渡你部分人格权利给公众，承受公众的质疑与批评，这也就是所谓"成名的代价"。

二、公共利益是批评公众人物的边界

既然如此，社会公众是不是可以质疑公众人物的任何事情呢？是不是公众人物的所有人格权利都无法受到保护呢？如果这样的话，我们就会看到这样一副场景：狗仔队们爬到明星家里乱拍一顿；公共官员在任何场合被肆意侮辱、谩骂，却无能为力。显然，这是不行的。对公众人物的质疑，边界就在于该行为是否涉及公共利益。也就是说，公众人物的权利只要涉及公共利益，就要被限制；反之，则应受到保护。

例如，国内著名的臧天朔诉北京网蛙数字音乐技术有限公司一案，一家名为"网蛙"的网站评"国内歌坛十大丑星"，这家网站列出了包括那英、刘欢、朴树、崔健、高枫、田震等30名国内著名歌星在内的一份候选名单，让网民投票选举"丑星"，结果蔡国庆、韦唯、臧天朔等歌星都榜上有名。臧天朔提起诉讼后，法院就判决认为，"被告的行为使原告受到他人无端干扰，产生不安和痛苦，已经超越了其作为公众人物的正常承载范畴"。

通俗地讲，你可以在公开场合乱拍明星，但你不能跑到人家家里去拍，或者去拍人家未成年孩子；你可以在官员公众演讲时提出质疑，却不能针对人家的身体缺陷嘲笑、谩骂。就著名的"韩寒代笔门事件"来讲，很多网友质疑韩寒的书有人代笔，但是，不可以质疑韩寒的女儿是否他亲生的。

因为前者涉及公众利益，后者是纯粹的私人问题。然而，英国女王的孩子是否亲生，就可以被公众质疑的，因为它是个公共事件，涉及王室继承等公共利益。

那么，为什么要把公众利益作为公众人物质疑的边界呢？因为从利益保护位阶角度的来看，没有什么比公共利益要受到优先保护的。实际上，任何人分配和行使个人权利时，绝不可以超越公众利益的外部界限。这就像你不能把房子建在马路上不让别人通行，你不能在公共场合吸烟危害他人健康一样。与普通人相比较，由于公众人物的一言一行，涉及更多的公共利益，就会受到更多的限制。例如，孔庆东一直被认为是著名"左派"意见领袖、公共知识分子，其相关言行会涉及公共利益，应当受到合理的质疑和批评。

三、公众人物就要忍受措辞激烈的评论

通常而言，侵犯名誉权涉及三种行为，即传播虚假事实、不当评论、侮辱性语言。对公众人物的批评实质是一种评论性意见，其本身要基于一定的事实，如果事实基本属实，就不应认为构成侵权。这一观点背后有着深刻的法律逻辑，因为名誉权侵权的立法理念在于，必须在言论自由与维护私权之间寻求恰当的平衡。针对评论性意见，即使最终认定评论性意见依据的事实并不一定完全正确，也不应追究发表评论人的责任。试想一下，任何个人和单位，面对涉及公众利益或自身权益的事件，都要考虑发表评价性言语是否适当，将导致任何人不敢发表意见的情形出现，言论自由必然受到严重受损。当然，恶意传播虚假事实，发表侮辱性言论，则不在此列。

例如，《最高人民法院关于审理名誉权案件若干问题的解答》中规定，因撰写、发表批评文章引起的名誉权纠纷，人民法院应根据不同情况处理：如果文章反映的问题基本真实，没有侮辱他人人格的内容的，不应认定为侵害他人名誉权；文章反映的问题虽基本属实，但有侮辱他人人格的内容，使他人名誉受到侵害的，应认定为侵害他人名誉权；文章的基本内容失实，使他人名誉受到损害的，应认定为侵害他人名誉权。

对于公众人物而言，其本身要承担更大容忍度，即使言语过激，也是一种评论性的意见，没有逾越正当言论的边界。在孔庆东诉吴晓平侵犯名誉权一案中，海淀区人民法院认为，吴晓平在《听我韶韶》栏目中就涉及孔庆东的一起案件进行评论，所依据的报道真实，评论有诚意，并非借机损害孔庆东的名誉，公众人物对社会舆论有较高容忍义务。因此，被告吴晓平不构成侵权。

在这个资讯发达、表达自由的时代里，作为公众人物，既然享受了其名声带来的利益，就要承担示范社会的职责，更要坦然面对公众的批评。我不赞同你批评的观点，但捍卫你批评的权利。作为大众媒体和普通民众，批评公众人物时，也不能逾越合理的界限，而这一界限尺度就是公共利益。

为什么知识产权案件需要精细化裁判?

——基于《后宫甄嬛传》侵权案的评论

■ 白　伟

【导读】

北京市海淀区人民法院一审认定网络游戏《后宫甄嬛传》侵犯原作小说著作权及不正当竞争成立。该案实质涉及知识产权出资的性质、合同条款解释、阴阳合同效力认定、共同侵权赔偿责任范围等诸多民法问题,凸显了当前知识产权案件判决的不够精细化。

2016年10月20日,北京市海淀区人民法院一审认定网络游戏《后宫甄嬛传》侵犯原作小说著作权及不正当竞争成立,判决被告一共赔偿70余万元。在看似确信无疑的判决背后,却凸显出知识产权案件判决不够精细化的问题。

小说《后宫甄嬛传》(原作品)作者吴女士授权陈某独家开发涉案游戏,并约定未经其书面同意不得转授权。陈某以涉案游戏改编权入股方式分别与紫光公司和紫游公司签订合作协议;紫游公司因不具备游戏运营资质委托紫光公司运营涉案游戏。之后,吴女士以著作权侵权及不正当竞争为由起诉紫光公司。

应当说,该案表面涉及著作权侵权及不正当竞争,实质涉及知识产权出资的性质、合同条款解释、阴阳合同效力认定、共同侵权赔偿责任范围等诸多民法问题，这就对法官精细化裁判提出考验，笔者希望借助本案涉及上述问题的评论，以期达到抛砖引玉之目的。

一、游戏改编权入股出资的性质

知识产权出资是指知识产权所有人将能够依法转让的知识产权专有权或者使用权作价，投入标的公司以获得股东资格的一种出资方式。为保证公司资合的安全性，一般而言以知识产权形式出资必须转移所有权或者至少为独占使用权。

本案中，陈某获得独占使用权的原作品游戏改编权，通过知识产权出资的方式入股紫游公司和紫光公司。从游戏改编的出资性质来看，陈某与紫光公司和紫游公司签订的入股协议，实质上是对原作品网络游戏改编权的转让行为。

然而，法院认为，这种出资入股，实质是游戏改编权的转授权，显然属于性质认定错误。

二、转授权条款的解释

如前所述，游戏改编权的入股出资本质是转让，不是授权。根据合同权利转让的规定，合同债权转让采用通知主义的原则，不需要经过合同债务人同意，只要债权人通知即生效。

因此，本案中，陈某是否只需要通知吴某就可以了呢？笔者也注意到，按照吴某与陈某之间的协议，未经其书面同意，陈某不得转授权给第三人。这就是说，合同中关于转授权无效条款，是否能够适用于转让行为。

根据《合同法》第125条的规定，当事人对合同条款的理解有争议的，应当按照合同所使用的词句、合同的有关条款、合同的目的、交易习惯以及诚实信用原则，确定该条款的真实意思。

尤其对合同文字产生歧义时，应当以合同目的解释为准。

就转让与授权的性质来讲，版权转让后，原版权所有者不再享有被转让的权利，受让人成为新的版权所有者；而在授权使用的情况下，版权仍归原版权所有者，被授权人只有按双方约定的使用方式和条件使用作品的权利。

按照举轻以明重的原则，本案中的吴某对轻事项的授权作出严格限制条件。从合同目的角度解释，对重事项转让行为至少要适用这样的限制，这是合同目的应有之义。

因此，紫光合同没有获得授权的认定是正确的。但是，审理法院未从这样的角度去考虑，令人遗憾。

三、入股阴阳合同的效力

陈某先后与紫游公司和紫光公司签订了改编权入股协议，并约定游戏著作权归紫光公司和紫游公司所有。按照该案案件关系图及原判决认定的事实可知，陈某先后与紫游公司和紫光公司签订的两份合同，实质上是一种阴阳合同。

按照文化部《网络游戏管理暂行办法》第6条规定，从事网络游戏运营的单位，注册资本不得低于1 000万元，且必须获得《网络文化经营许可证》。从该规定可知，陈某与紫光公司签订的是阳合同，目的在于规避《网络游戏管理暂行办法》。

按照《合同法》第52条规定，恶意串通，损害国家、集体或者第三人利益的合同无效。因此，该阳合同应当被认定无效。

由于阳合同应被认定无效，陈某实际上与紫光公司不存在直接法律关系，从而本案法律分析应该以陈某与紫游公司的阴合同（入股协议）为准。

如前所述，陈某对紫游公司的入股属于权利转让，又未经吴某书面同意，也导致无效。

然而，本案的审理没有理会阴阳合同效力，只从紫光公司阳合同角度认定授权，完全错位。

四、侵权责任赔偿范围认定

如上所述，由于紫光公司与陈某合同无效，游戏实质运营商是紫游公司，紫光公司和紫游公司只是构成分工合作关系。

因此，法院应该主动释明原告要是否追加紫游公司为被告，若原告放弃追加紫游公司为被告，则紫光公司在原告放弃的范围内，不应该承担赔偿责任。

例如，最高人民法院《关于审理人身损害赔偿案件适用法律若干问题的解释》第5条规定：赔偿权利人起诉部分共同侵权人的，人民法院应当追加其他共同侵权人作为共同被告。赔偿权利人在诉讼中放弃对部分共同侵权人的诉讼请求的，其他共同侵权人对被放弃诉讼请求的被告应当承担的赔偿份额不承担连带责任。责任范围难以确定的，推定各共同侵权人承担同等责任。

本案实质可以参考这一条款。在不追加紫游公司的情况下，一方面，不能有效查明本案案件事实，最终影响对紫光公司行为性质的认定；另一方面，原判决将侵权责任不加区分地强加到紫光公司头上，将导致被告的侵权行为与其承担的责任不对等，造成实质性不公。

由此可见，法院对于侵权责任赔偿范围的认定是错误的。

知识产权裁判不仅需要提高赔偿数额，也更需要精细化的裁判。一份不精细化的判决，会导致判决结果看似正确，实则含糊不清，不仅无益于个案的定纷止争，也是对司法权威的无声侵蚀。

我们通过的是一部19世纪的《民法总则》吗？

■ 陈明涛

【导读】

历经四次审议，2017年3月15日上午，十二届全国人大五次会议表决通过《中华人民共和国民法总则》，正式取代原先的《民法通则》，新法将于2017年10月1日起施行。

从民法通则到民法总则，一回眸，已过三十载，让很多法律人感叹不已。

作为未来民法典的总则部分，与民法通则相比，新法还是有很多变化。例如，确立了胎儿利益、完善了监护制度、改变了原有身份方式的法人分类、修正了民事法律行为历史遗留问题，等等。

然而，正如江平教授所言，这是一部继受有余而创新不足的民法总则。

大陆法系的民法典，本质是法学家之法，尤其体现在体例结构设计上。承袭自德国民法典的衣钵，这部民法总则真的"很德国"。基本原则、民事主体、民事权利、法律行为、代理、责任、时效的体例，宛如一本严谨的民法教科书，充满浓浓的"潘德克吞"（概念主义法学）味道。

"潘德克吞"的体例和思维，本质是19世纪理性主义兴起的产物，强调人自身的理性价值，即通过法条严密设计，可以预知未来的社会发展。

这种思维方式体现在制度设计上，就是强调数学公式般的逻辑推演。基于公司之类组织抽象为法人，和自然人对应，却无法应对非法人组织的出现；基于合同抽象为法律行为，强分为物权与债权行为，产生物权行为独立难题；其于法律行为的存在，延伸出代理制度，使得隐名代理难有空间；基于客体特性，区分物权与债权，导致新权利类型难以进入这个二分体系。

与此同时，这种思维方式也产生了"三段论"的裁判方式，即通过大前提（法条）、小前提（事实），得出裁判结果。

然而，历史一再证明，由于人类理性有其自身的局限，法条数学公式的逻辑推演永远不可能圆满，法官也无法作出"自动售货机"般的裁判，唯有不断进行法律解释，才能改善法条僵化设计的滞后难题。

这其实是法条浪漫主义所不能承受之重。

因此，即使在大陆法系的鼻祖德国，法官也越来越重视判例的价值，通过寻求先例的指引，纠正三段论引起的裁判偏差。

再看看这部经过严密设计的民法总则，又有多少是真正的创新，而不是现有判解经验的总结呢？胎儿利益保护无非是《继承法》第28条的变种，法人、法律行为、请求权、形成权的概念本身就是德国人抽象思维的特有产物，这在合同法现代化、商法现代化的趋势下，实质意义到底有多大呢？

与其说民法总则是面向未来，还不如说是总结过去。

所谓最大创新，其实是那个备受争议的英雄烈士受特殊保护条款，一下子让我们的立法水平拉回到中世纪。

然而，在法条浪漫主义日渐式微的今天，却有一个特殊的部门法为立法者青睐，这一情况不单为成文法国家所独有，也出现在判例法国家中。

这个特殊的部门法就是知识产权法。

很难想象，今天，创新的洪流席卷全球经济，各国纷纷寻求产业转型升级，又有哪个国家敢不重视知识产权立法。

早在20世纪90年代，美、日、韩、欧盟等国家和地区纷纷把知识产权作为国家发展战略，法国出台知识产权法典，日本、韩国各自制定了知识产权基本法，就是判例法传统的美国也制定了成熟的知识产权单行法。

记得20世纪末，民法典讨论制定之初，学界就有一场著名的论战，发生在梁慧星教授与已故的郑成思教授之间。郑成思教授认为中国应制定财产权法，而不是物权法。物权法是工业时代的产物，在新经济时代，无形财产远远超过了有形财产，应该更加被重视。

虽然郑成思教授当时的观点依据有值得商榷的地方。但在今天看来，重视无形财产的意见，依然有其价值。

这次民法总则的通过，知识产权学界却鲜有波澜。因为实在不值得讨论，知识产权仅占一个条文，在形式上还不如当年。至少，当年的民法通则是专节四个条文规定了知识产权。

就是只规定这一条，也有太多值得商榷的地方。

民法总则采用以客体方式规定知识产权，分为七类作品；发明、实用新型、外观设计；商标；地理标志；商业秘密；集成电路布图设计；植物新品种。当然，用"法律规定的其他客体"进行了兜底。

那么，我们看看国际条约的规定。例如，《建立世界知识产权组织公约》规定：关于文学、艺术和科学作品的权利；关于表演艺术家的演出、录音和广播的权利；关于人们努力在一切领域的发明的权利；关于科学发现的权利；关于工业品式样的权利；关于商标、服务商标、厂商名称和标记的权利；关于制止不正当竞争的权利；以及在工业、科学、文学或艺术领域里一切其他来自知识活动的权利。

《知识产权协定》则包括：版权及相关权利；商标；地理标志；工业设计；专利；集成电路的外观设计（分布图）；对未公开信息的保护；在契约性许可中对反竞争行为的控制。

其实，国际公约为了协调各国的利益，对知识产权权利范围的规定，是一种妥协的结果。但是，与民法总则相比，水平仍高不少。民法总则用客体而不是权利进行规定，导致传播类权利就没有被规定。此外，除了商标、地理标识，其他标识类也没有规定，不正当竞争类的权利也不知去哪里了，例如虚假宣传、商业信誉等。

就是这样，也已经很好了。早期的草案竟然将"数据信息"纳入知识产权保护，这种超前式立法，更是让人惊掉了下巴。

立法者们是不是应该多补一补知识产权这门课，多听一听知识产权界的声音呢？说句很得罪人的话，当知识产权的研究已经和国际上最新判解同步的时候，民法界对知识产权的认识，可能还停留在那陈旧的文献上。

或许，民法总则如此规定知识产权也是好事，它给出了制定"中国知识产权法典"的空间。

所有这一切，都留给未来吧！

名胜古迹，知识产权要给一个名分吗？

■ 张　峰　刘俊清

【导读】

使景点的无形财产获得知识产权保护，不仅是对旅游资源可持续利用的有效保障，也是对于游客利益的保护。只有如此，才能保证旅游行业的健康、持续发展，使游客获得良好的旅行体验，也使当地经济获得健康发展，避免陷于山寨、恶性竞争。

想当年，唐僧一行四人误入小雷音寺，经历了好一番磨难。

现如今，人们虽然无法见识小雷音寺，却可以领略"小兵马俑""小梁山泊""小天安门""小泰姬陵""小狮身人面像"的大好风光，游客大呼上当之时，正规景点却又无可奈何，叫苦不迭。

长此以往，不仅会让景点的声誉受损，也对整个旅游行业产生不良影响。

山寨景点行为，侵害的是景点的一种无形财产。因此，借助知识产权的相关制度对景点进行保护，可能是最可行的方法。著作权法、商标法、反不正当竞争法以及我国加入的国际公约均可以作为对景点保护的法律依据。

然而，具体到实际的操作中，还存在相关的问题需要解决。

一、著作权法难以全面覆盖

著作权在中国只保护作者生前及身后50年，对于法人最长只保护50

年。名胜古迹，悠悠历史，自然景观本无所谓著作权。人文景观、庙堂楼宇从形成之日起早已超过50年。

因此，著作权法并不能限制针对著名建筑、雕像的复制行为。但是针对景点的摄影作品、宣传手册、影视广告以及纪念品等依然是可以受到著作权保护的。

然而，这种保护只能体现在对景点衍生品的保护上，很难完全限制对于景点本身的山寨行为。

著作权法之所以权利设置最长期限，其目的在于，使相应的作品能够不受过多限制地为全社会所公用，从而促进整个社会文化事业的发展。山寨景点行为却难以促进文化事业的发展，还会使游览游客对历史或景观的认识错位，伤害文化遗产。

既然通过著作权法不能够完全杜绝山寨景点，那么，景点管理者依然可以通过商标法、反不正当竞争法等谋求相应保护。

二、商标法对于名称和宣传语的保护

自然景观和历史人文景观属于全人类的财产，任何个人或组织均不应该享有独占性的权利。景点名称、宣传语申请商标的主体既然不能是所有方，那么赋予管理方申请权比较合理。

例如，秦始皇兵马俑博物馆在第39类注册了"兵马俑"商标、故宫博物院获得了第39类注册"故宫"商标，"天坛""大明湖"等也都有相关的管理组织在相应的类别上获得了注册商标。

然而，并非所有景点的名称均能获得商标权。根据商标法的规定，特定地点的名称或者标志性建筑物的名称、图形相同的，不得作为商标使用。如桂林市象鼻山景区管理处所申请的第39类"象鼻山"商标即被驳回。而很多景点恰恰就是某些标志性建筑。

笔者以为，法律此条规定的立法本意也在于保护标志性建筑物名称和图形不被滥用，虽然注册被禁止，但如何再去规范使用行为呢？

如果不给予管理者以商标权，相应的权利不给予排他性的法律保护，不仅不是保护，反而是一种破坏，立法的本意并没有得到实现。笔者认为，就像对于奥委会申请"北京2008"，要给予特别照顾，对于管理者以其管理的标志性建筑物名称、图形申请商标的，也可以作为"特殊标志"，网开一面。

如此，才能保护那些公众已经形成特定认知的景点名称和宣传语，使得游客免受混淆。

三、反不正当竞争法对于经营者的保护

反不正当竞争法作为兜底式法律，在各专门法不能有效解决市场公平竞争问题时，就能发挥作用。

对于名胜古迹的山寨行为，因其方式、做法多变，形式多样，很难用某一种法律解决一切问题，例如管理者注册商标较晚，无法逾越他人的在先使用权时，商标法就无能为力，但法律也不能束手无策。

反不正当竞争法中对于知名商品特有的名称、包装、装潢的保护，以及经营者对于商品宣传的保护，可以适用于对景点的保护。

开发、维护、管理的旅游景点，供游客观赏、游览的服务同样属于商品。而将这种景点的名称、建筑或景色的布局进行复制，或者是通过片面的宣传，以歧义性的语言引导游客将假景点误以为真景点，这种行为应当属于不正当竞争的行为。

当然，针对难以归类的行为，《反不正当竞争法》第2条的一般性条款也可以起到相应作用。

在梁山风景名胜区管理委员会诉梁山县旅游开发有限公司不正当竞争纠纷案中，法院将被告标注"前梁山""北梁山""梁山泊"的行为认定为不正当竞争。

可以说，将经营假景点的行为认定为不正当竞争的行为，既是对真景

点的保护，也是对普通游客的保护。

四、国际公约也是保护的途径之一

当初石家庄市的"狮身人面像"在全世界都引起了不小的轰动，埃及文物部门发现后立即向联合国教科文组织投诉。随后，石家庄"狮身人面像"被火速拆除。

那么，石家庄市的"狮身人面像"到底侵害了埃及原版的何种权利呢？

首先，石家庄市"狮身人面像"的建造者并未对其以"狮身人面像"的文字形式进行使用或宣传。埃及文物部门也未在中国注册相应的文字或图形商标。因此，并不构成侵害商标权。

其次，作为雕像是享有著作权的，而著作权的保护是有期限性的。建造于几千年之前的狮身人面像其复制权早已过期。因此，并不构成侵害著作权。

最后，石家庄市所搭建的"狮身人面像"是用于拍摄，并不会与埃及的旅游事业产生竞争关系。狮身人面像与埃及和金字塔之间具有十分强的关联性，公众并不会对埃及所独有的狮身人面像与其他国家的类似建筑产生混淆。因此，也难以构成不正当竞争。

实际上，埃及文物部门投诉的法律依据是《联合国教科文组织对世界文化和自然遗产保护公约》。根据该公约的规定，各缔约国不得故意采取任何可能直接或间接损害本公约其他缔约国领土内的文化和自然遗产的措施。对于著名人文雕塑的山寨则属于此种损害措施。

举轻以明重，既然对于国外的人文和自然遗产都给予了较高的保护，又为何容忍国内山寨景点的盛行呢？

使景点的无形财产获得知识产权保护，不仅是对旅游资源可持续利用的有效保障，也是对于游客利益的保护。只有如此，才能保证旅游行业的健康、持续发展，使游客获得良好的旅行体验，也使当地经济获得健康发展，避免陷于山寨、恶性竞争。

司法公信力是对骂出来的？

■ 陈明涛

【导读】

我国当前的司法公信力已经落入"塔西陀陷阱"，不论法官的判决是对抑或是错，不管法官回应抑或是沉默，都难以让社会公众相信。导致这种现象的本质原因并不是法官们官气过重，其实质原因是司法不独立、法官群体难以抵抗主流民意，难以坚持司法的独立性。

天津爆炸事件，微信群里普遍转发一个视频，正在连线直播的CNN记者被一群人阻挠，要求删除视频。据说那群人是政府派来的保安。但很快有人转发了澄清截图，证实是一起乌龙事件，阻挠者不是保安，而是群众。

可是，为什么大家首先反应是保安？

最近，法律圈里也不安宁。武汉大学孟勤国教授在法学核心期刊上发文，就某个案批评承办法官，引发法官群体激烈反应。在我的研究生同学微信群里，一位法官同学愤怒地说："孟、秦都是我曾喜欢的前辈，但此次事件彻底摧毁了他们的公众形象，到底是中国法官失去了良心，还是中国教授丢失了道德？"

其实，对法官群体的愤怒，完全可以理解。他们认为，法院判决不是不可以批评，关键是以什么样的方式批评。孟勤国教授在法学核心期刊上发表文章，利用的是学术公器，理应遵循学术规范和学术伦理。学术期刊不是一般媒体，更不是信访部门，学术语言要尽量客观、公正、严谨，不能让"上访味""死磕味"代替"学术味"。

就很多法官内心来讲，司法公信力已经很脆弱了，这次，法学知名教授"变着花样"的批评，是可忍，孰不可忍。

然而，法官们的"回骂"仍值得探讨。且不说一些回击文章充满调侃、诙谐之语，逞一时之快，反而显得格调低下，充满市井之气，有损法官身份尊严。

让我们参照一下《香港法官行为准则》的规定："传媒和对案件有兴趣的公众人士，可能会对法官的判决作出批评。法官应避免对这些批评作出响应，比如不应写信给新闻界，也不应在开庭处理其他事务时，加插对这些批评的意见。法官只可透过判词，表达对于正在处理的案件的看法。如传媒报道法庭的程序或判决时失实，而法官认为该错误是应该纠正的，便应请示法院领导。司法机构可发出新闻公报，说明事实，亦可采取行动，使有关错误得以更正。"

也就是我们常说的，"判决之外，法官无言"。

这次事件，孟勤国教授本身是代理人身份，同样是面对律师的不当或者死磕言论，美国法院在雅格曼案中认为，律师和社会公众一样享有批评的自由，"一个以保持法庭尊严的名义而强制性的沉默，或者限制评论将很可能导致怨恨、怀疑和比它可能产生尊敬多得多的蔑视"。

所以说，司法的公信力、法庭的尊严的建立，不能靠压制，更不能靠对骂。

2012年，美国联邦最高法院大法官布雷耶应邀在清华大学发表演讲。演讲中，布雷耶大法官提到：有一次，非洲加纳首席大法官不解地问他："为什么美国法官说什么，人民都会照做？"

布雷耶没有直接回答，而是回顾了美国司法史上的经典判例，"马伯里诉麦迪逊案""切诺基印第安人迁徙案""德雷德·斯科特案"和"小石城事件"。200多年来，当法院判决不被主流民意接受，甚至遭遇总统、国会抵制时，正是法官群体不懈地共同努力，让司法权威能够最终确立。

而这样的法官群体，绝不会是一群受过法学训练，拥有专业知识的"司法民工"，而是一群具有自由意志，秉持职业荣誉，独立承担责任的人。

可是，考虑我们的现实当下及未来可能，这……恐怕太难了！

不管愿不愿意承认，我国当前的司法公信力已经落入"塔西陀陷阱"，即不管你判得对还是错，不管你如何回应，都难以让社会公众相信。所以，我们经常会看到，在审理的过程中，法官本来是公正的，往往一个眼神、语气不对，当事人都可能怀疑法官被对方"搞定"。一些判决本来没有问题，有的当事人就认为有问题，不服气，甚至频频上访维权。

正如当前医患矛盾，现实司法已经呈现出一种"互害"的悲剧局面，承受这种后果的不单是社会公众，更是法官群体。

面临这样的现实，很想告诉法官们，对骂，没有必要，也没有益处，要做的，是在您审理的每个案件中，让社会公众真切地感受到公平和正义。

例如，您是否可以让判决说理多一些透彻，是否可以对程序多一分尊重，是否可以开庭时少一点对律师的无端指责，是否可以在与当事人交流中也少一点"官"气。

卢梭说："最重要的法律，不是刻在大理石上或铜版上，而是铭记在公民内心里。"重塑法律的信仰，可能需要多少代法律人的共同努力，毁掉它，几个判决就可以。

合同侵权竞合案件中必要共同诉讼与仲裁条款的冲突解决

■ 陈明涛

【导读】

在笔者最近代理的一起技术秘密侵权案件中，原告并没有起诉签订有仲裁条款的仲裁方，而是选择起诉其他主体。在此情况下，法院应当如何选择？该案正处于最高人民法院的管辖权上诉阶段，也期待最高院能作出里程碑式的裁决。

2005年，最高人民法院在美国WP国际发展公司诉吉林市淞美醋酸有限公司、吉林化学工业股份有限公司侵权损害赔偿纠纷上诉案（以下简称"WP公司案"），曾就合同侵权竞合引发的仲裁管辖与必要共同侵权诉讼管辖相冲突案件，作出过里程碑式的裁定。该案中，WP公司以吉化公司和淞美公司为共同被告起诉至吉林省高级人民法院，称淞美公司在生产经营过程中，与吉化公司互相串通，共同欺骗WP公司。两被告均认为，根据WP公司与吉化公司的合作合同中的仲裁条款，该案应当由仲裁机构通过仲裁解决纠纷。最高人民法院认为，WP公司与吉化公司之间的"合作经营合同"虽约定有仲裁条款，但该仲裁条款不能约束本案中三方当事人之间的必要共同侵权纠纷，故吉化公司关于本案应基于合同约定移送仲裁机构管辖的上诉理由缺乏事实和法律依据，不应予以支持。

问题在于，当案件属于必要共同侵权、但合同仲裁方未进入诉讼，引起必要共同侵权与合同仲裁冲突，即原告并没有起诉签订有仲裁条款的仲裁方，而是选择起诉其他主体时，法院应当如何选择呢？

在笔者最近代理一起技术秘密侵权案件中，就出现类似情况。笔者认为，在仲裁案件未有审理结果的情况下，选择未将仲裁缔约方列为被告，而是径直选择将其他当事人列为共同被告，违背了仲裁制度与必要共同诉讼制度之立法本意，有可能导致当事人的合法权益严重受损。法院应结合具体案情，先予驳回起诉，交由仲裁裁决，后针对仲裁结果及案情发展，再作相应决定。其主要理由如下。

一、原告不将仲裁缔约方列为被告，而选择其他主体，违反仲裁制度之立法本意

仲裁作为一种非诉纠纷解决方式，是商事合同当事人选择为合同纠纷的重要解决方式，其制度目的是合同双方将权利的最终救济交由中立的民间机构（仲裁机构）进行，排除了其他救济途径（诉讼）。在本案涉及商事合同签订之初，原告理应预见到，仲裁缔约方如违反保密约定，极可能会产生"共同侵权"之情形。例如，在技术秘密合同案件中，因为仲裁缔约方只有向第三方披露才可能违反保密协议，导致和其他主体共同实施"侵权行为"。在此情况下，原告和仲裁缔约方既然选择了仲裁方式，就理应排除诉讼方式，将仲裁作为最重要的救济渠道。只有在其他当事人与仲裁缔约方侵权行为可以有效分离，责任都能单独明晰的情况下，才可以选择诉讼。

在此情况下，原告既选择仲裁，又对其他当事人发起诉讼，实际是一种"两头受益"的模式：既可以利用仲裁程序中其他当事人难以参加的优势，也可以利用诉讼过程中仲裁缔约方缺席的好处，结果造成仲裁与诉讼双重管辖。在损害赔偿层面，更是可以实现"双重赔偿"之目的。

如前所述，在司法实践中，仲裁条款的一方当事人可能会以仲裁条款的另一方当事人与非仲裁条款当事人为共同被告以共同侵权为由提起诉讼。

最高人民法院在"WP公司案"中认为，WP公司与吉化公司的合同虽订有仲裁条款，但该条款不能约束本案中三方当事人间的必要共同侵权之诉，因此全部纠纷应由法院管辖。同样，在西霞口船业诉荷兰西特福船运公司、芬兰瓦锡兰集团一案，北京市高级人民法院也持同样的主张。

最高人民法院没有将仲裁条款当事人交由仲裁机构，而是完全采用法院诉讼管辖方式，根本原因在于，考虑仲裁与必要共同之诉制度的立法本意，有效解决仲裁条款与必要共同诉讼之间的冲突，作出了恰当的选择。因为必要共同诉讼制度设计之目的在于，要求法院一次性地合并解决纠纷，防止未参与的诉讼当事人利益受损，或因其未参与损害参与诉讼当事人的利益，同时有利查清案情，分配责任。在此情况下，如果简单将原告的诉讼推给仲裁，而其他被告无法参与到仲裁程序中，实质上有可能损害这些被告的合法权益，产生不公正、不恰当的裁决。

二、仲裁缔约方无法参与诉讼，将损害其他当事人的利益，无法作出恰当判决，有违必要共同侵权制度之立法本意

在必要共同诉讼案件中，如果原告没有起诉其他侵权人，法院应当依职权追加共同被告。《最高人民法院关于审理人身损害赔偿案件适用法律若干问题的解释》第5条规定，赔偿权利人起诉部分共同侵权人的，人民法院应当追加其他共同侵权人作为共同被告。然而，在司法实践中，原告只起诉部分被告，法院在可以查清楚侵权事实的情况下，不一定非要追加共同被告。如在网络著作权侵权案件中，法院通常不必追加网络用户作为被告。在此情况下，侵权事实可以查清，也不会损害作为被告的网络服务商的利益。

可以说，对于必要共同侵权的情况，该当事人是否一定要参加进来，尤其存在仲裁协议的情况下，目前现行法未有明确规定。然而，从比较法的角度分析，通常会交由法院自由裁量，是选择继续审理，还是驳回起诉。例如《美国联邦民事诉讼程序规则》第19条规定，法院应参考4个标准：

（1）在该人缺席的情况下，作出的判决对其诉讼当事人可能造成的损失程度；（2）以其他方法可能减轻或避免损失的程度；（3）在该人缺席的情况下作出的判决是否适当；（4）如果驳回原告的案件，原告能否获得其他的救济。

笔者认为，参考以上4个标准，如果仲裁缔约方无法参与诉讼，案件将难以有效审理。

（1）在仲裁缔约方缺席的情况下，无法作出适当的判决。例如，在技术秘密案件中，原告主张与仲裁缔约方签订有保密协议。关于保密协议是否生效，其保密范围如何，还有无特别约定，有无其他保密措施，除外条款等，其他当事人不一定能知晓，只能根据原告提交的证据进行答辩。一旦作出其他当事人侵权的判定，就意味着仲裁裁定也应判原告胜诉，否则，将导致仲裁和诉讼的严重冲突。

（2）如果驳回原告的案件，原告也能获得其他的救济。如前所述，在原告与仲裁缔约方技术许可合同签订之初，原告理应认识到，被告如违反约定必然会存在"共同侵权"的情形。因为仲裁缔约方不可能单独披露技术秘密，只能和其他主体结合实施。在此情况下，原告和仲裁缔约方既然选择了仲裁方式，就理应先排除诉讼方式，将仲裁作为唯一救济渠道，除非存在侵权特别容易分清楚的情况。并且，原告完全可以以违约的方式，先与仲裁缔约方进行仲裁。因为关于违约的问题，仲裁缔约方是合同的当事人，最了解真实情况，必然可以提出相应的抗辩，从而查清有关事实。在此种情况下，如果原告发现，其他被告仍然存在侵权的情形，并且可以单独剥离，依然可以以诉讼方式寻求救济。

三、仲裁缔约方不可以追加为无独立请求权第三人

在仲裁管辖与诉讼管辖相冲突的案件，很容易存在仲裁缔约方应当追加为无独立请求权第三人的认识误区。对此，应有如下认识。

（1）追加为无独立请求权第三人，不符合第三人与必要共同诉讼的制度特征。由于必要共同诉讼的前提是"诉讼标的必须是共同的"，因此要么存在必须共同起诉的原告，要么存在必须共同应诉的被告，例如共同继承关系应当追加未起诉也不放弃继承权的其他继承人为共同原告；共同侵权关系应当追加未被起诉的其他共同侵权行为人为共同被告。在此，必要的共同诉讼人争议的诉讼标的是共同的，是争议法律关系的一方当事人，在同一法律关系中共同享有权利，或者共同承担义务，对争议标的的态度完全一致。

然而，无独立请求权的第三人参加原告、被告既存诉讼的依据，是与本案处理结果有"法律上的利害关系"。按通常理解，这种"法律上利害关系"是指与诉讼标的无独立请求权，不是诉争法律关系的一方当事人，但因为诉争法律关系的"本案处理结果"会影响到另一法律关系。例如，在现行法律体系中，股东代表公司诉讼、代位权诉讼、撤销权纠纷、公司解散诉讼等特殊诉讼形态的出现。

由此可见，两者争议的诉讼标的完全不同，不可能出现因仲裁条款无法追加，转而变为无独立请求权第三人的情形。

（2）追加为无独立请求权第三人，也不符合现行法的规定。根据最高人民法院《关于在经济审判工作中严格执行〈中华人民共和国民事诉讼法〉的若干规定》第9条规定："受诉人民法院对与原被告双方争议的诉讼标的无直接牵连和不负有返还或者赔偿等义务的人，以及与原告或被告约定仲裁或有约定管辖的案外人，或者专属管辖案件的一方当事人，均不得作为无独立请求权的第三人通知其参加诉讼。"也就是说，法院不能将仲裁缔约方追加为无独立请求权的第三人。

综上，对于原告并没有起诉签订有仲裁条款的仲裁方，而是选择起诉其他主体的情况，法院就结合仲裁与必要共同诉讼的立法本意，妥善处理当事人之间的利益关系，作出恰当的纠纷解决机制选择，这确实考验司法裁判者的智慧。